叢書セミオトポス 9

着ること／脱ぐことの記号論

日本記号学会 編

新曜社

刊行によせて

日本記号学会会長　吉岡　洋

服を着るのは必要なことだろうか？　そんなの当たり前じゃないかと、ほとんどの人は答えるだろう。もしも服を着ないで外を歩いたら、たちまち好奇の眼にさらされ、たぶん警察を呼ばれるだろうし、悪くするとテレビや新聞で晒しものになる。だいいち、寒くて風邪をひくではないか。服は必要にきまっている。

でも、ちょっと考えてみてほしい。服が必要不可欠にみえるのは、服を着ることが当たり前とされる社会に私たちが生きているからである。動物は服を着ないし、私たちの遠い祖先も服を着ていなかった。根本的な意味においては、服を着るのは必要ではなく、生きるためには本来しなくてもいいこと、ひとつの「過剰」にほかならないのである。

衣服を身につけることは、人間がみずからの身体を「自然」から区別する行為である。身体を自然から区別する徴は、もちろん衣服だけではない。たとえば刺青もそうした徴付けのひとつだろう。刺青が皮膚そのものに刻印されて身体の意味を半永久的に変化させるのに比べ、衣服は身体に密着しながら皮膚との間には隙間を保ち、またきわめて容易に着脱、交換可能である。

そのように考えてみると、衣服とは実に不思議なものだ。それは「第二の皮膚」と呼ばれたりもするが、そのことは逆に衣服が、本当は皮膚からもっとも遠いもの、何かしら不気味な存在であり（脱ぎ捨てられた衣服に私たちはときおりそうした不気味さを感じる）、だからこそ私たちはなんとかしてそれを「第二の皮膚」として自然化しようと努力しているようにも思えるのである。

「裸体」もまた衣服によって作り出される。裸体が先にあってそれが衣服を着るのではない。その逆である。『創世記』におけるアダムとイヴは、衣服を知らないにもかかわらず自分たちが裸体であることを恥じたとされるが、そんなことは実際はありえない。デズモンド・モリスの『裸のサル』は、体毛を持たない（正確には体毛の薄い）サルという意味であるが、これもまた、体毛を衣服に見立てた擬人的比喩にすぎない。事実、体毛の乏しい動物は他にもいるが、彼らはけっして「裸」であるわけではない。「裸」とは「衣服の欠如」としてはじめて意味を持つのである。

衣服を身につけることは、「着る」「纏う」「装う」などさまざまな言い方で表現される。服を着るとは意味を着ることであり、人間の身体を意味の体系に登録することなのである。

そこで第一部では、哲学者の鷲田清一さんをゲストにお迎えし、「着る」よりも前に「脱ぐ」というテーマをめぐってお話をうかがった。衣服が「裸」という意味を支えているとすれば、「脱ぐ」とはまさにその意味を作り出す行為である。わたしのツッコミ不足でやや脱がせ方が足りない、というご不満もあるかもしれないが、それは今後の課題とさせていただきたい。続いて、神戸ファッション美術館における第三二回大会で素晴らしいパフォーマンスを披露していただいた「新聞女」こと西澤みゆきさんについての報告がある。

人はなぜ外国のファッションに憧れるのか？　という問いをめぐる「ガールズ・トーク」を目指した第二部「「憧れ」を纏うこと」では、ファッションそのものではなくファッションをめぐる表象や欲望の構造に焦点が当てられる。文化や国を越境するファッションはどのように人間の衣服を纏う行為と関わるのか、大正昭和の映画に見られる「モガ」から現代のゴシック・ロリータやアニメキャラまでさまざまな主題が論じられる。

そして最後に、本大会実行委員長の小野原教子さん司会による第三部「(人を)着る(という)こと」では、通常の意味でのファッションや衣服ということを越え、「着る」といった行為をもっとも根源的なレベルに立ち戻って考えることが試みられる。「袈裟を着る」、「音を着る」、「都市を着る」といったテーマを通して、私たちは「着る」という行為の宇宙的な拡がりに思いをめぐらすことができるだろう。

着ること／脱ぐことの記号論＊目次

装幀——岡澤理奈

第一部

着ることを脱ぎ捨てること

〈脱ぐこと〉の哲学と美学

鷲田清一（大谷大学）vs 吉岡 洋（京都大学）

吉岡　鷲田さんとこういう風にお話する機会はこれまで何度かあったのですが、最初はいつだったかなと思い出してみると、たしか一九九九年に京都の元龍池小学校で「スキンダイブ」[*1]という美術の展覧会があって、そこででしたね。

鷲田　今は京都国際マンガミュージアム[*2]になっている所ですね。

吉岡　そうです。ぼくが美術の企画に関わるようになったのも、その展覧会が初めてだったのですが、そこで何人かのチームで「スキンダイブ――感覚の回路を開く」というコンセプトを考えました。「スキン」だから皮膚・表層なんだけど「ダイブ」だから垂直に潜っていく、というような。

鷲田　その後、大垣でもお話しましたよね。

吉岡　ええ、ぼくがＩＡＭＡＳ（情報科学芸術大学院大学）に移って、街の空きスペースとかを使ったメディアアートの展覧会を企画していたのですが、そこでもお話しました。

鷲田　銀行の空きビルとか使って展示していましたね。対談の前に見せていただいたシャッター街の印象が強烈に残っています。

吉岡　ということは、これが三回目の対談になりますね。今回は実行委員長の小野原教子さんから、これまで着ること、装うことについていろいろと議論されてきたけれども、着たら最後はやはり脱がなければいけないから、ファッションの哲学者である鷲田さんを脱がせてください、一人だけ脱がすのは不公平だから吉岡さんも一緒に脱い

＊1　「SKIN DIVE　スキンダイブ・感覚の回路を開く」展　一九九九年「第九回芸術祭典・京」のなかで行なわれた美術展。五月二五日から六月一二日まで元龍池小学校（現京都国際マンガミュージアム）で開催される。出展作家は、笹岡敬、高橋匡太、高嶺格など。

＊2　二〇〇六年に京都に開館したマンガのミュージアム。旧龍池小学校を改築して利用。

＊3　本書の大久保美紀「新聞女――アートは精神の解放」を参照のこと。

でください、という注文がありました。

鷲田　……（笑）。

吉岡　脱げと言われているわけですけど、ある意味では二人とも、すでに頭は脱いでいますよね（笑）。ちょっとその話から入ると、昨日、大会の一日目にアーティストの西澤みゆきさんという方に来ていただいて、「新聞女」のパフォーマンスをしていただきました。[*3] 彼女は嶋本昭三さん[*4]の弟子で、この嶋本さんもぼくたちと同じように、頭を脱いでいる人なのですが……。

鷲田　フリー・スペースがあるんですね（笑）。

吉岡　そうです。そこに何かを描いたり、プロジェクションをしたりして作品化してきたわけです。ぼくは二〇〇三年に「京都ビエンナーレ」[*5]のディレクターをして嶋本さんたちを招待したのですが、そこで自分もマジックで頭に描かれてしまいました（笑）。そのことをしばらく忘れていたのですが、昨日パフォーマンスの終わりの方で、西澤みゆきさんが新聞で作ったジャケットをくれて、パフォーマンスの輪の中に招き入れてくれたとき、急に思い出して「あ！」と思ったのですが、もう遅い（笑）。そういうときはもう、受け入れるしかないみたいですね。夕べその写真がネット上に拡散したみたいです（笑）。

鷲田　ぼくもね、八年くらい前に、大学の研究室で学生たちと鍋を食べていたら、ひとりの女子学生が、ちょっと部室に行って来ます、すぐ戻ってきますと言って立って行ったのですが、帰って来たらすごいロープを持ってましてね。それでぼくを二、三分の間にこう、なんというか…。

吉岡　緊縛！

鷲田　そう。あんた、すごい技もってるんやな、言うて。いや、服の上からですよ。亀甲縛りゆうのんをやられて、感心したんですが、それで終わりかと思っていたら、なんか写真を撮られていたみたいで、それがすごい勢いで広がったんです。ぼくが学長になる数ヶ月前ですが（笑）。

吉岡　脱ぐことと関係ないと思う人もいるかもしれないけど、関係あると思うんですよね。脱ぐというのは何も、身につけているものを取り外すと

＊4　嶋本昭三（一九二八―二〇一三）　日本の芸術家。具体美術協会の創立メンバー。画面に穴を空けた絵画や「大砲絵画」、「瓶投げ絵画」など既成の美術の枠組みを覆す作品で知られる。

＊5　二〇〇三年京都で開催された国際美術展（京都芸術センター主催）。テーマは「光速スローネス」、期間二〇〇三年一〇月四日から一一月三日まで。

吉岡洋氏

いうことだけではないと思うからです。それで、今朝そのことについて考えていた時に、ちょっとスライドを見せようかなと思いついて持ってきました。広い意味での「脱ぐ」ということに関わりのある、まあ秘蔵写真です（笑）。自由にコメントしていただければいいと思います（写真）。

鷲田　そうですか。では拝見します。

吉岡　これは二〇〇五年に、その時勤めていたIAMASの交換留学協定の締結のためにインドに行ったとき、久しぶりだったので一日だけムンバイで自由時間を作ったのです。それで、朝街を歩いていると顔に鮮やかな色を塗った人たちとすれ違うんですね。何だろうと思ったら、それは「ホーリー」というヒンドゥー教の春のお祭りで、みんなで色のついた粉を塗り合う日なんです。何かで読んだ記憶があるけどこれがそうなのかと思って写真を撮ってたら、鉄道駅の職員宿舎みたいなところの中庭から人がやってきて、こっちに来て一緒に飲まないかと言う。ヒンドゥー教ではお酒はあまり飲んではいけないのですが、この日は無礼講らしいのですね。危険な感じはしなかったので、じゃあ少しだけと言ってついて行ったら、最初は「お前には色は塗らないから安心しろ」と言ってたくせに、だんだん盛り上がってこんなになってしまいました（笑）。昨日「新聞女」の人たちに頭に落書きされたことで思い出したのですが、つまり衣服をとって裸になるのではなく、身体にふだんとは違う何かを身につけることによって「脱ぐ」という経験ですね。その意味で、ぼくは「脱ぐ」ということ、裸になるということは「着る」という行為のなかにすでに含まれているのではないかと思うのです。

　たとえば一九六〇年代に「ハプニング」[*6]と呼ばれていたような行為、今は「パフォーマンス」と言いますが、そういう時には何かというとアーティストたちは脱いでいたのです。ハプニングとは裸になることと同義みたいなところがあった。福岡アジア美術館の黒田雷司さんが『肉体のアナーキズム』[*7]という本を出されましたが、これを読むと当時の雰囲気がよくわかります。いまは当時ほ

＊6
一九五〇年代後半から六〇年代にかけて行なわれた伝統的な芸術のもつ秩序を無視し、非再現的で一回性が強く、偶然性を尊重した演劇的出来事のこと。

＊7
黒ダライ児『肉体のアナーキズム——一九六〇年代・日本美術におけるパフォーマンスの地下水脈』（grambooks、二〇一〇年）。

ど裸になることは少なくなったのですが、だからといって「脱ぐ」ことの重要性がなくなったわけではないと思うのです。着衣と脱衣という単純な二項対立で考えると、「脱ぐ」ことは脱衣ということになるのでしょうが、ぼくはむしろ「脱ぐ」という行為は、着衣・脱衣の対立を無効化してしまうような運動のなかにあるのではないかと思います。たとえば、先ほどもあげた嶋本昭三さんは「女拓」というプロジェクトを続けてこられましたが、これは何かというと、女の人が裸になって身体に墨を塗り、紙や布の上にジャンプして拓本をとるのですね。「魚拓」じゃなくて「女拓」なわけです。出来上がったものは作品としても面白いのですが、このプロジェクトのすごいところは、嶋本昭三というアーティストがそういう手段を使って自己表現をしているということではなくて、女の人たちが主役でみずからそれをパフォーマンスとして続け、広げてきたということです。

脱ぐことに関して、美術でもうひとつ紹介したいのは高嶺格[*8]という作家で、彼は美大でワークショップとかもやってきたのですが、そのなかのひとつで、これは参加者が、自分がどこかで全裸になった写真を撮るという課題です。いろいろあるんですが、ぼくがいちばん気に入ったのはこの作品ですね。これはもう明るくなっていて、市バスとか自動車とかバイクとか走ってるんですけど、そこに向こうの方から、全裸で自転車に乗った女性が通り過ぎるわけです。そんなこと誰も予想していないから、一瞬、今のは何だったのだろう？と思ったのではないでしょうか。こういうのはすばらしいと思うのですが、まあここまでがぼくのスライドを使ったプレゼンで、どこからでも反応していただければうれしいと思います。

*8　高嶺格（一九六八―）美術家、演出家。九〇年代初頭よりパフォーマンス活動を行い、ダムタイプの作品にも参加。現在、インスタレーション、映像、写真、パフォーマンス、演出など、多彩な表現を続ける。

着ることで脱ぐということ

鷲田　あの、吉岡さんが言った「着ることで脱ぐ」ということで、ぼくが今までにハハーッて感心したのは、一九九〇年代のいつ頃だったかな、ウラ向けに服を着るということが流行ったことがあったんですね。お金払って買う商品として、ウラ向けの、つまり縫い目が外に出ている服を売っているわけです。最初は、これはシャビィというか、一見みすぼらしい感じの演出なのかなと思った。でもよーく見ていると、ははー、そうかこれは、自分の身体を脱ぐ服なんだな、と気がついた。ぼくらは普通、服は脱げても自分の身体は脱げない。それを、ちょっと綱渡り的ではありますが、実現しているのです。衣服は普通、身体を包み込むものですよね。それを反転する。そうするといわば、服を着ることによって自分の身体を外に世界に出してしまうという、象徴的にはそういう装置なのかなと思いました。

吉岡　作った人は、そういう意図で作ったのでしょうか?

鷲田　知りません（笑）。でも、ふつうに服を脱ぐなんて平気じゃないですか。たしかに、さっきの（高嶺さんの）ワークショップの女性はすごいと思いましたけど。昔、ストリーキング[*9]というのがありましたよね。典型的には、真昼に公共の場所で全裸になって走り抜けていき、警官が来るみたいな。もうひとつは、白虎社[*10]なんかでありましたけど、金粉ショーというのをやってた。ショーといっても宴会場とかだけじゃなく、やはり全身に金粉を塗って、真昼に走り抜けるというような。

　ぼくが言いたいのは、裸体を見せるという意味での「脱ぐ」ということは、まだ身体にとらわれていて、その身体を「脱ぐ」ことはできない。それに対して、服を裏返すことで身体の外に出るという考えが面白いと思ったのは、それまでの、服を脱ぐということではなくて、身体も一種のデタッチャブル（着脱可能な）パーツとみなしていることだと思うんです。脱いで身体を出すんじゃなく、身体を脱ぐということです。

　それから、これはある意味当たり前のことかもしれないけど、制服を着るというのは「自分を脱ぐ」ということですよね。人の存在というのは多義的でよく分からんものだけれども、制服を着るというのは、自分の存在を、社会的なあるひとつの属性に還元してしまうということだから。多義

鷲田清一氏

*9　七〇年代に流行した、公共の場を裸で駆け抜ける行為のこと。性的意図もなければ、露出狂の行為でもなく、純粋にパフォーマンス的な意味合いをもっていた。

*10　白虎社　京都を拠点に国内外で活躍した舞踏集団。一九九六年解散。

的なものを隠すということです。だから、ファッションというのは楽になろうと思うと、これを着ると決めてしまえばいいんです。自分を脱いで制服を着て、社員とか店員になりきればいいんだから。逆に自由が得られるわけです。そうでないと、自分の視線と他人の視線のせめぎ合いというたいへんなゲームのなかに入らないといけなくなる。

吉岡　その場合におっしゃっている「制服」というのは、別に学校の制服とか、職業的な制服のことだけじゃないですよね。たとえばジャージとか、作務衣とか、そういうのも含みますよね。どうしてこんなことを言うかというと、「クールビズ」というのがあるでしょ？　それまで真夏でも長袖でネクタイをしめてた人が、「クールビズ」ということになると、みんな半袖のシャツを着て楽になりましょうというのだけど、ぼくは本当にこれで楽になっているのかと思った。というのは、ラフな格好をしてそのぶん身体が見えるようになると、アンダーウェアにも気を使わないといけなくなるし、身体の手入れをしなければならなくなる。だからクールビズというのは、制服化がさらに進んでいるというか、身体そのものが制服化されてゆくことのようにも思いました。

ところで、鷲田さんとこういう話をしているのはとても面白いのだけども、やっぱりまだ哲学や美学の先生たちがファッションや身体について語り合っているという域を出てなくて、最初に小野原さんがぼくに課した、鷲田さんを脱がすということをしてないな、と……。

鷲田　そんなテクニックもないくせに（笑）。

吉岡　いや、もっと個人的な経験を通した話題にシフトしたいということなのですが、それは自分が何を着るべきかという問題です。ふつうの意味での「おしゃれ」とかいうことではなくて、何というか、「着る」ということ自体から自由になりたいのだけど、できないという状況。たとえば、ぼくが卒業した京都市立日吉ヶ丘高校は、いまは制服がありますがぼくが在学していた七〇年代半ばは私服だったんです。でも先ほどの話にあったように、制服が強制的で私服は自由だというのは間違いで、制服は自分を脱ぐことができて自由だけど私服は自分の身体を突きつけられるからきつい。私服で自分を脱ぐのは大変です。とにかく、ぼくは今まで「着る」ことから自由になりたいと思って生きてきたのに、三〇代の終わりになってもどうしていいか分からなくて、ちょうどその頃は毛髪も失いかけていたので、これはもう攻めの姿勢しかないと覚悟して、同年代のおじさんが着ないような明るい色とか派手な柄を身につけるようになったんです。鷲田さんの場合はどうですか?

鷲田　ぼくも制服はほとんど経験していなくて、高三の時に新設の高校に移ってその一年間だけですかね、人生で制服を着ていたのは。ぼくも今おっしゃった、今日何を着ていったらいいかと悩んだり、もう「着る」ことそのものから解放されたいという気持ちは、ものすごくよく分かるんです。それで京都の、子どもに制服を着せない文化というのはいったい何なのだろうと考えてみると、たしかに子どもには制服着せておいた方が本当に親も子どもも楽なんですよね。同じものを二、三着用意して回していけばいいだけだし、センスも問われない。それが私服となると、親も子どもも毎日、今日は何着て行ったらいいのか考えないといけないし、中学生になって思春期とかになると子どもは異性の視線が気になったりしてさらに難しい。なるべくそんなこと気にしないような格好、といってもそれも今言われたように難しいんです。ファッションに凝ってもむずかしいし凝らなくても難しい。ファッションのゲームから自分は降りたつもりでも、「降りた」という烙印を押される。ものすごくしんどいことです。

だから本当に制服の方が楽だし、これまで京都でも何度も制服を導入しようという動きはあった。京都の子どもはあんなにだらしない格好しているから、規律がないし勉強もできないと言われて。それでも京都の親たちはある時まで同意しなかったわけですよね。その背後には、人間はファッションというものから逃れることはできないのだから、子どもの時から意識させておいたほうがいいという判断があったのだと思います。しんどくて、お金も高くつく方を選んだ親たちは偉いなと思います。

吉岡　なるほど。

鷲田　今は下火になりましたけど、昔は京都の高校ってかならず、秋に仮装行列とかしていたんですね。もう本当にけったいな格好して街を練り歩くというのが、学校文化として定着していた。それで制服導入のような動きがあった時にも、高校生たちもそれに反対するんですね。ぼくの知っている例では、嵯峨野高校で卒業式の時、制服導入に反対して何人かの高校生が浴衣を着てきたんです。それを校長先生に怒られるのですが、その怒る理由が、ルールに従いなさいではなくて、浴衣は夏に着るものだから今の季節には合わない、ということだったんですね（笑）。ぼくは京都の教育が全体としていいか悪いか分かりませんが、ファッションに関してはいい教育だったと思いますね。

吉岡　それで鷲田さん自身は、毎日何を着るべきかという状況は、嫌ではなかったのですか？

鷲田　ぼくは、みんなと一緒というのが嫌だったので、嫌ではなかったです。それに、制服は画一的と思われてるけど、画一的だからこそ細かな差異が目立ってしまうという面もあって、自由な服の方がバラバラなので差異が目立たず、いわば「自由な服」という制服になってしまうんです。自由な服という「制服」に対して、自分は違うということを主張するのは、それほど難しいことではなかったですね。

吉岡　大人になってからはどうですか？　ぼくはIAMASに勤めていた頃は、まわりにアーティストやデザイナーや技術系の人がいて、ファッションもそれこそ多様だったので自分も楽でしたが、二〇〇六年に京都大学文学部に移ってからは、周囲の人文系の研究者の人たちというのは、あんまり着るものなんかに気を使わないというか、わたしはファッションなんかには無縁ですというような人たちが多かったですね。でも「私はファッションなんか気にしていない」というメッセージを発するような服を着続けるのは、本当はけっこう気を使うことだと思います。ある時、懇親会かなんかである同僚の先生が「吉岡さんは自分で服買いに行ったりするの？　ぼくなんかいっつも奥さんがダイエーで買ってきて「ハイこれ」って出すのを着てるだけ」と言うのですが、それは奥さんがその人の好みを熟知しているのだと思った。だってその奥さんがある日すごくオシャレな服を買ってきて「ハイこれ」と出しても、その先生は絶対着ないでしょうからね。すごく気を遣っているのだと思います。でも、その人なんかはぼくの着ているものに言及するからまだいい方で、ふつうは服のことなんて話題になりません。ましてやぼくのヘアスタイルのことなんて、男で話題にした同僚はこれまで一人もいませんでした。

脱ぐことの（不）可能性

鷲田　それは、怖くて話題にできないでしょう（笑）。

吉岡　でもね、これでもぼくも気を使っているのですよ。ＩＡＭＡＳに勤めていた時はこの伸ばしている部分だけ脱色していたんです。わりと気に入っていたんですが、今の職場でそれやったら、もう誰も話しかけてくれなくなりそうで（笑）。

鷲田　それ、逆手にとればいろんな仕事当てられなくてすむ（笑）。

吉岡　そうなんです。でも当てられてますけどね。

鷲田　制服について考えるのが難しいのは、警察官とか、消防士とか、フライトアテンダントとか、その属性が非常に一義的に明確なものだけではなくて、たとえば日本のサラリーマンのスーツもある意味制服的だし、さきほど話に出た自由な服というのも、制服的なんですよ。そういうふうに拡張して考えると、スカートとかフリルのある服は「女」という属性を表わす制服だとも言えるし、ようするに制服とそうでない服があるのではなく、どんな服もより多くあるいは少なく制服的であるというだけで、そこには程度の差しかないとも考えられる。「反抗」にも制服がある。ヒッピーにも、パンクにも制服がある。ファッションにも、アンチファッションにも制服があるんです。だから、この対談は「脱ぐ」がテーマだけど、服というものはそもそも絶対に脱げないものだと思います。脱いで裸になってもヌードという服を着ることになる。女性のセクシーなヌード写真とかでハイヒールとかアクセサリーが合うのは、実は裸が服だからなんですよ。

吉岡　最初に紹介した嶋本昭三さんの「女拓」にしても、たんなるヌードではない。女の人がふつうに裸になっても、それはヌードという服を着ているだけで、そこにはそれをエロティックな対象として意味づける記号がびっしり貼り付いている。そこに墨を塗るということは、汚すということなんですけど、たんなる汚れ方ではなくて、ある種不思議な変容が起こる。といってもそれは、女性の裸がもはやエロティックな対象ではなくなって「アート」に昇華されるというのとは違うんです。ぼくは「女拓」の裸体もエロティックだと思います。でもそれは、私たちが日常的にメディアを通じて条件づけられているようなエロスではなくて、ちょっと予想もしていなかったようなエロスなんですね。アートだからいやらしくないという言い方はぼくは好きではなくて、いやらしいようなところもあるんです。でもそのいやらしさはちょっと予想外の驚きを伴ったものなので、そういう予想外のものが一瞬ひらめくということのなかに、「脱ぐ」ということの唯一の可能性があると思っているんです。

鷲田　意味とかスタイルとか「〇〇らしさ」といったものから本当に自由になるという意味で、「脱ぐ」ということは不可能だと思うのですが、そうした脱ぐことの不可能性というところから戦後のファッションのことを考えてみると、ぼくはそこに二つの極があるように思います。ひとつは、意味の完全な消去は不可能であることを知りつつ、それでも意味を消去し続けるということです。もうひとつは、逆に支離滅裂にいろんな意味を過剰に重ね合わせていって単一のスタイルを同定できなくしてゆくという方向です。後者の方からいうと、これは一時ジャン＝ポール・ゴルチエ[*11]なんかがやった、アラビア風から近世の衣服から現代のものから、むちゃくちゃに多様なものを積み重ねていって、これ何？　といっても分からないようなものを作り出す。多様な意味を重ねることによって意味を無化していく、というもの。前者の方は日本の前衛的デザイン、川久保玲さん[*12]が得意だったもので、身分不明、いったいそれを着ているのがどういう人なのか分からず、なんとなくいかがわしいものを作り出す、いわば引き算です。川久保さんなんか、引き算をするわけですよ。「女らしさ」なんて最初から脱いでしまうし、「可愛さ」とか「セクシー」というのも脱いでしまう。彼女はある時期自分のスタイルのことを「シックなパンク」と呼ぶんですが、それをまた脱いでしまう。たえず脱ぐんだけど、脱ぐことによってまた新しく着ることになる。彼女の仕事というのは、ある意味「反抗」なんだけど、その「反抗」それ自体をも制服化してしまう。美術でも音楽でも、名をなして大家になったら「自己模倣」しかなくなるじゃないですか。一目見てその人の作品と分かるようなものを要求される。川久保さんのすごいところは、自己模倣をいまだに自分に禁じているということです。たしかに、その態度が川久保さんの「スタイル」となっているとも言えるのですが、ぼくはこの不断に脱ぎ続けるという行為のなかから、何というかぼくには理解できないのですが、女性の素敵なものの生理といったものだけは、ぷんぷん匂い立ってくるのです。昭和二〇年代、三〇年代の薄幸の女性のイメージとか、少女時代にフリルをいっぱい付けた感覚とか、そういう女性的なものの夢と生理のようなものが、あの抽象化された服の中に入ってきているんです。意味をどんどんそぎ落としていくという行為のなかにそういう側面が立ち現われてくるというのが、彼女のスタイルだと思います。

吉岡　過剰性によって意味を脱いでいくことと、たえず引き算することで脱いでいくという二つの

＊11
ジャン＝ポール・ゴルチエ（一九五二―）　フランスのファッション・デザイナー。

＊12
川久保玲（一九四二―）　日本のファッション・デザイナー。コム・デ・ギャルソンの創始者。

ファッション戦略のうち、鷲田さん自身はどちらに共感されますか?

鷲田　それは、引き算の方ですが、ぼくの場合はそうやって引き算していくなかにもどっか一点、とんでもなくポップでビニールっぽいものが入ってないと、落ち着かないんです（笑）。

吉岡　今日は「脱ぐ」ということで、「脱構築」とか「脱原発」とか、「脱」という概念をもっと拡大して議論しようという意図もあったのですが、結局、わりとファッションの話になってしまいましたね。

鷲田　そういうことでいうと、いまいちばん切実だと思うのは「日本を脱ぐ」ということでしょう。つまり、ナショナリスト的なものには抵抗があるくせに、結局は「日本」というものに回帰しようとしている。そういうことがまだ考え切れてないんやないかな、と思う。

吉岡　ぼくは去年から、文化庁の「世界メディア芸術コンベンション」という国際会議の座長をやってきて、これは「メディア芸術祭」*13と関連する事業なんですが、日本のマンガ、アニメ、ゲーム、メディアアートなどの新興「芸術」について考えてきました。その過程で「クールジャパン」*14という言葉がとても気になって、そういう新しい文化が「日本を脱ぐ」どころか日本に回帰するという文脈で政治的に利用されていることを実感しています。

フロアからの質問と応答

では最後に鷲田さんから提案のあった、「日本を脱ぐ」というようなことも含めて、会場からご質問やご意見をいただきたいと思います。

フロアからの質問1〔光島貴之〕　私は美術活動もやっていますが、本職は鍼灸師です。「身体を脱ぐ」ということについて皆さんのご意見をお聞きしたいと思います。私はもう視力を失って五〇年くらいになるので、身体といっても主に触覚の世界で関わっているわけです。さきほど、「身体は脱げない」という話がありましたが、私はたぶん「身体を脱がす」ような仕事をしているのかな

*13 文化庁メディア芸術祭のこと。一九九七年から実施されているアートとエンターテインメントの祭典。メディア芸術の発展を振興することを目的としている。アート、エンターテインメント、アニメーション、マンガの四部門で実施。

*14 もともとは、日本発のポップカルチャーが海外でも人気を得ている現象を指す言葉。アニメ、マンガ、ゲーム、ファッションなどがここには含まれる。ただし、日本政府が推し進める戦略においてはさらに広範な対象も含まれている。

ぁと思いました。患者さんが来て、下着だけになってもらって鍼をするわけですけれども、特に女の人に顕著なんですけど、初診の時プロポーションがとてもいい人が、二回目、三回目になると、崩れてくるんですね。こんなこと言ったら来てもらえなくなるかもしれませんが（笑）、それはだんだん慣れてリラックスしてくるのと、鍼によって身体が緩んでくるからだと思います。それは治療の効果があるということなんですけれども、私の楽しみは減ってしまう（笑）。それが、身体をひとつ脱いでいるという感覚だと思っています。

それともうひとつは「着る」ことについての自分の経験なのですが、自分の周囲の空間というのが、家でリラックスしているときにはぼんやりした感じなのですが、外に出ると、自分が身につけている服よりも外側に、五〇センチから一メートルくらいのところに境界があって、それが壁に当たったりすると反射的な感覚があったり、その中に入ると人の声がクリアに感じられたりするんです。これは何かを「着ている」という感じなのですが、見える人にもそういう、服とは違う外界との境界みたいなものはあるのでしょうか。

鷲田　前半の話で面白いなあと思ったのは、鍼灸師の方というのは身体を着せたり脱がしたりできて、それはファッションデザイナーがやっているような、一種のデザイン行為だというのを知ってびっくりしました。衣服は第二の皮膚だという言い方がありますけど、ぼくは昔からそれは逆だと思っていて、皮膚・身体とは第二の衣服だと思ってきたんです。だから身体を脱ぐということはとてもよく分かる。

吉岡　ぼくも面白かった。まず患者さんのプロポーションが崩れるというのは、たぶんその人の体調はよくなっていると思うのですが、ということは、緊張をともなった不健康な身体の方を美しいとする基準が支配的だということですね。光島さんの話でもうひとつ素晴らしいと思ったのは「ぼくの楽しみは減る」というコメントです（笑）。というのは、お医者さんとか鍼灸師とか学校の先生とかは、患者さんや生徒たちと身近に接していながら、それに性的な魅力を感じていないかのように、現代では振る舞わなければいけない。ふつうはそんなことを口にするのはタブーだとされています。でもそういう風潮は不健康で、光島さんのように言える人の方が本当は信頼できるわけですよ。

光島　私も鍼灸学会とかでは絶対に言えないです（笑）。

鷲田　後半の、視覚的な距離感ということについていうと、学問的には対人関係の距離感を研究するプロクセミックス（proxemics）という分野がありますね。エドワード・ホールの『かくれた次元』[*15]のなかに、北米のビジネスマンが南米の人と交渉するときに、机をはさんで話していると、ラテン系の人は話が盛り上がってくると近寄ってくる。北米人はあまり近いと落ち着かないので遠ざかるから、追いかけっこみたいになる。本来の身体関係というのは、そういう押し合いへし合いみたいなのが当たり前なのですが、今の社会はそれを回避していると思います。一方では満員電車みたいな、大勢の赤の他人の身体とむりやり接触させられるウルトラ・ストレスフルな状況を、まるで当たり前のように気を逸らして耐えなければいけないのに、もう一方ではさまざまなメディアを介して他の人とけっして触れ合うことなくコミュニケーションをしている。その間でリアルな身体関係というのがすっかり欠落してしまいます。

吉岡　そうですね。ぼくも満員電車も混んだエレベーターも苦手ですが、他人の身体と近すぎること自体が必ずしもストレスフルではない場合もありますね。たとえばぼくは「劇団唐ゼミ☆」[*16]の公演によく行くのですが、テント演劇で混んでいる時はかなり詰め込まれます。しかも下はゴザだし、ふつうの意味ではとうてい快適な観劇体験とはいえない。にもかかわらず、この密集した空間から、単なる一体感とか融合（そういうのはぼくは嫌いなのですが）とは異なる、ものすごいエネルギーが出てくる瞬間があるのですね。

フロアからの質問2〔大久保美紀〕　私は身体意識とか身体表象とかを研究しているので、とりわ

＊15　エドワード・ホール『隠れた次元』（みすず書房、一九七〇年）

＊16　横浜国立大学教授であった唐十郎のゼミナールをもとに発足した劇団。主に青テントで唐作品を上演。代表・中野敦之。

け身体を脱ぐことができるのかできないのかという問題を、とても興味深く聴いていました。意味をどこまで脱ぐことができるかという問いです。吉岡さんが紹介された嶋本昭三さんの「女拓」で、裸になった女性が身体に墨を塗ることによって、通常の常識的なエロティックから違う意味のエロティックに移行するという話がありました。私はそれを、意味を異化するという点で、いわば身体を脱ぐことができると解釈したのですが、そういうことでしょうか?

吉岡 そのとおりです。ぼくはそうした特別な瞬間には、身体を脱ぐという出来事が起こると言いたいのです。

大久保 もうひとつは鷲田さんが制服についてお話になった、すべての服は制服であってそこには度合いの差しかないということ。一方でリバーシブルの服は、ふだん皮膚に接している部分が外に出るということで、ある意味脱いでいるとも言えるのではないか。これに関して、ストレスとか他者との境界がうまくとれない時に皮膚に切れ目を入れることによって何かが開ける、というようなことを前に本でお書きになっていたのを思い出したのですが、リバーシブルの服もやはりそのことで意味をゼロに帰することによって、身体を脱げると解釈することも可能なのではないでしょうか?

鷲田 ちょっと難しいですね。そもそも服を着るということは、身体を象徴的に切断することでもあります。つまりファッション・デザインというのは、本来連続的な身体を、衣服に覆われている部分とむき出しになっている部分に分ける、差異を作っていくということです。化粧もそうで、口紅を塗るというのは切断行為ですね。英語の lip という語は「口周り」という意味ですが、口紅を塗るというのは、lip から日本語でいう唇を切断することなんです。そう考えると、ファッションとか化粧というのは身体への、意味の暴力的な介入なのですね。切断といっても本当に切断するのではなく象徴的な切断ということです。だから裏返しの服を着ることによって自分の身体から離れられるというのも、本当に離れるのではなくて象徴的に離れるわけです。

服が面白いと思うのは、人間にとって自己自身との一致などありえないということを、つねに見せてくれるからだと思います。ファッションというのは、等身大の自分自身なんてどこにもない、ということを絶えず私たちに突きつけるものなのですね。だから、マジョリティの人たちが眉をひそめるような、異化作用を持つデザインをあえて出す。わたしの身体が自分自身のうちに充足している、というような考えをつねに破壊していくものなのです。

吉岡　本日はどうもありがとうございました。

新聞女——アートは精神の解放

大久保美紀

序論――「黒いニュドの女」のこと

新聞女がやってきたのは、二〇一二年五月一二日、神戸ファッション・ミュージアムにおいて行なわれた日本記号学会第三二回大会の一日目のことであった。小野原教子さんが実行委員長をされた当大会では、「着る、纏う、装う／脱ぐ」をテーマに、人が服を「着る」ことや「脱ぐ」ことの本質的意味をめぐって議論がなされた。新聞女は、大会全体をそのパフォーマンスで覆い尽くしてしまうべく招待された。「新聞女」とは、実に分かりやすく分かりにくい名前だ。それがアーティストの名であると聞けば、誰もが「ああ、そうか、この人は新聞紙を使って何か面白いことをする人なのだ」というところまでは安易に予測するものの、それ以上は分からない。ただひたすら新聞から小物を作るだけでは面白くないし、まさか、「雪男」や「砂女」のように、何か超自然的な方法で新聞と結びついた存在だというのか、たとえば彼女の身体そのものが新聞で出来ているとか。

新聞女はおもむろに姿を現わすと、参加者の視線を一身に集め、台の上に登って脱ぎはじめた。彼女が「脱ぐ」というのは、カーディガンを一枚脱ぐとか、ズボンを脱いでパンツ姿になるとか、そういった話ではない。たった一枚の新聞でうっすら身体を隠した女は、そのヴェールのなかで文字通りすべてを脱ぐ。纏っていた衣服を一通り脱ぎ捨て終わると、彼女ははっきりとした笑顔で、

写真1　ヘッドアートのターゲットとなる吉岡洋会長 ©Yoshiko Yamamoto

「わたし、いま裸なんです」と宣言した。その様子はとても素敵だった。観客を見おろす高い台の上で、首から膝辺りまでを隠し、その上下から、力強い満面の笑みがのぞき、そのパワーをしっかり支える二本のむき出しの脚が飛び出すさまは、どんな衣装を纏う女より、素晴らしかった。

見とれているうちに会場は新聞の海に呑まれていく。ダンサーは新聞の波のなかを舞い、一人のパフォーマーの真っ白な紙のドレスとその背後の柱に、新聞記事の断片が目にもとまらぬフラッシュのように映し出された。脳裏に飛び込んでくる文字列は、日々の新聞が伝える平凡で悲しいニュースのフラグメントだ。参加者たちは瞬く間に新聞紙で包まれる。学会という場でわれわれはしばしば、皺ひとつないシャツやジャケット、ぴんと伸びたズボンなどを身に着けるのだが、その上からさらに、皺が寄ったり折れ曲がったりした新聞紙を纏うと、何だか今までに触れたこともない「宇宙服」のごとき未知なる衣を着ているような、あるいは、せっかく着込んだ「コスチューム」を剥がされたかのような、とにかく心もとない気持ちになる。多くの人にとって、新聞を着るのは初めての体験だから、それも仕方あるまい。だが、少し時間が経つと不思議なことが起こる。ふだんは学生だったり先生だったり、それほど親しいわけでもない、時には会釈をしたことのない人たちが隣り合い、新聞まみれになって嬉しそうにしている。誰がエラい先生で、自分が誰であるかなど、だんだんどうでもよくなってくる。ふと見ると、新聞女は学会会長である吉岡洋さんの額、というか頭部全体に落書きを始めた（写真1）。目を疑っていると、他の数名の学会員もそれに参入して油性黒マジックによる頭部デコレーションに加わった。見たこともないヘッド・アート[*1]に上等な新聞ジャケットを羽織った吉岡会長と、いつの間にか見事な新聞のロング・ドレスにエレガントな新聞傘を携えた新聞女と新聞女ズは、さきほどプロジ

写真2《日本記号学会でのパフォーマンス》神戸ファッション・ミュージアム、二〇一二年　©Yoshiko Yamamoto

＊1
嶋本昭三の剃頭に絵やメッセージを書く「ヘッド・ネットワーキング」は、ヘッド・パフォーマンス、あるいはヘッド・アートとも呼ばれる。国際的に高い評価を受け一九九一年国際的美術誌『Flash Art』の表紙に掲載された。

エクションのあった場所でこのうえなくフォトジェニックな様子でポーズを決め（写真2）、パフォーマンスは終了した。

さて参加者は、新聞に包まれて何を思っただろう。新聞女は言う。

「新聞を思いっきり纏うと、「気」が伝染する。その波は、生命力や喜びを運んで、みんながハッピーになる」。

彼らの顔を見渡せば、彼女の言葉の意味が分かる。最初は難しい顔をして、あるいは緊張した様子でそこにいた人々は皆、新聞女のパフォーマンスを心から楽しんでいた。

「黒いニュドの女、新聞紙をもち、ガラスのフィラメントのような声で喋る」[*2]。

北園克衛のその詩をつぶやきながら、新聞女は自らを覆う闇を取り払い、そこにいる人々を覆っていた闇すらも勢いよく吹き飛ばした。

ハッピー・アンド・ピース

新聞は、デンマークの哲学者セーレン・キルケゴールが『現代の批判』[*3]において酷評したマスメディアだ。彼はそれが社会全体を「水平化」し、人々を他人行儀で無関心な「公衆」に堕落させてしまうと忌み嫌った。さらにドレイファスはこれを突き詰め、「新聞によって、人は可能な限り短い時間で、可能な限り大規模に、可能な限り安い値段で、堕落する」[*4]とまで言い放った。そして今日、新聞は、情報化社会のなかで、インターネットの浸透や拡大ゆえに、かつて人々によって共有されていた「唯一で強力な情報」というアイデンティティを失う。大量消費社会が惜しみなく排出しつづける大量のゴミといっしょに、その不毛なサイクルに人々は身を投じる。

新聞女は、日々大量に刷られて人々に山のような情報を伝達しては翌日にすぐ捨てられてしま

＊2
北園克衛「improvised meditation」より。

＊3
キルケゴールは、『死にいたる病・現代の批判』（桝田啓三郎訳、中公クラシックス、二〇〇三年）において、社会の「水平化」は「公衆（Publikum）」によって引き起こされるのであり、水平化にむけて公衆を駆り立てているのが「新聞」だと説いた。新聞の浸透によって公衆が拡大していけば、公論の領域は「凡庸な多数者の領域」（＝公共圏）となり、そこでは原理的に人々はニヒリズムに陥って傍観者となり、社会が水平化してしまう危険がある。そして、「新聞」という情報メディアは、その公共圏を実装する社会装置である。

＊4
ヒューバート・L・ドレイファス『インターネットについて――哲学的考察』石原孝二訳、産業図書、二〇〇二年、一三〇頁。文脈に応じて訳の一部を訂正した。

う、こうした「新聞」を利用して新聞女は作品制作およびパフォーマンスを行なう。新聞女こと西澤みゆきは、関西女子美術短期大学（現・宝塚大学）のファッション・デザイン・コースに進学し、そこで、戦後日本を代表する美術集団「具体美術協会」の創設メンバーでもある嶋本昭三と出会う。天才的に型破りな、見たことも聴いたこともない嶋本の表現に惹かれ、甲子園口にあるアトリエに毎日通うが、大学卒業後はアートの世界を離れ、デザイナーとして一二年間企業に勤める。消費社会を体現するかのようなアパレル業界での生活は、溢れ返った服やモノに囲まれ、次々に新しく購入しては捨てることの繰り返し。そんな際限のない日々に彼女は深い疑問を抱く。

一九九五年に西日本を襲った阪神大震災は、西澤にとって、本当に大切なものが何であるかをもう一度自分に問う契機となった。彼女は、再び嶋本昭三のアトリエへ戻り、生き生きとした時間を取り戻す。子どものときからチラシや新聞紙で物を作るのが大好きだったこと、そして、学生の時に嶋本の授業で河川敷に一〇キロにも及んで新聞紙を広げたことが思い出され、彼女は風の声に呼応するほど自然に、「新聞」を表現の手段として選ぶ。二〇〇一年、今立現代芸術紙展に応募した、マネキンに新聞ドレスを着せた作品が最高賞を受賞したことを、師匠嶋本の涙声の電話で知る。「新聞女」の誕生である。

「時代に置き去りにされた」（新聞女の言葉）新聞というメディアを西澤が手段として選んだのは、古紙再利用の「エコ・アート」だというだけではない。彼女にとって、新聞は「紙」（＝物質）であると同時に、「人間の記憶」の象徴である。新聞が「紙」（＝物質）であるということは、それを利用してモノを作り、形を与え、他者に見せることもできるし、長い間保存することも、壊してしまうこともできる。西澤みゆきの最愛の師、嶋本昭三も、自身が具体グループに入るきっかけとなった一枚の絵《作品》（穴の開いた絵）において、そのカンバスに新聞紙を利用している。[*5] 作品

＊5　嶋本昭三《作品》（一九五四年、芦屋市立美術博物館）。穴の開いた絵は、前衛美術家嶋本昭三の誕生と同時に創り出されたアイディアである。美術を志すが親に美大で学ぶことを許されなかった嶋本は、知人の紹介で吉原治郎（一九五四年に具体美術協会を結成）に弟子入りすることを試みる。貧しかった嶋本は、木の枠に新聞紙を貼り、メリケン粉（戦後日本にG

写真3《ピース・ロード》サンマルコ広場、ヴェネチア、二〇〇四年　©Yoshiko Yamamoto

の一部と化した新聞紙は、今も時を超えて在りつづけている。一方で、新聞が「人間の記憶」の象徴であるとは、それが人間の歴史のアーカイブを形成し、繰り返された戦争・紛争や惨たらしい犯罪のニュース、社会的な大変革や政治的事件を、たえずそのメディアに乗せて蓄積しつづけてきたということである。西澤の表現のなかで、新聞の「人類の悲しい記憶を運び、蓄積する存在」という側面はとても重要だ。

だとすれば、西澤のアプローチは驚くべきものである。彼女は、悲しいニュースや腹立たしい情報に満ちた新聞を、ドレスにして纏う。素っ裸になって、何の緩衝もないまま、文字通り全身で新聞を受け入れる。悲しみや怒り、辛いことを突き放すのでなく、体中でそれを着る、あるいは、それを使って人々を楽しくさせる。[*6] それは、多くの人がつい目を伏せてしまう苦しい出来事などに真っすぐに向き合って凝視し、そうすることによって逆に、われわれが生きる悲惨な世界を包み込んでしまおうとする態度なのである。これをわれわれはしばしば「愛」と呼ぶ。

《ピース・ロード》は、彼女の著名な作品の一つだ。これまで神戸の元町商店街アーケードとヴェネチアのサンマルコ広場（写真3）で行なわれたこの作品は、現在も継続中の、未完のプロジェクトである。『美術手帖』にも取り上げられた[*7]このパフォーマンスで西澤は、「人類のための愛」、つまり、平和についての問いかけを行なう。新聞紙に現われる、二〇〇一年九月一一日に発生したアメリカ同時多発テロ（九・一一）に関する記事の部分を選択的に塗りつぶし、神戸の元町駅から西元町駅までの一、二キロの道のりを一本の新聞の道として繋いだ（写真4）。ただし、それは暴力や悲しみを想起させる方法ではなく、地球の色としての青、人々の肌の色である白・黒・赤・黄の計五色を用いてテロの記憶を塗りつぶすことを通じてなされる。これは、逃げることや記憶を抹消することとは最も遠い、地球上で起こったことを全人類の問題として受け止め、人間によっても

HQを通じて入ってきたアメリカ製小麦粉）を炊いたものを塗りつけ、その上に白いペンキを塗ったものをキャンバス代わりに用いる。ある日、濡れたまま急いで描いたところ、それが破れて穴の開いた絵となる。―「穴の開いた絵なんか世界中にないんでは？」―その絵が吉原治良に嶋本の才能を認めさせ、海外でも直ちに高い評価を得た。

写真4 《ピース・ロード》元町商店街、二〇〇四年
©Yoshiko Yamamoto

う一度見つめ直そうとする態度である。「いつかは地球をぐるっと一周《ピース・ロード》でつなげたい」と彼女は述べる。ハッピー・アンド・ピースを本質的な意味で芸術の目的に掲げることのできる表現者は、実は世界にたくさんはいない。

西澤みゆき、女拓の美女

西澤みゆきは、アメリカの著名な写真家ベン・シモンズが最も愛した「女拓」の美女の一人[*8]だ。「女拓」[*9]は、西澤の師匠嶋本昭三のアトリエで一九九〇年代後半より約五百人に及ぶ女性たちが参加したコラボレーション作品で、特別なイベントというよりもむしろ、穏やかで平和な「日常」として継続的に行なわれた。形や色、肉付きや骨格それぞれの異なる女たちが、裸になって墨を纏う。墨で真っ黒になった体躯を床に敷いた紙にさまざまに転写する。パフォーマンスとして、ストーリーが厳密に決まっており、ポーズや段取りを隅々までコントロールしたと言われるイヴ・クラインの「人体測定[*10]（*Anthropométrie*）」とは異なり、「女拓」では、女たちが自由だ。女の身体は墨で黒く「汚い」のだが、そこで彼女らが放つ命の輝きは比類ない。イタリアの女性アーティスト、ヴァネッサ・ビークロフトのパフォーマンス、《ＶＢ66[*11]》を思い出す人もいるかもしれない。ビークロフトの表現では、身体を真っ黒に塗られた女たちが、ポンペイの悲劇によって黒こげになった彫刻群に混ざりこむ。彼女たちの肉体は、黒い裸体として異化されているのだが、ここでも、肉体はやはり高度にコントロールされ、各々の女たちの瞳は遠くを見、その肉体は硬直している。「女拓」における「生きた」女とは本質的に違う。

本物のコラボレーションとは何だろう。それは単にモデルが作家に献身的に協力することではない。女たちが勝手に生きる「女拓」は、アーティストとモデルの壁を初めから超越していた。実

＊6
新聞女は、パフォーマンスのみならず、ファッション科の学生、子どもや一般の参加者を対象とする新聞ワークショップを数多く行なっている。それぞれがデザインしたドレスやオブジェを創作し、皆で身に着ける。地方自治体やショッピング・センターの要請に応え、作る楽しみや纏う楽しみを多くの人々に伝えている。

＊7
『美術手帖』（二〇〇四年六月号）には、神戸の元町駅から西元町駅までを一本の新聞の道としてつなぐ様子が掲載された。

＊8
西澤みゆきは一九九七年より「女拓」モデルを経験。

＊9
嶋本昭三とモデルをした女性たちのコラボレーション作品。嶋本が心筋梗塞で入院し、その全快祝いに開いた「千人の美女の会」がきっかけとなって始まる。二〇〇五年にはＮＨＫのテレビ番組で紹介されるが、裸で抱き合う母娘のイ

は、こうした、社会的・歴史的ヒエラルキーを完全に無に帰すような表現[*12]は、嶋本昭三の表現において最も重要なもので、まさにそうすることによって、彼は人を幸せにするための芸術を人々に伝えた。嶋本のこのような考え方を乗せた「嶋本ミーム」[*13]は、西澤みゆきら弟子たちや多くの人々に受け継がれ、現在もなお増殖中である。西澤みゆきはこの経験を通じて、一人一人異なるゆえに個人がコンプレックスを抱いている肉体というものが、それを一見かくまってくれる服をすべて脱ぎ捨てたなら、どの裸もおしなべて美しいこと、心を封じ込める悪しき思考の習慣も打ち砕いて自由になれることに初めて気がついたのだ。

もちろん西澤みゆきは、生まれながらにして堂々と裸になれる表現者だったのではない。彼女は父親の暴力と自己否定という、子ども時代の辛い経験に長い間縛られ、苦しんでいた。自分自身が幸せになることが人にそれを伝染する唯一の方法だと気がついたのは、嶋本昭三のお陰であり、芸術によって死ぬほどの苦しみから救われた。だからこそ「新聞女」は、嶋本ミームの継承者として、人々を苦しみから救う表現を探し、実行し、展開しつづける。彼女の表現者としての願いはひとえにそのことに尽きるのである。

結び　アートは精神の解放[*14]

「新聞女」を誰よりも愛し、芸術の可能性を伝えた師匠嶋本昭三は二〇一三年一月二五日、「現世界での活動を引退し」[*15]、八五年の生涯を閉じた。

新聞女とAU[*16]の一団は、二〇一三年二月初頭、FUSE Art Infrastructure が企画した「Lollipop」[*17]のため、ニューヨーク郊外のアーレンタウンに招かれ、制作発表の日々を送ることになっていた。出発を目前に控えた嶋本昭三の死。新聞女がグッゲンハイムNY美術館から直々のパフォーマンス

メージが卑猥だと、一部の人々によって批判された。モデルの女性たちは自己の身体が無条件に受け入れられるかけがえのない経験を得た。

＊10　「人体測定」は、一九六〇年代初頭よりアトリエやコンサートホールで多くの観衆が見守るなか行なわれたイヴ・クラインのパフォーマンス。女性の裸体に青いインク（インターナショナル・クライン・ブルー〔ＩＫＢ〕）を塗り、それを紙や壁に転写する、しばしば音楽を伴う高度に演劇的なパフォーマンスである。嶋本の「女拓」と比較されるが、その内容は全く異なる。

＊11　二〇一〇年にナポリの魚市場を利用して行なったパフォーマンス《ＶＢ66》。ヴァネッサはこれまでも人間の肉体の多様性、とりわけ女性の身体とアイデンティティに焦点を当て、パフォーマンスを行なってきた。

依頼を受けたのは、その時のことである。運命と呼ぶべきことは、世に時として起こる。新聞女と新聞女ズは滞在を延長し、展覧会『*Gutai: Splendid Playground*』[*18]開催中のグッゲンハイム美術館で一〇〇〇人もの来場者を見込む大舞台を、嶋本ミームを共有する者たちのエネルギーと新聞紙で圧倒することを誓う。

さて、アメリカ滞在初の新聞女の大舞台はアーレンタウンでのクレーン・パフォーマンスだった。師嶋本のクレーン・パフォーマンスは、色絵の具が入ったガラス瓶を上空から落下させて地上の巨大キャンバスに描くというものだったが、新聞女の場合、超ロング新聞ドレスを纏った新聞女自身が、少しずつ上空に吊り上げられることによって巨大な「生き彫刻」となる（写真5）。徹夜作業の末に迎えた当日は大雪。新聞紙はもちろん水に弱く、破れてしまう恐れがあるにもかかわらず、地元メディアの取材陣やアーレンタウン市長の訪問もあり、悪天候決行である。亡き嶋本昭三に代わって上空に舞う新聞女に、失敗は許されない、という緊張が走った。「そのとき、不思議な感じがした。いつもは上空の嶋本先生に下から拍手喝采していたのに、その瞬間、わたしがいつもの嶋本先生になって、地上のみんなを見ていた」。その時を振り返って西澤はそう言った。パフォーマンスは地上から笑顔の大喝采を受けて真の大成功を収める。

いよいよ迎えた二〇一三年三月八日夜、フロアは来客で満たされる。パフォーマンスの幕開けを飾る《プリーズ・ウォーク・アンダー・ヒア（*Please walk under here!*）》という三〇メートルもあるスカートの裾を皆で丁寧に支え、スタンバイ状態に入る。この作品は嶋本昭三の《この上を歩いてください（*Please walk on here*）》（一九五五年）へのオマージュである。大きなスカートの裾には、とても繊細なレース模様が施されており、それをバサバサまくり上げ、スカートの下を歩きながら、来客は否応無しに盛大なスカートめくりとその覗き見の犯人となる（写真6）。

写真5 《クレーン・パフォーマンス》中国、二〇〇六年

＊12
ルネサンスからイヴ・クラインまでのヨーロッパ芸術における女性の裸体は、男が女の裸を視るという、一方的で支配的な行為であったが、嶋本の「女拓」においては、そのような西洋美術的コンテクストから完全に離れた、対等なコラボレーションとして存在している（『Diatxt. 05』二〇〇一年より）。

＊13
嶋本ミーム　ミーム（meme）とは人から人へと行動や考え方を伝達する文化的遺伝子のこと。京都

続くパレードでは写真家ヤマモトヨシコの躍動感ある作品がパネル（写真7）として掲げられ、新聞女と新聞ドレスを着た女たち、そして《巨大ジャケット》（写真8）を着た参加者たちが練り歩く。《巨大ジャケット》は、ファッション科出身の西澤みゆきによってきっちり裁断された代物であり、コンセプトは「着て楽しい、見て楽しい」である。着るととにかく面白いこのジャケットは「賢い学者が着てもアホに見えてしまう」ユーモア溢れる作品である。さらには、雪男のような風貌の《シュレッダー・モンスター》や、子どもたちのワークショップで大人気の《巨大テディベア》などが会場のあちこちで一瞬のうちに産み落とされ、人々を驚かせ、楽しませ、幸せにした。パレードがクライマックスに達する頃、グッゲンハイム美術館のスロープには、展覧会名「gutai」の文字を背に、中本誠司美術館より使用許可された嶋本昭三作品を纏う西澤みゆきの姿があった（写真9）。

深夜十二時、魔法がとける時間だ。三時間に及んだパフォーマンスが終わる。ディテールの素晴らしいレース・ドレスも、労力を要求する《シュレッダー・モンスター》のコスチュームも、可愛いらしい《巨大テディベア》も、一夜限りのニュースペーパー・ドリームのために生み出され、処分される。それらがすべて撤収され、片付けられ、元の世界が舞い戻ってくる瞬間は、奇妙にすら感じられる。しかしそこには、喪失感や寂しさはない。なぜなら、一度新聞女に出会った者はもう二度と、その経験をぬぐい去ることはできないからだ。そのエネルギーは、あなたのなかにすでに在り、それはより多くの人たちと「ハッピー」を共有するために、増殖を続けるのみである。

「アートは、精神の解放のためにある。いま目の前にいるみんなが苦しんでいることから解放されて、喜びや幸せをあげられるように。地球の誕生から様々な生命が繰り返されてきたように、その大きな生命体の一部として、人々が幸せでいられることに貢献したい」。

ビエンナーレ（二〇〇三）では嶋本昭三と弟子の作品を集めた『嶋本昭三ミーム』展が開催された。

*14 筆者が二〇一三年四月二三日に西澤みゆきに行なったインタビューより。

*15 『新聞女タイムズ（Shinbunonna Times）』二〇一三年三月八日、グッゲンハイム美術館にて発行された特別号外。

*16 AU（Art Unidentified、一九八〇年 Artist Union より改名）は一九七五年に結成、翌年より嶋本昭三が事務局長を務めた若手アーティストの集まりである。

*17 「Lollipop」は、二五名の具体新世代のアーティストを招いて二月一〇日から三月二日にわたって企画された一連のイベント。

写真６　《プリーズ・ウォーク・アンダー・ヒア（*Please walk under here !*）》　©Miki Okubo

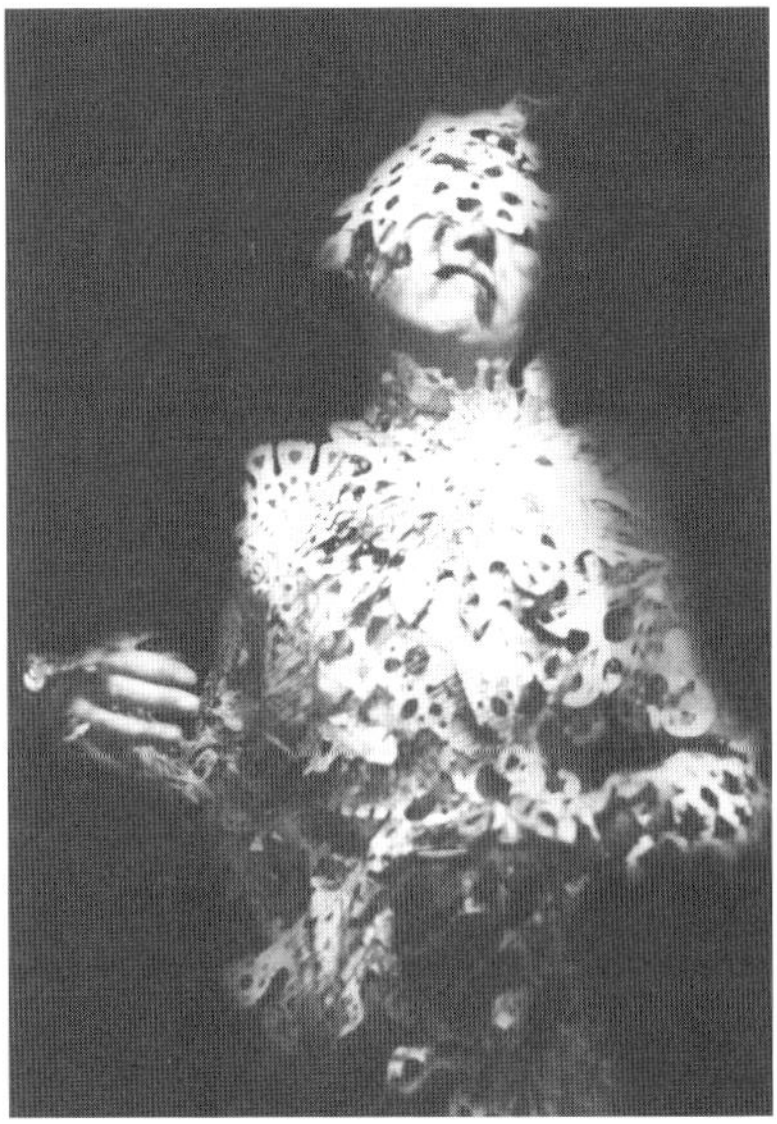

写真７　新聞女　©Yoshiko Yamamoto

写真８《巨大ジャケット》©Yoshiko Yamamoto

写真９　グッゲンハイム美術館スロープで嶋本昭三作品を纏う西澤みゆき　©Miki Okubo

「黒いニュドの女、新聞紙をもち、ガラスのフィラメントのような声で喋る」。女は闇を脱ぎ去った。自らを支配していた大きな黒い闇、黒いニュドの女は、いまもそこにいるのだが、あなたはそのことをとてもよく知っており、もう何も恐れることはない。

＊18 二〇一三年二月一五日より五月八日にわたって開催された、具体の大規模回顧展。

新聞女／西澤みゆき

一九六八年、兵庫県生まれ。関西女子美術短期大学（現・宝塚大学）在学中、現代美術作家の嶋本昭三に師事。卒業後、アパレルメーカーに勤務し、二〇〇〇年に退社。二〇〇一年、福井県今立現代芸術紙展に新聞紙でできたドレスを出品、最高賞受賞。以降、古新聞を使って人々を楽しませ、「新聞女」を名乗る。アメリカ、フランス、イタリア、韓国、台湾、ウクライナなど、世界各国でパフォーマンス。二〇〇六年「バー新聞女」開業。大学、専門学校などで非常勤。新聞、テレビ、雑誌などのメディア露出多数。二〇一三年、アーレンタウン・ニューヨークにて「Lollipop」に参加、グッゲンハイム美術館にて一〇〇〇人の来客とともにパフォーマンスを行なう。

参考

salon de mimi 新聞女論1（http://www.mrexhibition.net/wp_mimi/?p＝1705）
salon de mimi 新聞女論2（http://www.mrexhibition.net/wp_mimi/?p＝1734）
salon de mimi 新聞女論3（http://www.mrexhibition.net/wp_mimi/?p＝1755）

第二部

「憧れ」を纏うこと

「なぜ外国のファッションに「憧れ」るのか」を問うということ

高馬京子

ファッションを研究する者にとって、「ファッションとは何か／なぜファッションを追うのか」という問いは永遠の問いであり、ゲオルク・ジンメル、ソースティン・ウェブレン、A・J・グレマス（彼の博士論文は『一八三〇年のモード（*La Mode en* 1830）』というファッション雑誌の言語学的分析である）、ロラン・バルト、ディック・ヘブディッジなど、さまざまな学問分野で古くから議論されつづけている。この問いに、「外国の」という文字を付与し、「なぜ外国のファッションに「憧れ」るのか」という問いに変換した場合、外国のファッションを身に纏い、自らのものとして「流用」することでどのようなアイデンティティを形成したいか／否かという問いへと向かう。

衣服は人を作る（鷲田 一九八九）といわれるように、衣服はアイデンティティ形成に重要な役割のひとつを担っていることは言うまでもない。アイデンティティは、着用者か、それともそれを見る観客（両親、ジャーナリスト、友人など）によって形成されるのかと議論される（Bernard 2002: 75）が、「アイデンティティとは現実でなく、他者と自己によって永遠に解釈され、構築されつづける表象」であり（Olivier 2009: 8）、私たちとは違う他者との関係による表象（Berting 2009: 58）であるとするならば、その表象＝アイデンティティは、自他の視線の交差するところに形成されるといえよう（他者とは必ずしも生きた人間とは限らないだろう）。外国のファッションに「憧れ」

る、そしてそれを身に纏うという行為について考察することは、いかに、遠い他者（の視線）を意識的／無意識に自らのアイデンティティ形成に取り込むか／否かを検討することである。第二部では、このような「なぜ外国のファッションに「憧れ」るのか」という問いをめぐって、日本と関わりながらも日本国内外に拠点をおく、言説分析、美学、映画学、マンガ研究と専門を違える四人の研究者が各々の観点からかなり真面目な深い「ガールズ・トーク」（と名づけるところに少し照れがあるのだけれども）を繰り広げる。この問いに対するアプローチ、また仮説的答えも四人ともにそれぞれであるが、そこから浮上してくる共通の問いとして、とくに異文化を流用しながら自文化を熟成させてきた日本の文脈において「外国のファッション」とはそもそもどう定義しうるのかという根源的な問いも透けて見えてくる。四人のさまざまな観点から議論された論考が、あまりに当たり前の、しかし、今までそれほど学術的に検討されてこなかった「なぜ外国のファッションに「憧れ」るのか」ということの問いについて考えるきっかけとなることを願っている。

Barnard, M.（2002）*Fashion as communication*（second edition）, London, Routledge.

Berting, J.（2009）"Identités collectives et images de l'Autre : les pièges de la pensée collectiviste", in *Les Identités collectives*, Paris : Breal.

Olivier, B.（2009）"Les identités collectives : comment comprendre une question politique brulante?", in *Les Identités collectives*, Paris : CNRS Editions.

鷲田清一『最後のモード』人文書院、一九八九年

表象としての外国のファッション――エキゾチシズムをめぐって

高馬京子

1　日本におけるフランスのファッションへの憧憬

フランスのファッションへの日本の憧憬の歴史は長い。明治期以降には、とくに上流階級の女性やゲイシャなどが西洋のモードを取り入れはじめ、[*1]大正時代に入ると、ギャルソンヌ・スタイルが流行し、それが日本でもモガ（モダン・ガール）として受容される。戦後には、日本が急速な欧米化を強いられるなか、世界的に流行していたクリスチャン・ディオールのニュー・ルック、ロングフレアスカート・スタイルが日本人にも洋裁の普及とともに模倣されていった。さらに高度経済成長期以降には、本物志向が普及し、それまで西洋のファッションを模倣してコピーを自ら作っていた日本人も、現地に行って本物のブランド・バックやブランド・ファッションを購入するようになっていった。外国のファッションやブランドの表象のされかたも時代によって変遷を遂げている。一九五〇年代頃のニュー・ルック受容では日本人が自ら日本人のアイデンティティを否定し、フランスをお手本にしていかにそれを模倣し、自らのものとするかが重要であった。さらに七〇年代から八〇年代にかけては、高級ファッション・ブランドであるルイ・ヴィトンを例にすれば、七〇年代は当時急速に拡大しつつあった日本人の海外旅行熱と結びつけられて表象されたり、[*2]八〇年代は、フランスの歴史の長い由緒あるブランドとして表象されたりするが、[*3]そうした表象のなかでル

＊1　ダウナーの指摘によれば『日曜新聞』（一八七二年一月発行）に「支那風ニ剃髪シテ洋服ヲ着用シテ月琴ヲ携ヘテ客ニ招カレ酒席ニモテハヤサルヨシナリ」という記述があるとする（Downer, 2007: 35）。

＊2　『アンアン』創刊号（一九七〇年三月二〇日号）、第二号（一九七〇年四月五日号）。

＊3　『マリー・クレール』一九八三年。

イ・ヴィトンはつねに憧れのフランス・ブランドであり、模倣するお手本としての他者として描かれつづけてきた。やがて一九九〇年代後半になると、こうした「フランス」を強調するような西洋化や西洋への憧憬という要素はもはや自明のものとなり、メディアではことさらに明示されることはなくなる。さらに二十一世紀に入り、ファッション情報のオンライン化が盛んだが、たとえば『ELLE JAPON』のオンライン・マガジンをみても、西洋、すなわちパリ、ニューヨーク、ロンドンを手本とする行為は、日本では自明化された形で継続されている。『エル・ジャポン・オンライン』版（二〇一三年九月二六日付）の「ファッション・スナップ」などでは、「パリから現地直送で届くパリジェンヌの最新ファッションや、NY、ロンドン、東京ほかおしゃれの聖地でキャッチした「it」なデイリー・スタイルを日替わりでお届け」[*4]と、パリ・ファッションがメインの「お手本」のひとつとしていまだに紹介されている。逆にフランス版はどうだろうか。そこには東京のファッションが憧憬をもって表象されているだろうか。たとえば同年のフランス版『エル・オンライン』（九月一六日付）の「ストリート・スタイル（streetstyle）」[*5]では、「今シーズン・ファッショニスタに最も採り入れられているファッションは？　チェック柄！　ロンドンでもニューヨークでも、編集者たちはこのプリント柄だけ〔ファッションとして〕断言しているの」とあるように、そこに、日本版ではあった東京のファッション・スナップは「お手本」として取り上げられていない。[*6]このように、パリの『エル・オンライン』では、関心の一つとして、たくさんある海外諸国のファッションの一つとして東京ファッションが紹介されるものの、それは、決してお手本としてではない。それに対して、パリ、ロンドン、ニューヨークといった西洋のファッションへの憧憬は前記のように自明なものとして表象されている。

　このような西洋のファッションへの憧れとその受容は――必ずしも話はファッションに限らない

＊4　http://www.elle.co.jp/fashion/snap 二〇一三年九月二六日検索。

＊5　http://www.elle.fr/Mode/Influences/Street-Style 二〇一三年九月二六日検索。

＊6　たしかに同年七月一五日に同コラムで組まれた「ストリート・スタイル：世界一周一〇〇スタイル（"Street style : le tour du monde en 100 looks"）」では、日本のファッション・スナップもアジア諸国や東欧、北欧と並べて紹介されてはいるが、そこには、ニューヨーク、ロンドン、パリといった通常「お手本」として紹介される街のファッション・スナップは掲載されていない。

文脈においてではあるが――岩渕功一が指摘するように、日本が「西洋文明を最も忠実に成功裡に吸収し、他のアジアの国との差別化を可能に」するための方法（Iwabuchi 2006：24）なのであり、だからそうしたファッション表象も、アジアで最も西洋化した日本というアイデンティティを明示する記号でもあったといえる。そして明治期以降から戦後を経て現在に至るまでの、日本における西洋文化の受容は、文化人類学者の小田亮が指摘するように[*7]、ある種の「流用（appropriation）」であったと言うこともできる。それは、ミシェル・ド・セルトーの「戦術」という概念[*8]から影響を受けたとするロジェ・シャルチエがいう意味での「流用」であり、「民衆文化における戦術」、つまり、「意志と権力の主体が周囲から独立してはじめて可能となるような力関係の計算（または操作）」としての「戦略」ではなく、「自分のもの（固有のもの）」をもたないことを特徴とする、計算された行動」という実践なのである。[*9]ファッションの実践においても、この考えは当てはまる。「外国のファッション」は、日本での受容において「自らのファッション」として、西洋のコードに縛られない独自の想像力に基づいて着用も創造の仕方も自由に「流用」されたのであり、それはある意味での「戦術」であった。そしてこのような実践の基礎にある「憧れ」が、今では「自明なもの」として身体化されているのである。さらにいえば、こうした経緯を経て「憧れ」が自明なものとして身体化され、その結果生み出された日本のファッションが、今度は西洋にある種の「憧れ」をもって受容されていくのである。

＊7　小田亮「ポピュラーカルチャーと流用」http://d.hatena.ne.jp/araiken/20091007/1347631508　二〇一四年四月六日検索。

＊8　ド・セルトー 一九七八：九七―一〇〇。

＊9　同書。

2　フランスにおける日本ファッションへの「憧憬」

それでは逆に、このような日本のファッションは、海外、とくにフランスのメディアではどのように語られるのだろうか。それは、「憧れ」のファッションとして、エキゾチックなものとして、さまざまに表象されている。

この場合、「エキゾチシズム」は、ツヴェタン・トドロフの議論に基づけば、大きく三つの用法に分類することができる。ひとつは、十九世紀に使われていた、西洋文明に属していない事物や習慣や芸術を指すのにこの語が用いられる場合である。フランスを基点とするエキゾチシズムを批判的に検討するトドロフは、これを、「プリミティヴィスト的（未開の）エキゾチシズム」と呼んでいる。トドロフが指摘する二つめのエキゾチシズムは、現代のニューヨーク、現代の東京などの最新の建築や電子機器などを指す場合に見られる、「最先端のエキゾチシズム」である（Todorov 1989：358）。三つめのエキゾチシズムは、クロチルド・サブルがトドロフの第二のエキゾチシズムを敷衍して用いる次のような意味である。彼女は、フランスにおける日本の、たとえばポピュラー・カルチャーの受容において、「空間においても、そのラディカルな他者性においても近くて遠い完全な他者」という「平等の他者性」というエキゾチシズム（Sabre 2012：80）が支配的であるという。つまり、西洋優位の視点から、遠くにいる未開な他者への視線を内包させていた第一のエキゾチシズムと異なり、この現代の日本ポップカルチャー・ブームに代表される第三のエキゾチシズムでは、外国の受容者にこのブームを支える重要な媒体であるインターネットなどによって他者との距離は縮まった感覚を生じさせ、他者は自分たちと平等な立場として認識されうるのである——もちろん、それでもなお他者は彼らとは異なる完全な他者ではあるが。

このように三つのエキゾチシズムをここでは提起しておく。以下には、こうしたエキゾチシズムの観点を参照しながら、日本のファッションがどのように「憧れ」の「エキゾチック」なファッションとして表象されてきたかを具体的に検証していこう。*10

一九八〇年代後半のプリーツを主体とする作品群を通してとくに評価された三宅一生は、フラン

＊10 調査した資料体は、一九八一年から一九九二年に掲載された日本人デザイナーの記事で、ほぼ代表的全コレクションを紹介する『ル・フィガロ』では、一〇五記事、選択的に紹介する『リベラシオン』では、三七記事（コム・デ・ギャルソンは一二記事、三宅一生は六記事）見つかった。

スの新聞『ル・フィガロ』の定評のあるファッション欄では「新たな千年紀のデザイナー」として以下のような言葉で表象されている。[*11] たとえば「幻視者（visionnaire）」「他の惑星に住む女性（femme d'une autre planète）」「未来のロボットやSFの女神（les robots de demain et les déesses de science-fiction）」「新たな千年紀（Le 3ᵉ millénaire）」「侍の甲冑のようだ」というフレーズなどである。こうした記事では、トドロフが言う「最先端のエキゾチシズム」と「プリミティヴなエキゾチシズム」に関連する語が同時に混ざり合って使用されているのである。さらに八〇年代にパリ・プレタポルテ・コレクション（パリ・コレ）にデビューした川久保玲、山本耀司らの作品群の表象のされ方にも言及しておこう。こうしたデザイナーのデビュー当初の作品は、『ル・フィガロ』の紙面では、とくに暴力（侵略、凶器、災害、原爆の被害者）に関するステレオタイプを使用して語られ、あるいは、別の新聞ではさらに強い調子で野蛮なエキゾチシズムとして表象され、相容れない否定すべき他者として描かれていた。[*12] それは、一九八〇年代、西欧の経済市場における日本勢力の拡大に対し、フランスのメディアは、日本の成功の秘密を暴き、日本に関する事象を紹介しようとしたが、その際、日本嫌いや日本贔屓のステレオタイプを使用したことを背景とするといえるだろう。[*13] このようにファッションの他者表象は、その時代の社会コンテクストによって大きな影響を受けるが、他の時代ではどうだったか。次に、時代を遡り、二十世紀初頭以来、日本のファッションがいかに「憧れ」をもって表象されていたのか考えてみる。

深井晃子『ファッションのジャポニスム』によれば、一九〇七年頃のフランスのファッション雑誌では、キモノのシルエットやキモノ袖など、日本的要素をフランスのモードに採り入れる傾向が見られたという。[*14] 当時の代表的ファッション雑誌のひとつである『フェミナ』[*15]（一九〇一年創刊）を創刊号から見ると、一九〇三年頃から日本のファッションが同誌のファッション・ページに登場

＊11 『ル・フィガロ（*Le Figaro*）』一九八九年一〇月二三日号。

＊12 高馬京子 二〇〇五。

＊13 Honoré, J.P., "De la nippophilie à la nippophobie– les stéréotypes versatiles dans la vulgate de presse（1980-1993）" in *Mots, no.41, Parler du Japon*, Paris, Presses de la Fondation nationale des sciences politiques（1994）.

＊14 深井晃子 一九九六：一二三。

＊15 原題は《*Fémina*》。

している。たとえば、「仮装用衣装（TRAVESTIS）」というタイトルのもと、「マダム・クリザンテームの衣装（Madame Chrysanthem:im's Costume）」[*16]が紹介されている。

この「マダム・クリザンテーム」とは、一八六八年にピエール・ロチが出版した自伝的小説『お菊さん（*Madame Chrysanthème*）』のなかで、ロチが一ヶ月のあいだ「買った妻」、お菊さんのことを指している。小説のなかでロチは、「日本を表すには、小さい、甘ったるい、かわいらしいでいい」と言い放ち、キモノを身に纏う日本女性を「ムスメ（mousumé）」もしくは「人形」として、さらには、「棚の置物（bibelot d'étagère）」として紹介する。つまり、彼女たちは、発言権はまったく付与されず、その感情もほぼ描かれず、一人前の女性ではない受身の女性（これが「ムスメ」の意味）や「棚の置物」としてあくまでも描かれるのであり、そのキモノの美しさが詳細に描写される反面で、ムスメたちの外見の「醜さ」がもっぱら表現されていたのである。[*17]ロチとお菊さんの関係は、ロチが「男性として、女性にたいする優位性だけではなく、当時の西欧人として他民族に対する優位性を享受」[*18]するような関係であるのは言うまでもない。

『お菊さん』に描かれたこうした日本女性、またはそのキモノ・スタイルがジャポニズム・ブームのなかで大人気となったのであるが、それは、トドロフのいう第一の意味でのエキゾチックな「ムスメ」の着用する衣服であり、そうした表象が、『フェミナ』誌でも引き継がれているのである。『フェミナ』誌では、「醜い」ムスメの纏うキモノからインスピレーションを受けたスタイルを「マダム・クリザンテーム」と名付け、それを「仮装」という言葉のもとで紹介している。[*19]この「仮装」という行為は、ロチがこの小説で口にするように「少し楽しむため」の行為であった。つまり、このスタイルは、それをちょっとだけ楽しむために、つまり、その後に脱ぐということを前提として身に纏われるのである。先の小田亮は、「仮装」について次のように述べている。「祭やカ

＊16
『フェミナ（*Femina*）』一九〇三年二月一〇日。

＊17
たとえば、次のような例がみられる。「ああ、後ろからみたら、彼女たちは可愛いよ」（Loti 1990 : 97）、「彼女が振り返るとなんと恐ろしいんだ。幽霊か吸血鬼のような醜い、こわばった、蒼白な、顔をしている」（Loti 1990 : 63）。

＊18
Todorov 1989 : 417.

＊19
『フェミナ（*Femina*）』一九〇三年二月一〇日。

ーニバルなど、特別の時や場でハレ着を着たり仮装をしたりするのも、地位や身分や名前といったしがらみを解きほぐし、普段の自分とは異なる存在になるためだった。〔中略〕異装を纏うことはその実質の物語を脱ぐことのできる機会であり、そのことが逆に実質の物語への対応を可能にもしたのである」[*20]。つまり、フランス人女性たちはこうした仮装をすることで、他者性を支配し、フランス人女性のアイデンティティという優位性を確固とするのであり、そうした衣服の役割がメディアのなかで形成されていたと考えられるのである。

以上のように、日本のファッションがフランスにおいてどのようにエキゾチシズムのもとで受容され、表象されてきたかを振り返ってみた。どちらにおいてもあの、第一、第二のエキゾチシズムの眼差しのもとで日本のファッションはステレオタイプ的に形成されてきた。しかし、サブルの提起した第三のエキゾチシズムに当てはまるような現象が、現在生起している。次にそれを検討してみたい。

*20 小田亮 一九九〇：一八―二〇。

3　カワイイ・スタイルというエキゾチシズム

一九九〇年以降、日本のマンガ、ビデオ・ゲーム、ストリート・ファッションが、フランスその他の国で広がったことはしばしば指摘されるが、そのキーワードのひとつとして「カワイイ」が挙げられる。古賀令子『「かわいい」の帝国』によれば、日本国外では、「カワイイ」は「アニメやマンガといった日本文化」に用いられる言葉であり、またとくにカワイイ・ファッションといえば「原宿ファッション」のことを指すという[*21]。

フランスでは事情はどうだろうか。二〇〇九年にフランスで発刊された、若者向けのさまざまなファッション・スタイルを紹介する『ルック事典』[*22]において、「kawaii スタイル」もその一つとし

*21 古賀令子 二〇〇九：二一〇。

*22 De Margenè 2009.

て紹介されている。それによれば、「kawaiiスタイル」は「マンガによって育まれた子供の世界」[*23]と定義されている。あるいは、第一節でも挙げた『エル・オンライン』では、「kawaii」のかわりに、フランス的発音として使用頻度の高い「kawai」という語が使用されている。同誌の二〇〇七年から二〇一一年までの四年間で、二度ほどkawaiファッションが記事のなかで紹介されている。そこでは「kawai」は、日本女性のステレオタイプとして十九世紀以降ロチの小説で初出して以来、フランスを中心に海外に強く根付くセクシュアリティと幼児性を強調するゲイシャ・スタイルを形容する語として使われるか、もしくは、幼児性や子どもっぽさを喚起するアニメ・キャラクターがプリントされたTシャツを形容する語として使われている。さらに二〇一〇年のファッション雑誌『グラムール』では、「kawaiiスタイル」は、日本のプレッピー・スタイル[*24]として表象されており[*25]、また、ラルース社[*26]が出版したフランス人青少年向け日本文化紹介の本、『kawaii かわいすぎる一〇〇%日本』[*27]では、カワイイ・ルックは、「日本風のモードになるための唯一の合言葉、それは、できるだけ独創的（奇妙な〔original〕）で奇抜になること。目立てば目立つほどいいの」と紹介されている。このように、フランスではカワイイ・スタイルは、前の節でのロチがキモノ・スタイルを表現する場合と同様に、「未熟性」を強調して表象される傾向がみられる。

この未熟性という特性は、一面では、前節で触れた二つのエキゾチシズムで語ってしまうことができるのかもしれない。しかし、この未熟性とはサブルがいう第三のエキゾチシズム、つまり「空間においてもそのラディカルな他者性においても近くて遠い完全な他者」という「平等の他者性」というエキゾチシズムであるともいえるのではないだろうか。つまり、このブームを支える重要な媒体であるインターネットなどを介して、外国の受容者が、フランスには存在しない完全に異なる他者として日本のポップ・カルチャーを平等な近しい立場として認識するというエキゾチシズムで

＊23 Cino 2010 : 131.

＊24 米国の有名大学をめざす進学専門の私立中学、高等学校の基本的な装い（『デジタル大辞泉』）。

＊25 『グラムール（*Glamour*）』二〇一〇年四月号。

＊26 一八五二年にピエール・ラルースらによって設立された主に辞書、事典に特化した出版社である。(http://www.editions-larousse.fr/qui/ 二〇一四年四月一六日検索)。

＊27 原題は、《*Kawaii trop mignon le livre 100 pourcent Japon*》。

ある。

以下にはそうした第三のエキゾチシズム的特性を探るべく、私が実施したカワイイをめぐる意識調査をもとに、未熟性がなぜ強調して表象されるのか、そしてカワイイがアイデンティティ形成にどのような役割を果たしているのかを考えてみたい。

カワイイ・ファッションの実践者に限らず、日本語学を専攻するINALCO（フランス国立東洋言語文化研究所）で勉強する学部女子学生一年生一五八人に意識調査（二〇一一年一月実施）したところ、そのうち一四九人が「カワイイはとても日本的なもの」であり、それが海外に普及しはじめているという答えが返ってきた。また、パリにおけるカワイイ・ファッションを取り扱うブティックや二〇一一年十一月にオープンした「カワイイ・カフェ」でもインタビューをした。ブティックのほうは、「Boddywood」というロリータ系ではなく、「MILK」などから始まり、原宿のカジュアル系の日本のカワイイ・ファッションを取り扱うブティックであったが、その責任者からはカワイイもの、すなわち「デカレ（décalé 既成概念から外れている）」ものを集めるのが店の主旨である、という答えが返ってきた。[*28] また、「カワイイ・カフェ」[*29]ではカワイイ・ファッションについて、「フランスでは公の場を離れて私の場にいても、他人の視線はつねにある。日本には原宿のような場所があるのに対し、フランスでカワイイ・スタイルなどフランスの既成概念から離れるファッションを着ることは街では難しい。また、皆で集う場所まで来るのもその途中の人の目があり大変難しい、だからこそ、このような守られた空間を作る必要があった[*30]」という声を聞くことができた。このように、カワイイ・ファッションとは、日本的で、フランスの既成の社会通念からはかけ離れたものであり、やはり、エキゾチックなもの、つまり、私たちとは違うものであり、それを街で単独で身につけるのは難しいと考えられているのである。

＊28
二〇一二年十二月一一日インタビュー。

＊29
二〇一一年十一月一七日にオープンしたパリ初、日本のポップ・カルチャーおたくのためのメイドとコスプレ・バーである（http://www.kawaiicafe.fr/Le%20Kawaii%20Cafe.htm 二〇一四年四月六日検索）。二〇一四年はじめに閉店。

＊30
二〇一二年十二月一一日インタビュー。

実際にカワイイ・ファッションを身につけたパリジェンヌたちにもインタビューを行なった。土曜日の午後に叔母さんとともにブティックに買い物に来ていたティーンエイジャーに話を聞くと、「もともとはマンガが好きだった」と言い、彼女の叔母さんも「学校でも先生にカワイイと褒められる」と、肯定的に姪のカワイイ・ファッションを支持しており、今日は一緒に買い物に来て彼女のファッションを選んでプレゼントしているのだという。たしかに、土曜日の午後は、ティーンエイジャーとその保護者（母親、叔母など）の組み合わせで来店しているひとびとが多い。このように、ある程度の年齢までは、いわゆる「着せ替え人形」的観点では、カワイイ・ファッションを社会も容認しているのだといえる。

次に、「デコラー」や「FRUiTs」[*31]系のカワイイ・ファッション愛好者のフォーラム「レインボー・チーム（Rainbow Team）」の加入者に、なぜカワイイ・ファッションを身に着けるのかという質問をしてみた。私がこのフォーラムを知るきっかけになったのは、二〇一一年の年末、パリの十一区レピュブリック大通りで、薬剤師助手として働く二四歳のフォーラム・メンバーの女性との偶然の出会いであった。彼女が言うには、マンガ好きが高じて、二〇〇五年にジャパン・エクスポ[*32]を訪れたときに、ヴィクトリア朝の「カワイイ」ファッションを見つけ、それ以来、インターネットで情報を集め、安い古着などを買いはじめているのだという。彼女は、ロリータは遵守すべきコードが多すぎるので、「デコラー」や「FRUiTs」系ファッションを好むのだというのだが、そんな彼女に、なぜカワイイ服を着るのかと聞くと、「美しくてカワイイ人形を演じる」ためであり、「カラフルなものが好きだからカワイイ・ファッションを選んでいる」のだと言う。しかし彼女は、街の中で「カワイイ」という肯定的視線を向けられると同時に、「そんな格好をして恥ずかしくないのか」「子供の服だ」という批判的視線の両方を向けられることもあると言う。そうした批判にた

＊31
レインボー・チームによると、FRUiTSとは一九九七年に青木正三によって出版された原宿のストリートファッションの着用者を紹介した雑誌によってもたらされたスタイルで、いくつかのサブジャンルがある。「デコラー」とは、アクセサリーなどをより多く身につけるスタイル。その他パステルカラーを使ったフェアリー系などもある（http://rainbow-team.forum-actif.net/t1173-faq-de-la-rainbow-team 二〇一二年五月二二日検索）。

＊32
一九九九年よりパリ郊外で行なわれているJTS GROUP COMPANY（前SEFA）主催日本のポップカルチャー・イベント。二〇一二年は来場者は二〇万人を超えて、二〇一三年にはジャパン・エキスポUSAがサンフランシスコで開催された（http://nihongo.japan-expo.com/ 二〇一三年九月二六日検索）。

いして彼女は、カワイイ・ファッションを「私は売春婦ではない、異性を引きつけるためではなく、自分自身の気分がいいから」身に着けるのだ、と反論している。

ともあれ、彼女から紹介された「レインボー・チーム」のサイトで私が「なぜカワイイ・ファッションを身につけるのか」という質問をしたところ、何人かが以下のようにコメントしてくれた。他者から肯定的な視線ではなく、ネガティヴな視線を受けたとしても、自分たちは場所を選ばずそれを着用している。そして、口を揃えて、このスタイルなしでいることなど考えられないと言う。その理由を聞くと、たしかにカワイイを着用する人々は「日本人のようになりたい」と思った人もいるにはいたが、基本的には「日本的であるから」ではなく、「自分たちに似合うから」であり、「子どものころへの逃避」ができるからであるという答え、あるいは「異性をひきつけようとするのではなく」、「このスタイルを着ることで自分が強くなれる気がする」という答えを聞くことができた。彼女たち着用者にとって、カワイイ・ファッションは、もっとも遠い場所（日本）から来たことを認識しつつも、それをすでに自らのものとし、なおかつ自らを守る道具として採り入れている。つまり、フランスの社会規範からかけ離れたものとして表象されてはいるが、「最も近くに感じる他者」を採り入れているのである。実践者を伝えるメディアの表象やそれを見る視線はエキゾチックな他者としてカワイイ・ファッションを捉えているが、インタビューに答えた着用者たちは、それをほぼ毎日自分のものとして「流用」を実践し、「これを着ることで強くなれる気がする。私が私でいられる」と自らのアイデンティティ形成の装置としているのである。

また、著者がカワイイの一つのスタイルとして考えているロリータ・ファションのイベント「ロリータ・コンベンション」の運営チーム一八名に「カワイイ・ファッション／ロリータ・ファッションとは何か」、そして「なぜそれを着用するのか」と聞いたところ、第一の問いに対する最も多い答えとして、「ロリータ・ファッションの起源はヴィクトリアン・スタイル、マリー・アントワネット・スタイルであり、日本では、一九七〇年代に原宿のブティック「MILK」が発見し、一九九〇年代にヴィジュアル系バンドを通して流行したもの」だという答えが半数以上のひとびとから返ってきた。また第二の問いに対して、「レインボー・チーム」と同じように、「私が私らしくいられる」といったものが最も多く、「日本人のようになる」ためではなく「プリンセスのように、マリー・アントワネットのようにエレガントに感じられるから」というものが多かった。こうした答えを見れば、ファッションの志向は異なるにせよ、「私が私でいるため」の服としてそれらが着用されている傾向をうかがい知ることができるのである。ただし、インタビュー協力者のうち一、二の例外を除く彼女たち／彼らの大半は、それを着用する時間や機会や場所について、「週末」「友人たちと」「ジャパン・エクスポなどイベントで」と答えており、「仕事、就職の面接のときには着用しない」と回答している。このことからも分かるように、着用者たちは、カワイイ・ファッションを「エキゾチック」なものとして見つめるフランス社会の視線をすでに内在化させ、それを自らの視線と交差させ、「日本人のように」なるためではなく「私が私でいられる」ために、ただし「エキゾチックなものと見なされる」ことを承知のうえで、ファッションとしてカワイイ・ファッションを身に着け、「自分」というアイデンティティを限定された場所で形成しているのである。[*33]

ゲオルク・ジンメルは、ファッションとは社会への適応と社会の要求からの個人的逸脱のあいだのせめぎあい[*34]、と述べている。ジンメルのこの見解を、フランスにおける一〇代から二〇代前半のカワイイ・ファッション受容に置き換えて考えるならば、社会的役割をそれほど多くは持たない若者は、社会の要求からの個人的逸脱、すなわち、個人的表現、アイデンティティを表現する割合が多くなるのであり、そこにある種のせめぎ合いも生じているのだといえるだろう。彼ら若者の情報

＊33　詳しい分析は拙稿（Koma 2013）を参照。

＊34　Simmel 1971 : 295.

源はインターネットが中心であるが、彼らは、たとえ言葉がわからなくとも、原宿ファッションを身に着けた若者の写真を見ながらそれを真似している。すなわち、誰でもがアクセス可能なメディアを用い、遠い距離を一挙に超えて、一般レベルでファッションを実践していく。まさに、カワイイ・ファッションとは、彼らにとって最も近くて遠い「平等の他者」としてのエキゾチシズムを表わしているのだと言うことができるだろう。

結論にかえて

ここまで考察してきたように、日本のメディアでは、フランスのファッションを「憧れ」のファッションとして表象し、また、その「流用」方法を示すことで、アジアで最も西洋化した国という自らのアイデンティティを形成してきた。そして、日本のひとびとがこうしてフランスという外国のファッションを受容するとき、それは必ずしも社会規範から外れたものでも、「奇妙な(strange)」というエキゾチックなものとしてでもなく、日本社会のスタンダードになりうるようなファッションとして受容され、表象されている。元のフランスと同様に、日本人にとってもそれは脱げないファッションであり、着用者も、それを見る視線も、西洋のファッションをすでに「日本」のファッションとして容認していた。

一方、フランスにおける日本のファッションは、間接的にフランスのファッション・デザイナーに何らかの影響を与えてきたにせよ、それでも、フランス社会の「規範」になるのではなく、「ファッショナブリー・エスニック」としての一つのオルターナティヴ・ライフスタイル[*35]にすぎない。また、先に述べたように、カワイイ・ファッションの実践者に関しては、まさに今の時点での彼らのスタンダードになっているものの、そこには、必ず、それをエキゾチックなものとして見つめ

＊35 Maynard 2004 : 79.

る、もしくは構築する視線が存在するのである。

もちろん、日本のファッションをエキゾチックなものとして構築する視線と戯れつづけているだけでいいのだろうか、という批判はある。しかし、たとえば、フランスでも第三のエキゾチシズムであるカワイイへ投げかけられる視線は、観察者による（またそれを内在化した実践者による）エキゾチックな未成熟さとしての受容ばかりではなく、実践者による「私が私でいられる装置」としてカワイイを形成してもいるのである。ここに、キース・ヴィンセントが「未熟性の系譜」[*36]で述べるように、西洋と東洋に基づく近代主義的視点（成熟vs未成熟、本物vs偽物《イミテーション》など）を乗り越える可能性がみられるのではないか。以下に、村上春樹の文章を引用する。

「〔村上春樹の〕日本の読者は、二六年の間に世代がひとつ交代した。〔しかし〕不思議にも、読者が感じていることは変わらない。この社会の中で、どうやって少しでも自由に自分を維持して、正気を保って生きていけるか、ということです。違うのは、今はフリーターになれること。フリーター文化というかニート文化というか、怠惰かもしれないが、成熟した文化が育つ土壌になるのではないか[*37]」。

まさに、カワイイを実践することは、この社会で少しでも自由に、自分を維持して、正気を保って生きていくことであり、それこそが、「無分別」につながる近代主義的視点で構築された二元論から解放された意味での「成熟」した文化としてのカワイイといえるのではないだろうか。

「成熟した」西洋という規範の外にあるフランスにおける日本のファッションは、観察者によって未熟で遠い他者のファッション、「憧れ」のエキゾチシズムとして受容されていると同時に、実践者にとっては、自らの「成熟」したアイデンティティを形成する最も近い他者性を示すエキゾチシズムとして受容されているのである。

＊36 ヴィセント二〇一〇。

＊37 『朝日新聞』二〇〇五年十月三日夕刊。

参考文献

Beillevaire, P.（1994）“L’autre de l’autre” Contribution à l’histoire des représentations de la femme japonaise”, in *Mots No.41 Parler du Japon*: 56–98.

Botz-Bornstein,T.（2011）*The Cool-Kawaii*, Maryland, Lexington Books.

Butor, M.（1995）*Le Japon depuis la France un rêve à l’ancre*, Paris, Hatier.

Cino, C.（2010）*Kawaii trop mignon le livre 100 pourcent Japon*, Paris, Larrouse.

De Margerie, G.（2009）*Dictionnaire du Look*, Paris, Robert Laffont.

Downer, L.（2007）*Madam Sadayakko*, trans. Hideaki Kimura, Tokyo, Shueisha.

Garrigue, A.（2000）*Japonaises, La révolution douce*, Paris, Editions Philippe Picqui.

Iwabuchi, K.（2006）“Postcolonial Desire for Asia,” in *Popular Culture, Globalization and Japan*（ed. Allen, M and Sakamoto, R.）, London, Routledge, 15–35.

Koma, K.（2010）“La representation de la femme japonaise dans Madame Chrysanthème de Pierre Loti,” in *Literatūra 2010 52*（*4*）, Vilnius: Vilnius University, 20–28.

Koma, K.（2011）“Apparition of the term “Kawaii” in Representative National French Newspapers,” in *Japan as Represented in the European Media: Its analytical Methodologies and Theories In Comparison with Korean case*（ed. Koma, K.）, Kaunas: Vytautas Magnus University, 13–36.

Koma, K.（2012）“Acculturation of French fashion in Japan after WWII: Fashion as device constructing identity,” in *The Acta Orientala Vilnensia 2011 Volume 11,*（ed. Koma, K.）*, 63–78.*

Koma, K.（2013）“Kawaii as Represented by Wearers in France Using Example of Lolita Fashion,” in *Regioninės studijos*（7）, 67–82

Loti, P.（1990）*Madame Chrysanthème*, Paris, GF Flammarion.〔『お菊さん』野上豊一郎訳、岩波文庫、一九八八年〕

Maynard M.（2004）*Dress and Globalisation*, New York, Manchester University Press.

Morean, B. (2006) "The orient strikes back," in *Theory, Culture & Society*, 13 (3), 77–112.
Moura, J-M. (1992) *Lire l'exotisme*, Paris, Dunot.
Napier, S. J. (2007) *From Impressionism to Anime: Japan as Fantasy and Fan Cult in the Mind of the West*, New York, Palgrave Macmillan.
Pons P. and Souyri, P. F. (2000) *Le Japon des Japonais*, Paris, Seuil.
Sabre, C. (2012) "Neojaponism and pop culture New Japanese exoticism in France," in *Regiominės studijos* (6) (ed. Koma, K.), 67-88.
Simmel, Georg (1971) "Fashion," in *Georg Simmel: On Individuality and Social Forms*, Selected Writings, The University of Chicago Press, 294-323.
Todorov, Tzvetan (1989) *Nous et les autres-la réflexion française sur la diversité française*, Paris, Seuil.
Dictionnaire de la Mode au XXe siècle (*Dictionary of the Fashion in 20th century*) (1996) Paris, Edition du Regard.
ヴィンセント、キース（二〇一〇）「「日本的未熟」の系譜」東浩紀編『日本的想像力の未来――クール・ジャパノロジーの可能性』ＮＨＫブックス、一五―四六頁
小田亮（一九九〇）「装いの文化人類学」『アンデレクロス』第四五号、一八―二〇頁
小田亮「ポピュラーカルチャーと流用」（http://www2.ttcn.ne.jp/oda.makoto/popular.html（二〇一四年四月六日検索））
高馬京子（二〇〇五）「論証装置としてのステレオタイプ」『セミオトポス１』慶應義塾出版会
古賀令子（二〇〇九）『「かわいい」の帝国』青土社
ド・セルトー、ミシェル（一九八七）『日常的実践のポイエティーク』山田登世子訳、国文社
深井晃子（一九九六）『ファッションのジャポニスム』京都服飾文化財団

日本映画に見る「モガ」の表象[*1]——洋装とアイデンティティ

池田淑子

二〇一二年秋のNHK朝の連続ドラマ『カーネーション』は、洋装に憧れ、洋装とともに成長し、戦前・戦後の日本の激動期を生きた女性の物語であった。「なぜ、外国のファッションに憧れるのか」というワークショップの問いについて、西洋のファッション、洋装の受容という観点から映画を例に考えてみたい。近代化とともに日本映画の黎明期一九二〇年代から一九三〇年代に登場した「モダン・ガール」（通称「モガ」。以降「モガ」と略す）という記号の分析を通して検討してみよう。映画研究者のロバート・スクラーは、アメリカ映画が当時の日本の風俗に与えた影響の例としてモボ・モガについて次のように述べている。「服、髪型、話し方、身ぶり等，あらゆるものをアメリカ映画から拾い集めることができた。日本では、服装や動作をアメリカ映画の登場人物に見習う若い男女を表現する新語がつくられた。モダン・ボーイ、モダン・ガールを縮めた「モボ」と「モガ」である」[*2]。断髪、帽子、洋装を特徴とする「モガ」が当時の映画物語のなかでどのように描かれ、扱われているのか。「モガ」という映像記号が何を意味し、どんな役割を担っていたのかを分析し、先の問いへの解答を探りたい。

＊1 本稿は拙稿「1920–1930年代の日本映画におけるモガの表象とその意義」（言語文化共同研究プロジェクト2001『映像と文化』大阪大学言語文化部・大阪大学大学院言語文化研究科、二〇〇二年三月）に加筆・修正したものである。

＊2 ロバート・スクラー『アメリカ映画の文化史（下）』鈴木主税訳、講談社、一九九五年、一三四—一三五頁。

1　モガに関する当時の論述

モガに関する当時の論述は多いが、大半が否定的である。例えば、昭和三年十月号の『中央公論』において、内田魯庵は、モガやモボはアメリカ映画をお手本にした、「器用に新語を囀る九官鳥の類」で、「漫画の材料を提供する外には何の役をもしない」と言及する。[*3] 魯庵によると、欧米諸国においては「モダーン」は単なる一時の流行ではなく、第一次世界大戦後の世界情勢の変化から古い伝統に抗して必然的に産まれたものであるが、日本へ入ると思想的な背景は弱まり消えてしまうという。同誌昭和四年八月号において、大宅壮一も、「モダン・ライフ」とは、「理想も道徳も感激もない世界―感覚の世界」であり、「消費社会の頽廃的な現象である」と批判的である。[*4] 大宅も魯庵と同様、モガの「存在理由は、因襲的な婦人道徳や、男女関係や、生活様式を思い切って破壊したところに有る」と、その潜在的な意義を認めてはいるものの、それを実践している女性はごく稀で、「大部分は、模倣か、しからずんばメッキで、つきつめていくと、どこかで旧時代のぼろをだすものである」と批判する。[*5]

こうした論述をもとに、社会学の分野でモガの研究は進められてきたが、意見は二つに分かれる。一方で、当時の雑誌を分析した植田康夫は、「女性」誌が「職業婦人や健康美の女性という新しいタイプの女性を評価しながら、「男性と対等の人間」である「モダン・ガール」というイメージを構築」する役割を果たしていたと言及する。[*6] さらに、バーバラ・ハミルも、モガに対して積極的な意義を見出す。平林初之輔の『婦人公論』（一九二八）での論述を取り上げ、平林が「モダン・ガール」の現象を機械化がもたらした新しい時代の象徴と見、古い権威からの解放を促すものとして弁護していたというのだ。[*7] だが、大部分の意見は批判的だ。佐藤毅は欧米のモダニズムと比較し、日本のモダン層が「モダニティのもつ進歩的役割あるいは積極性を含む問題性を透視する論

＊3
内田魯庵「モダンを語る」『中央公論』一九二八年十月号、一四〇―一四四頁。

＊4
「モダン層とモダン相」『大宅荘一全集』第二巻、蒼洋社、一九八一年、八頁。

＊5
同書、一七頁。

＊6
植田康夫「女性雑誌がみたモダニズム」（南博編『日本モダニズムの研究』ブレーン出版、一九八二年）一三六頁。

＊7
バーバラ・ハミル「日本的モダニズムの思想」（南博編『日本モダニズムの研究』ブレーン出版、一九八二年）九二頁。

理において一哲理に弱さがあった」と指摘し、その弱さゆえに、「日本的通俗道徳の存在と支配層によるその教化の前に倒れた」と解説する。[*8] 彼はその事例として、日本の「「モダン・ガール」という女性の生き方、つまり思想としてのモダン・ガールが風俗の次元で受け止められつつ、「不良少女」の別名に転換して行った事象」を取り上げる。だが、注目すべきは、「モガ」を実在するものとしてではなく、消費文化における「イコン」として捉え、消費文化の隆盛する近代化のプロセスでそれがさまざまな層の女性が近代的主体を形成していく装置として働いていたと論じる、伊藤るり、坂元ひろ子、タニ・E・バーロウらの最近の研究[*9]である。なかでも小檜山ルイの分析は興味深い。「『婦人之友』が目指したのは、主体的に「近代」を纏うことであり、近代的主体性を持つ自己を表現することであった[*10]」というのである。

では、日本の映画研究においてはモガはどのよう捉えられてきたのだろうか。岩本憲児は、モダニズムを「スピード」や「機械化」などの側面から分析し、モガの両義性に言及している。「「モガ」や「モボ」のイメージには、風俗の先端を闊歩する軽さがあった。一方、その軽さは軽薄さとも結びつき、蔑称ともなった。しかし、映画のなかのモガ・モボたちは、憧れとやっかみの半々のまなざしを観客から浴びていたはずだ。軽薄さや退廃とは無縁のモガ・モボたちもいた[*11]」。だが、岩本は個々の作品を分析していない。また、監督論の枠組みから言及されることはあっても、モガの表象を各物語のなかで掘り下げ、他の作品と縦横断的に比較した研究は見当たらない。

はたして、モガは日本映画のなかで単なる一時的なアメリカの物まねの流行現象としてのみ描かれたのだろうか。それとも平林や坂元らが論じるように、新しい時代の女性として、何らかの思想的な役割を果たし、近代的な主体を獲得する際の参照点となったのであろうか。以下の映画分析を通して考察したい。

＊8
佐藤毅「モダニズムとアメリカ化」（南博編『日本モダニズムの研究』ブレーン出版、一九八二年）四一頁。

＊9
伊藤るり、坂元ひろ子、タニ・E・バーロウ編『モダンガールと植民地的近代』岩波書店、二〇一〇年。

＊10
小檜山ルイ「『婦人之友』における洋装運動とモダンガール」（『モダンガールと植民地的近代』岩波書店、二〇一〇年）一八〇頁。

＊11
岩本憲児『日本映画とモダニズム』リブロポート、一九九一年、五〇頁。

＊12
『日本映画代表シナリオ全集⑥』キネマ旬報社、一九五八年。

2 「名作」と視点

まず、本論で検討する作品について、そして作品の受容を検討するための基準について説明しておく。

ここで分析する作品は、シナリオだけが残っている[*12]『紙人形春の囁き』を含め、以下の一二作品である（表1）。これらはすべて日本の映画史上「名監督」による作品もしくは「名作品」と呼ばれるものである（そうでないとフィルム自体が現存していないからである）。『路上の霊魂』については日本国立フィルムセンターに所蔵されているネガで鑑賞したものであり、また、『紙人形春の囁き』を除く他九作品については京都文化博物館所蔵のビデオで鑑賞したものである。ただし、現在では、最も古い三作品以外、すべて市販のDVDで見ることができる。

また、受容を検討するための一つの基準としてシーモア・チャトマンの「視点」という考えを導入しておきたい。[*13]物語論を発展させて映画に応用を試みたチャトマンは、従来の「視点」の概念、「誰が見るのか」の「見る」の意味を文字通りの「知覚」から、「認知」や「意見」などの比喩的な用法へと拡張し、[*14]「見る」の動作主、つまり「誰が」を語り手と登場人物に分け、視点の所在を明らかにする。「視座」とは物語世界外に属し、物語を報告する語り手の視点で、語り手の「意見ならびにその内面的なニュアンスを表わす」[*15]。「フィルター」とは物語世界内に属する、登場人物の視点であり、その登場人物が「経験する精神活動（知覚、意見、感情な

表1　1920年代・1930年代の「モガ」を描いた日本映画（残存する作品）

制作年	タイトル	モガのタイプ	監督	映画制作会社
1921	路上の霊魂	令嬢	村田実	松竹
1926	紙人形春の囁き	カフェの女給	溝口健二	日活
1930	若者よなぜ泣くか	令嬢 ジャズシンガー	牛原虚彦	松竹
1931	淑女と髭	不良少女、令嬢	小津安二郎	松竹
1931	マダムと女房	ジャズシンガー	五所平之助	松竹
1934	限りなき舗道	カフェの女給	成瀬己喜男	松竹
1934	隣の八重ちゃん	女学生	島津保次郎	松竹
1936	妻よ薔薇のやうに	事務員	成瀬己喜男	P.C.L. 映画製作所
1937	淑女は何を忘れたか	姪	小津安二郎	松竹
1937	祇園の姉妹	芸妓	溝口健二	日活
1937	浪華悲歌	事務員、不良少女	溝口健二	日活
1939	暖流	令嬢	吉村公三郎	松竹

ど)」を表わす。[*16] 彼が「フィルター」という用語を用いたのは、「ストーリーはあたかも語り手がある登場人物の意識に内部もしくはそちら側のどこかに座って、その登場人物の意識を通してすべての出来事を濾過しているかのように物語られる[*17]」からである。

3　モガと淑女

前記の映画に登場するモガは、一九三一年以前は、大きく三つのタイプ、つまり①お嬢さんタイプ、②ジャズシンガー・カフェの女給・タイピストなど、時代に特徴的な職業を持つタイプ、③不良少女に分かれ、『路上の霊魂』(一九二一)以外の作品ではネガティヴに描かれている。しかしながら、『マダムと女房』(一九三一)を境に、両義的、あるいはポジティヴなイメージで描かれるようになり、三つのタイプに属さないモガも登場する。分析において鍵となるのは、モガとともに登場する「淑女」と呼ばれる和装の女性の存在だ。ほとんどの場合、モガと対比されているからである。本稿は、まず、三タイプの内面的な特性を抽出する一方で、「淑女」との対比でそれらがどのような意味を創り出し、物語の論理上どのような役割を果たしているのかを考えたい。

①　お嬢さんタイプ

モガを描いた現存するフィルムのなかでも最も古い『路上の霊魂』では、別荘に住む令嬢(図1)はドレスを纏い、帽子を着用する。馬車、ベッド、レコード、ワインと洋食の晩餐、そしてデコレーション・ケーキとクリスマス・ツリーなど、奉公人の和装を除いては、生活は完全に西洋化されている。物語は、この令嬢の慈愛と寛容に満ちたエピソードと、同じ地域に住む杉野家のエピソードを対比する。この令嬢は、食べ物ほしさに盗みに入った浮浪者に恵みを与える、「慈愛」に

＊13　シーモア・チャトマン『小説と映画の修辞学』水声社、一九九八年、二三七頁。
＊14　同書、一三〇頁。
＊15　同書、二三八頁。
＊16　同書、二三八頁。
＊17　同書、二三八頁。

満ちたモガである。一方、杉野家の当主は、勘当した息子が、家族とともに戻ってきて許しを請うが、許すことができずに死なせてしまう。カメラは交互に両家のエピソードを映し出し、キリスト教の寛容さや慈愛をモガに具現化させる。映画の冒頭と最後には次の言葉が提示される。「我々は、人間全体に対して憐れみの心を持たなくてはならない。例えばキリストは人類全体を憐れみ給うた。そしてわれわれにもそうせよと仰せられた。人を憐れむには、時がある。その時を外さないようにするのがよい」と。

『暖流』（一九三九）の病院長の令嬢啓子は、いっそうモダンに描写される。啓子は、別荘を持ち、自動車に乗り、ピアノを弾き、洋書を読み、「モダンなブルジョア階級」のライフスタイルと教養を示している。彼女は同時に、聡明で知的でかつ慈愛にあふれた女性でもある。啓子は、恋人の祐三と対等に議論し、打ち負かす。男性に頼るのではなく、主体性のある近代的な特性をもつ新しい女性像を創り出している。ラストシーンは、庶民出身の看護婦で和装のぎんのために祐三を諦めた、悲しくも美しい啓子の涙のクロースアップである。

一方、同じ上流階級の娘でも『若者よなぜ泣くか』（一九三〇）の内閣総理大臣上杉の長女二葉や『淑女と髭』（一九三一）の男爵令嬢、幾子の場合、「奢侈」「享楽」「放縦」といった物質的な豊かさをネガティヴに例示する。二葉は、後妻でジャズ・シンガーの歌子と同様、社交的で毎夜遅くまでパーティを開いたり、外出したり、乗馬やダンスや麻雀を楽しんだりして、朝は遅い。病身の父、上杉の看病や世話は次女の梢に任せきりで、自分たちの楽しみに没頭する。ここでも、和装で登場する次女の梢は二人のモガと対比的に、「清楚」「控え目」「奥ゆかしさ」「献身」といった特性を示している。

『淑女と髭』（一九三一）の幾子も和装ではあるが、ジャズやダンスを楽しむ我儘な断髪のモガで

図1[*18] 『路上の霊魂』の令嬢

*18 『路上の霊魂』（一九二一）監督・村田実、写真提供・松竹（株）。

ある。また、兄の友人の岡島が髭を剃った途端、彼に恋をして、積極的にアプローチする。幾子も、「純情」で控え目で、献身的な「淑女」の弘子と対照的に描かれる。結局、男爵令嬢の幾子、不良少女のもう一人のモガ（図2）、そして淑女の弘子（図3）という三人の女性に思いを寄せられるモテ男の岡島は、「淑女」を選ぶのだ。

ここでチャトマンのいう物語の視点という観点から考えると、『路上の霊魂』の場合は、字幕のセリフやカメラワークから、視点は両家を遠くから見る物語の外に位置する客観的な「視座」と呼ばれるナレーターの視点であり、『淑女と髭』の場合は、「岡島」という登場人物の「フィルター」の視点だ。前者はモガを賞賛し、後者は批判する目である。さらに、『暖流』の場合には、ラストシーン（これも彼女を賞賛する目であるが）を除いて啓子の視点であり、視点がモガに内在化していることが分かる。

② カフェの女給とジャズ・シンガー

『紙人形春の囁き』（一九二六）のシナリオは、モガの愛子を多くのネガティヴな形容詞で記している。カフェに勤める愛子の写真を見て彼女の恋人の父半兵衛は「自分の大嫌いなハイカラ女」と形容する。愛子に使用された修飾語は、「蓮っ葉な」（二回）、「自堕落な」（三回）、「上半身を露にして」、「はでな」、「だらしない」、「ずかずかと」、「でしゃばって」、「得意然と」など、すべて侮蔑的な表現だ。シナリオは、商家の娘で和服姿の美しい主人公のお種とは対照的に、お種の兄の恋人である愛子を描く。お種は内気で、密かに商屋の息子純夫を想い、その想いを紙人形に託す。純夫を遠くから見ては、目が合うとはにかむといったぐあいに、「純情」といった特性を帯びている。対照的に、愛子はお種の兄に対して積極的で、ラブレターを書いて「色気」で迫る。お種は、大事

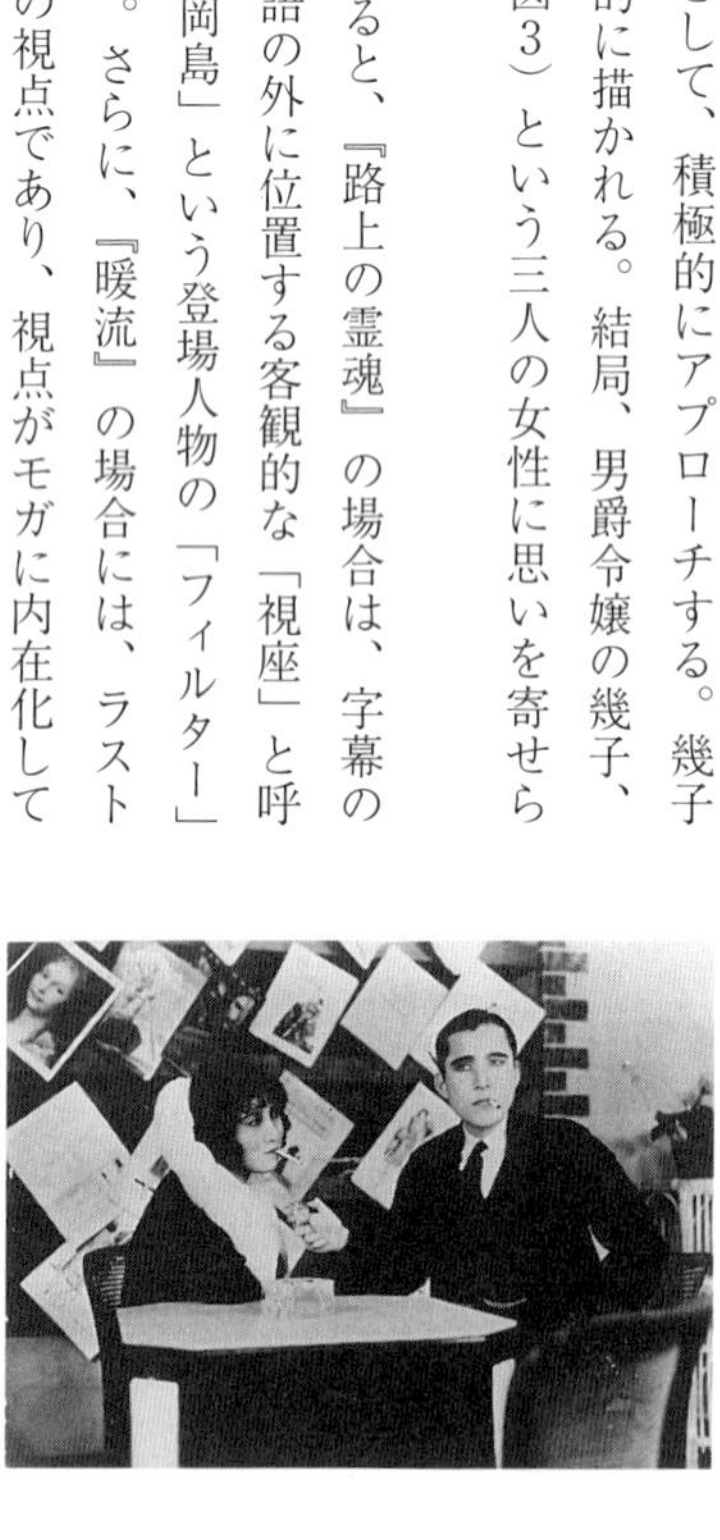
図2[*19] 『淑女と髭』の不良少女モガと岡島

図3 『淑女と髭』の岡島と淑女

にしていた紙人形を愛子に「無惨にも放り出され」、彼女に始終嫌な思いをさせられるが、そうした感情はお種の父の半兵衛にも奉公人にも共通して描かれている。決定的なのは、恋人の純夫がパリから送ったお種への手紙の内容だ。「私はこちらへ来ていっそう江戸趣味下町趣味の美しさと尊さを知りました。どうぞいつまでも、昔のままのお種さんでいて下さいまし。決して決して、現代かぶれなどして下さいますな[*20]」と愛子を蔑視しつつ、お種を称賛する。「おしとやか」な「謙虚」で「奥ゆかしい」お種とは対照的に、ともすれば「下品」で「ずうずしい」、西洋かぶれしたモガの愛子は、いわばお種という伝統的な日本女性の引き立て役として機能する。

ところが、同じカフェの女給でも**『限りなき舗道』**（一九三四）の杉子は、引き立て役ではなくヒロインとして「自立」や「家制度への反発」といった一九三一年以降のモガの特性を示す。杉子は、親元を離れ経済的に自立した生活を送っていたが、交通事故が縁で知り合った、ブルジョアの山内家の息子弘と恋愛し、結婚する。だが、姑と小姑にいびられ、気弱な弘に愛想をつかし、家を出る。ある日、弘が事故で危篤の知らせを受けて病院へ駆けつけると、家に戻るように姑に言われて反発する。彼女は「はっきりと申し上げます。…お母様が愛したのは私でも弘さんでもありませんわ。山内家という家名です。それでも母親と言えるでしょうか」と、家制度の是非を問いただすのだ。

前記の二つのタイプと同様、ジャズ・シンガーのモガも初期はネガティヴな特性を示している。『若者よなぜ泣くか』の大臣の後妻、元ジャズ・シンガーの歌子は、長女と同様に、「奢侈」「享楽」「放縦」「利己主義」といったモガのネガティヴな特性を帯びているのである。

しかし、**『マダムと女房』**（一九三一）を境に、ポジティヴに描かれはじめる。主人公の劇作家柴野のフィルターを通して、ジャズ・シンガーである隣のマダムのモガ（図4）と和装の女房（図

＊19
図2および図3『淑女と髭』（一九三一）監督・小津安二郎、写真提供・松竹（株）。

＊20
『日本映画代表シナリオ全集⑥』キネマ旬報社、一九五八年、一三〇―一三一頁。

＊21
図4および図5『マダムと女房』（一九三一）監督・五所平之助、写真提供・松竹（株）。

図4[*21]『マダムと女房』のマダム（左から二番目）

5）が対比される。しかし、その視点は、モガと伝統的な女性との対比という枠組みのなかにありながら、最後にはそのモダンと伝統あるいは新・旧を融合させている。女房は、従来の伝統的な女性のように、慎ましく、控えめで献身的な理想的な女性としては描かれていない。彼女は、家事も育児も立派にこなしてはいるが、「あんた、お仕事をしてくださいよ。お金がないのよ」と少々口うるさいのだ。一方、マダムは、隣の楽団がうるさいと文句を言いにいった柴野に対して、大胆に足を組み、色っぽい。しかも「あの有名な柴野先生よ」と言って柴野にビールをつぐ。柴野は煙草を吸い、ビールを飲み、バンドとともに彼女と「スピード時代」という歌を一緒に歌う。明るくセクシーにふるまうマダムは、柴野を楽しませるのだ。すっかり長居をしてきた柴野に対し、女房は、「あのモダン・ガールと仲良く遊んでもらったの。近頃のマダムなんて危ないわ。それに近頃のエロでしょう。エロ一〇〇パーセントでしょう」と悪態をつく。結局、柴野は、「スピード時代」の歌に感銘を受け、調子を取り戻し、仕事を終わらせてしまう。女房も、「洋服を買ってちょうだい」と柴野にねだり、ラストシーンでは和装ではあるが、短髪でパーマをかけたモガのヘヤースタイルを取り入れる。このシーンには、スピード時代を象徴するかのように、自動車と飛行機が一度に登場する。映画は、モガのマダムを通して近代化・西洋化がもたらす明るく楽しい消費生活、飛行機や自動車に象徴されるスピード時代を具現し、謳歌していると言えるだろう。

③　不良少女

前述した『淑女と髭』（一九三一）に登場するもう一人のモガは、「不良少女モダンガール」と字幕で示されるように、煙草を吸い、淑女を恐喝し、お金を巻き上げようとするまさしく「不良」の特性を示している。

図5　『マダムと女房』の女房と柴野

図6*22　『浪華悲歌』の和装のアヤ子

だが、『浪華悲歌』（一九三七）のモガの不良少女は複雑だ。従来のモガと淑女の二項対立が一人の女性の内面に投影されているからである。電話交換手のアヤ子は、父や兄のために自分を犠牲にして尽くすが、家族や恋人に裏切られ、変わっていく。映画はアヤ子の姿を和装から洋装のモガへ衣替えさせることによって内面的な変化を表わす。和装のアヤ子は父、兄、家族に対して「献身的」で「従順」だ（図6）。父の横領したお金を穴埋めするために社長の妾となるほどである。東京の大学に通う兄の生活費のために恋人の男性からお金を騙し取ろうともする。しかし、そんな彼女に対して家族は冷たい。ところが嘘が男性にばれると、反抗的な態度を取りはじめる。この場面からアヤ子は洋装に衣替えしている。タバコを吸い、足を組み、素振りも変化する。家に戻ると、「不良少女や」と非難され、結局家を出ることになる。暗い街のなか、帽子を斜めにかぶり、コートを着て、当てもなく一人橋の上に立つアヤ子をカメラはクロースアップする（図7）。惨めな表情かと思いきや、このショットは、彼女の悲しみに打ちひしがれた哀れな表情ではなく、意を決した、力強い、美しい表情を映し出すのだ。物語ではアヤ子が視点となり、情けない父親、利己的な兄、全く頼りにならない恋人といった男性たちを見つめる。彼女は、男性に尽くして裏切られた女性の非合理な現実を注視し、古いタイプの女性の生き方を否定する。つまり、男性に反旗を翻し、「不良少女」と罵られても負けずに生きようとする力強い新しい女性の生き方を提示しているのだ。

＊22 図6および図7『浪速悲歌』（一九三七）監督・溝口健二、写真提供・（公財）松竹大谷図書館。

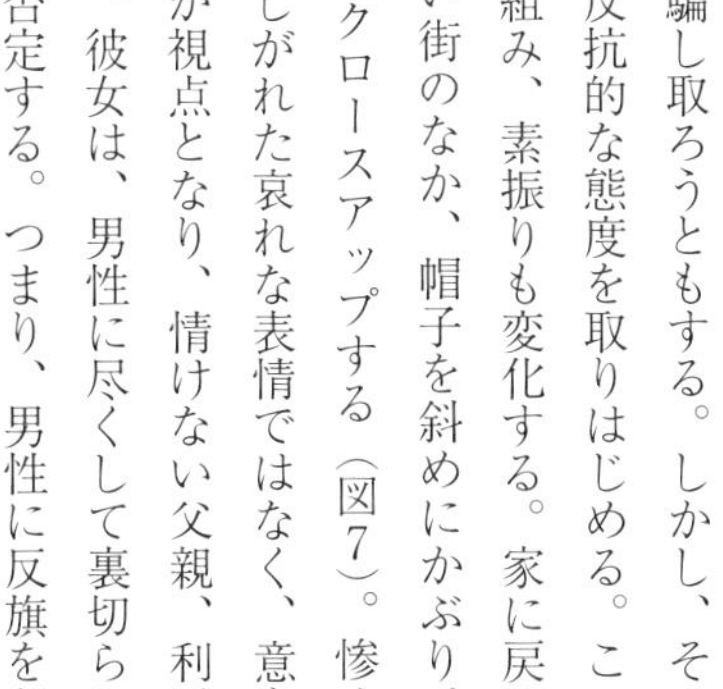

図7 『浪華悲歌』洋装のアヤ子

4 洋装の一般への普及と伝統への抵抗

一九三四年以降、三つのタイプに属さない女性も洋装を纏いはじめる。『隣の八重ちゃん』（一九三四）の主人公女学生の八重ちゃん（図8）は、「明朗活発」な特性を帯びている。ふだんはセーラー服を着ているが、私服では帽子を斜めにかぶり、ワンピースを着て颯爽と出かけるモガである。隣の大学生にひそかに思いを寄せるが、従来のモガのように色気で迫るわけではない。東京郊外の洋風の一戸建てや、野球のキャッチボールをする、アメリカのアニメーションを見るなど、生活が近代化し西洋化した様子が自然に描かれている。

『淑女は何を忘れたか』（一九三七）は大学教授小宮のフィルターを通してモガの姪節子（図9）を見つめる。帽子を斜めにかぶった洋装の節子は自動車を運転するなど、いっそう大胆だが、明朗でのびのびした健康的な女性である。彼女は叔母の叔父に対する態度を批判的に眺め、叔父を応援する。三越デパート、小宮の趣味のゴルフや自動車など、消費文化が普及する様子が描かれる。

『妻よ薔薇のように』（一九三六）の君子は丸の内に勤めるOLである。君子は物語のフィルターとなり、正妻である母、父、と妾の三角関係のなかの三者三様の立場を公平に見つめて対処する、知的でかつ愛情あふれ、明るくにこやかで美しい女性だ。コートを着て颯爽と通りを歩き、恋人の精二の前を歩いて追いつかれたらまた抜き返す。その姿が「男女対等」の意識、男性に負けじとするモガの特性を表現する。最後に分析する『祇園の姉妹』（一九三七）では、この特性が、伝統的な女性と対比され、近代的主体性を得ようとして強い主張となって現われる。

『祇園の姉妹』は、芸妓の時は和装だが私生活では洋装の、「おもちゃ」という名の妹芸妓のモガと、古風な姉芸妓の梅吉とを対照的に描く（図10）。おもちゃは、女学校出の、合理的で功利的、かつ打算的な自我を持つのに対し、梅吉は、義理人情に厚く、お人好しで、世間体を気にする従来の女性だ。梅吉の前の旦那古沢は没落して姉妹の家に居候することになるが、古沢に対する考えの姉妹の相克は、両者の価値観の葛藤を表わす。梅吉が「世話してもろた人にはそれだけしなあかん。世間の人が見てはる」と言うと、おもちゃは「義理が何や。義理や恩でだまされん。その世間の人が人間らしく扱ってくれはったことがあるか。何でそんな世間に気がねしないといけん」と返

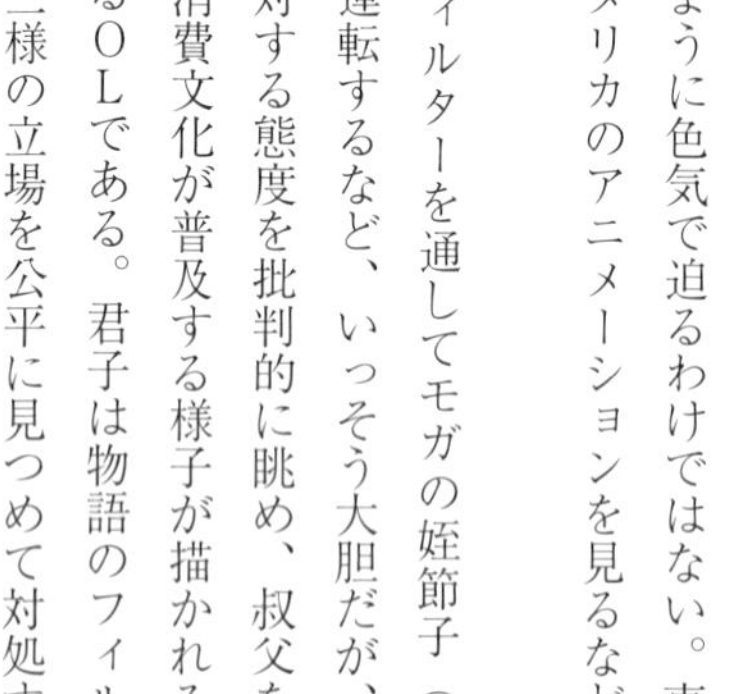

図8*23『隣の八重ちゃん』の八重ちゃん（右）

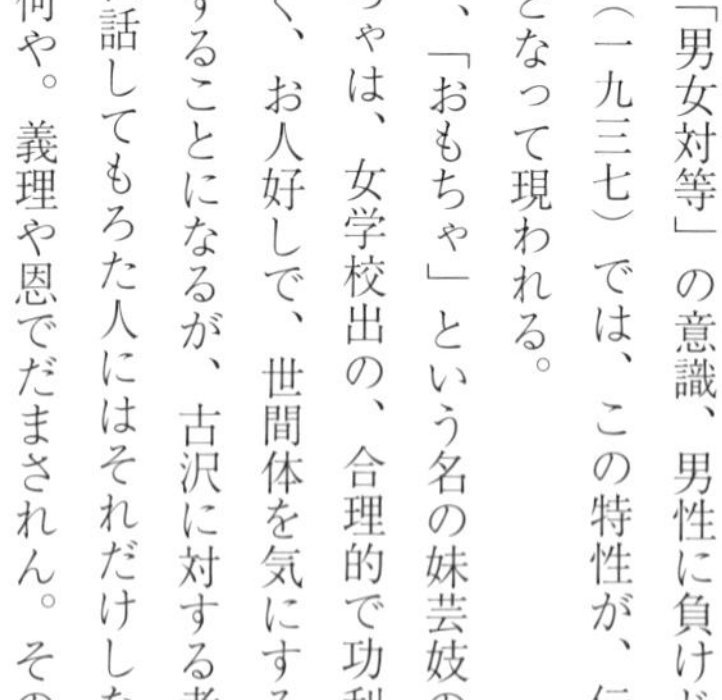

図9*24『淑女は何を忘れたか』の姪の節子

す。二人の男性観も対立する。古沢に献身的に尽くす姉に対して、おもちゃは、「恩や義理に、うまいこと騙されて男はんの自由にされてはる……。あてらをお金で慰みもんにしたり、まるで品物みたいに売り買いしはったんは、一体誰や……。男はんはみんなあてらの敵や……ひどい目にあわしてやる」と意気込む。その言葉どおり、彼女は呉服屋の番頭木村をだまして恨みを買い、大けがをする。しかし、おもちゃは「こんなことにへこたれへん。誰が男に負けるもんか。……なんでこんな商売があるんや。こんなんなかったらいいんや」と、ベッドの上で痛みを堪えながらも、女性を「おもちゃ」にする男性本位の社会を強く非難し、それに抵抗する。物語の筋も彼女の訴えに同調する。なぜなら、恩を感じ尽くした古沢も妻の元へ戻り、梅吉も切ない思いをするからである。古沢も木村も、男性は皆、自己本位で頼りない存在だ。映画は、おもちゃの目を通し、日本の伝統的な価値観である義理や恩や人情の不合理な一面、そして封建的な男性本位の社会に強いられた女性の弱い立場を問い直し、批判するのだ。

まとめ

ここまで挙げたモガの描写と役割を遡って整理してみよう。たしかに『路上の霊魂』に見られるように、上流社会に限られた近代的な西洋の暮らしは、豊かさの象徴であり、模倣と憧憬の対象であったのだろう。だが、初期のモガは、大半がネガティヴだ。ハイカラで色っぽく贅沢な消費生活を楽しむ、自己中心的なお嬢さん、もしくは大胆で薄っぺらな堕落した「不良少女」として描かれ、映画研究者の岩本憲児が言うように、人々の「やっかみ」や「蔑称」を浴びていたのだろう。伝統的な和装の女性、「淑女」と対比され、「淑女」を引き立てる働きも担っていた。当時の社会では、モガは憧れの対象であり、模倣され受容されるとともに、侮蔑を伴い、拒絶もされていたことも

図10[*25] 『祇園の姉妹』の梅吉とおもちゃ

*23 『隣の八重ちゃん』（一九三四）監督・島津保次郎、写真提供・松竹（株）。

*24 『淑女は何を忘れたか』（一九三七）監督・小津安二郎、写真提供・松竹（株）。

*25 『祇園の姉妹』（一九三七）監督・溝口健二、写真提供・（公財）松竹大谷図書館。

分かる。

だが、一九三一年以降、物語の視点は、男性の主人公のフィルターや客観的な語り手から、モガへと移行し、それは洋装の女性の一般的な受容を示している。モガの多くがポジティヴに描かれはじめる。モガは、豊かさ、慈愛、陽気、楽しさ、スピード、そして男女平等と自立といった、封建的な関係から解放された自由で新しい近代社会を表わす。洋装に憧れるのは、モガという映像記号がそうした意味を運ぶからだろう。それは当時の日本文化や社会には不在のものだったからである。さらにモガは、男性本位の封建的な社会から女性を解放しようと、既存の権威や社会へのレジスタンスの意味合いも担い、思想的な役割を演じていく。『浪華悲歌』のように、洋装を纏うことは和装を脱ぐということでもあり、伝統文化を捨てるということも意味するのだ。洋装を選択するということは、既存の権威や既存の社会および価値観への抵抗とも言えるだろう。つまり、西洋の文化や思想を取り入れた「モガ」の表象とは、言い換えれば、西洋の代用であり、洋装の受容自体が、それと自己の文化、つまり日本の伝統文化との葛藤のプロセスであるとも考えられる。それは、「憧れ」と「侮蔑」、そして「近代化」・「西洋化」と「既存の伝統社会」の狭間で揺れ動く日本女性の近代的主体について思考するプロセスとなっているのである。こうした意味で、日本映画において構築された西洋のファッションを身に纏った映像記号が、戦後の日本人のアイデンティティの再形成に果たしてきた役割は大きいと言えるだろう。

キャラ的身体のためのファッション

大久保美紀

われわれは、外国のファッションが好きだ。ファッション雑誌やマスメディアはそれをたいそうもてはやし、人々はいち早く手に入れ着こなそうと躍起になり、それに羨望のまなざしを向けてきた。本章のもとになったシンポジウムでは、外国のファッションについて論じるが、外国と一口に言うと射程が広すぎる。そこで、本論考では、日仏間におけるファッションの受容に焦点を絞り、異国や異文化のファッションを受け入れることが何を意味するかについて議論を展開してみたい。

日仏間のファッションの交流は、十九世紀以降、形を変えながら続く。今から一五〇年ほど前、明治初めの日本人が洋服を見いだして以来、われわれの日常着はそれに取って代わられ、今日ではむしろ、伝統装束である和装が歴史のなかに影を潜めてしまった。着物文化の復興を唱える人の努力も虚しく、日本人は依然として、シャネル、ディオール、エルメス、ランバン、ルイ・ヴィトン、カルティエといったフランスの高級ブランドの重要顧客である。われわれがフランスのみならず、イタリア、イギリスなど、世界中の素敵な装いに熱い視線を送りつづけてきたことは言うまでもないが、そのなかでもフランスに対する羨望は常軌を逸する。ファッション雑誌でしばしば見られるキーワード「フランス／パリ／パリジェンヌ」はおしなべて、このうえなくオシャレであることの代名詞だ。一方、フランスにおける日本趣味愛好の歴史も古い。十九世紀後半、浮世絵や工芸品が注目を集め、一八七二年には雑誌『文学と芸術のルネサンス（*Renaissance littéraire et artistique*）』においてこの動向がジャポニズム（Japonisme）と名づけられた。[*1] そのエッセンスはファッションのみならず、多くの領域に影響を及ぼす。今日、Kawaii という形容詞は実によく知られ、「キティちゃん」やロリータ・ファッションは大人気だ。また、マンガ消費大国として、[*2] コミケやジャパン・エクスポ[*3]といったイベントの規模拡大も目を見張るし、その影響からコスプレも浸透している。フランスの日本贔屓も揺るぎない。

　なるほど、人々は外国のファッションに夢中だ。それでもわれわれは、胸に手を当てて静かに尋ねてみるべきである。われわれが「憧れ」ているのは本当に外国のファッションなのだろうか。外国のファッションはいつも洗練されたイメージでわれわれを魅了する。だが、その傍らの現実世界において、われわれが衣服を選び取る様子を一瞥するとどうか。トップモデルによって提示された外国ファッションを我が身に忠実に再現しようと試みるだろうか。無論、そういう方もいるだろう。だが、一般的には「外国ファッションは素敵！」と叫びながら、日々の着こなしにおいては意外にも、雑誌の日本人モデルや親近感ある読者モデル、有名ブランドを素敵に着こなす国民的タレントのような人々が参照される。

　この論考はつまり、セッションの前提である、人々の外国ファッションへの憧憬そのものを疑うことで、その意味を明らかにしようと試みる異端的アプローチをとる。以下の議論はそれに基づき、読み進めていただくことができれば幸いである。

　本論ではまず、模倣への強い動機を形作る「憧れ」という心象について解釈する。そして、その理解をもとに、衣服を纏う現代の肉体を考察すると浮上する「キャラ的身体」のあり方について、その成り立ちや経験の諸相を検証する。これらの観察を通じて、最終的に今日われわれが衣服を纏

＊1
日本美術コレクターのフィリップ・ビュルティ（Philipe Burty 一八三〇—一八九〇）が命名したとされる。

＊2
フランスは二〇一二年現在、世界第二位のマンガ消費国。

＊3
ジャパン・エクスポはパリにおける日本文化博覧会で、一四回目となる二〇一三年には約二二万人の入場者数を記録。

うという行為が何を意味するのか、そしてキャラ的身体のためのファッションはどのようなものであるのかについて、私の考えを述べる。

1　憧れについて

a　憧れとは何か

「外国ファッションへの憧れ」という問題に対峙するにあたり、そもそも、「憧れ」という対象意識は何によって構成されるのか考えることから始めたい。辞書的な意味での「憧れ」は、理想とする物事や人物に心惹かれるありさまをいう。「憧れの人」が、「尊敬していて自分もそのようになりたい人物」あるいは「恋愛対象として理想的である人物」を意味する一方、モノに対する「憧れ」は、「簡単には手が届かないが、希望としてはぜひとも手に入れたい」と欲求する心象を指す。つまり、理想であり、自分自身がそのようになりたい対象であると同時に、自分の所有物として獲得したいと思う心象が「憧れ」の正体である。したがって、ある対象に「憧れる」とき、それは理想的存在で、あわよくば自分自身がそのようになりたいか、それを手に入れたい対象ということになる。

この観点から、十九世紀後半、フランス上流階級の女性を中心に花開いた、モードのジャポニスムを解釈するとどうだろう。当時のフランス人女性は、容姿や行動様式の面で日本人女性への同化を切望しておらず、単に日本らしいものを部分的に抽出／受容し、ヴァージョン化した。それは、「憧れ」よりもむしろ異国趣味の一つ、珍しいモノに対するエキゾチシズム的関心であった。日本の着物がヨーロッパに紹介された当時の状況を簡単に振り返ってみよう。

十九世紀、欧州の女性たちの身体は、新印象派絵画（図1）にしばしば登場するバッスルドレス[*4]

図1　ジョルジュ・スーラ《グランドジャッド島の日曜日の午後》（一八八四）

＊4　スーラ《グランドジャッド島の日曜日の午後》などに見られるドレス。

や、コルセットで隙間なく拘束されていた。日本の着物は、それらの支配を退ける新たなスタイルを目指すポワレやヴィオネら前衛的デザイナー[*5]に高く評価された。立体的な身体が平面的・直線的に構成された着物を纏えば、身体と衣服とのあいだにゆとりと遊びが生まれる。かつて認められなかった身体の自由を実現する着物のコンセプトは、牢獄に閉じ込められた女性身体の解放のシンボルとして好意的に受容された。反物の美しいモチーフもガウンやドレスにアレンジされ、大変な人気を博した。ただし、実際にポワレやヴィオネのドレスや着物柄をあしらったガウンを見れば、それはもはや日本の着物でなく、抽出されたコンセプトや断片であって、「西洋化した着物」であることが分かる（図2、図3）。モードのジャポニスムにおいては、身体フォルムとしての日本人女性も日本的な着物の着こなしも、ぜひとも手に入れたい対象として「憧れ」られてはいなかったのだ。

それに対して、日本における西欧ファッションの模倣は伝統的に、前述の「憧れ」の条件を満たしうる。日本人が切望したのは、洗練されたヨーロッパのファッションならびに、それらを提示する西洋人の身体そのものであった。その肉体が決して自分のものとならないにもかかわらず、ファッションとボディの両方を理想視する。かつての日本人が外国のファッションに憧れのイメージを抱く体験は、マヌカンの完全な身体が纏うファッションのプレゼン（ショーなど）を目にするか、これらを身につける著名な俳優をテレビや雑誌で目にすることであった。それゆえ、日本人がそれに「憧れる」とき、ファッションは彼らの身体とは切り離せず、同時にそれを望む心理的営みを否応なく含んでいたと考えられる。

＊5
ポール・ポワレ（一八七九―一九四四）、マドレーヌ・ヴィオネ（一八七六―一九七五）はフランスのクチュリエ。コルセットの廃止に尽力した。

図2　ドレス、一八七二年頃、イギリス（写真提供・京都服飾文化財団）

b　現代のファッション受容

以上の分析から、フランスでのジャポニズム流行と日本人の西洋ファッション受容のあいだには、「憧れ」をめぐる明確な温度差が存在したことが明らかになった。フランスのみならず、日本の着物は外国において、エキゾチシズムの枠組みで受容されてきた一方、日本人は、肉体への羨望を伴って欧米のファッションを追求してきた。しかし、この差異は、現代社会における身体観の変容とファッション受容の方法の変化を経て、帳消しにされつつある。今日、日本女子がヨーロピアン・ファッションを追求する情熱の本質は、パリジェンヌが日本の着物やコスプレを愛好する心象と変わりはない。

図3　イヴニング・コート、一九一〇年代、フォルチュニイ（写真提供・京都服飾文化財団）

さて、今日われわれは、ファッションに何を求め、何を目指しているのか。どのようにファッションを参照し、選択するのか。ファッション受容の方法が過去と異なるということは、われわれの身体感覚と対象意識が過去のそれと基本的に異なることを意味する。人々はもはや、外国ファッションに憧れてそれを模倣しているのではないのである。

2　キャラ化する身体

a　キャラとは何か？

西洋人のボディとそれが纏う西洋ファッションに憧れ、それに似ようとすることを放棄したというなら、それでもわれわれが模倣し、追い求める理想イメージについて考えてみるべきだろう。「真似ること」は表現にとって本質的で、それはすなわち生きることだ。結論から先に言ってしまおう。西洋人に代わる模倣の対象として、今日の身体が歩み寄ろうとしているのは、「キャラ」という身体のあり方である。現代人は多かれ少なかれキャラ的身振りを実践し、この身体意識を共有する。では、この「キャラ」とはいったい何で、キャラ的であるとはどういうことなのか。

キャラはもちろんキャラクターの略語として生まれたが、今日の研究では、二つの単語は区別されることがある。まず、それぞれの特徴を明瞭に区別しながら明確な定義を与える漫画研究家の伊藤剛の分析を参考にする。

伊藤によれば「キャラクター」とは、「人格を持った身体の表象」であり、「キャラ」とは、より抽象的な概念としてあらわれ、「多くの場合、比較的簡単な線画を基本とした図像で描かれ固有名で名指しされることによって人格のようなものとしての存在感を感じさせる」。さらに、「テクストからの遊離可能性」を具え、「複数のテクスト間においても同一性を見せる」記号的身体である。[*6]

この定義によれば、われわれの現代的な身体イメージは、明らかに「キャラ」に近い。それは、コンテクストから切り離されても同一不変の記号であるし、現実の身体より抽象化された図形的イメージとして表象される。われわれは、環境や文脈に規定されて意味をそのつど変えるキャラクターではなく、単純なイメージの集合としてのキャラ的身体を基本イメージとして持つ。

*6
『テヅカ・イズ・デッド』九五頁、九七頁、一一七頁。

b　キャラ的身体

キャラ的身体を自己イメージとするようになると、現実の人生に関わる問題として、どのような変化が生じるか。この問題に関して、ギャル男身体のキャラクター性の分析を行なった千葉雅也の議論を参考にする。[*7] 千葉はこの論考で、オタクとギャル男を対照的に位置づけ、以下のように述べる（ただし、千葉は論考においてキャラとキャラクターを区別しない。本論では伊藤の定義を尊重し、「キャラ」を一貫して使用する）。

*7
千葉雅也「クラウド化するギャル男――「ギャル男ヘア」の成立をめぐる表象文化史とその批評的解釈の試み」『ファッショニスタ』No. 001。

オタクが、多くの場合、自分の身体のリアリティを〝カッコに入れ〟て、生々しい性のコミュニケーションを遠ざけ、虚構の、二次元のキャラクターとの「非‐関係」を享受するのに対して、ギャル系の「チャラく」なることは、理念としては、自分の身体をキャラクター化すること、生々しい性のコミュニケーションをまるで虚構のゲームのようにプレイすること、であると考えられる。[*8]

キャラ化された身体の特徴は、自己イメージをリアルな世界に置いたまま、それを抽象的記号として作り直すことで、自分でないものとして理解することである。これにより、ゲーム感覚的な人生、現実に対する非直接的な知覚が形成される。自己イメージは自らとともにあるが無感覚なほど遠い。キャラ化された身体では、一定の自己イメージを通じて世界の事象が感覚されることになる。千葉が言及したキャラ的身体感覚は、今日、ギャル男だけのものではない。高度に情報化された世界でさまざまなシミュレーションとヴァーチャル・リアリティを生きるすべての身体が共有する普遍的感覚になりつつある。「キャラ萌え」のように二次元キャラを客体として捉えるのではなく、自己イメージそのものをキャラ化することは、抽象的記号であるとはいえ自己身体を直接参照している点で、従来の外在する理想身体とは明確に異なる。このキャラ的身体の感覚こそがわれわれの纏う行為を静かに支配している。

c　キャラ的身体の経験

(1)　ゲーム（小説）の物語構造の経験

キャラ的身体感覚の浸透には、さまざまな日常的要素が関わる。情報時代のハイテク機器の使用

＊8 『ファッショニスタ』No. 001、六六頁。

もそれに含まれる。それらがもたらす新しい習慣がひとつの世界観や思考の枠組みを形作り、それは翻って伝統的な芸術の様式や表現方法に影響を与える。メディアの特徴を生かして伝統的小説の物語構造を作り直した、ロールプレイング・ゲームやシュミレーション・ゲームの習慣的体験は、その一例である。ゲームに没頭する身体はシミュレーション性が高く、プレイヤーは物語のなかで自らに与えられたキャラに「なりきる」。そこには死という形でのゲームオーバーと救済としてのリプレイが半永久的に用意され、ある人生で選ばなかった別の人生を生きることもできる。その身体がゲーム中で同化する「キャラ」は単純な属性で表象される。ゲームへの没入はこのような「キャラ」的身体へのシミュレーションに人々を慣れさせる。ゲームだけでなく、今日では、一部の小説にもこのゲーム的世界観が共有され、ゲームと小説の構造的歩み寄りが見受けられる。[*8] この状況もまた、ある種の小説の読者に「キャラ」としての人生シミュレーションの機会を提供する。

(2) アバター

キャラ的身体イメージ感覚の浸透は複数の異なる段階を経ているが、そのなかでも、自分をキャラとしてアイコン化し、さまざまな場面で生身の自己に代わって活躍した「アバター」の存在は重要だ。

サンスクリット語で「神の化身」を意味する अवतार《アヴァターラ》に由来する「アバター」は、キャラを通して、ウェブ上のコミュニケーションを行なうサービスの総称である。身体のパーツや表情、ファッション・アイテムから背景画像、細部に及ぶパーソナライズを可能にし、二〇〇〇年代後半の仮想空間において新たなコミュニケーションを形作った。世界最大級のアバター・サイト、スタードール（stardoll）、日本のヤフーアバター（二〇一二年十月三一日にサービス終了）、仮想生活コミュニ

＊8 東浩紀は『ゲーム的リアリズムの誕生——動物化するポストモダン2』のなかの「ゲームのような小説」（一〇八―一一八頁）において、『ロードス島戦記』の制作手法と出版経緯を分析し、ロールプレイング・ゲームが新しい小説のドラマツルギーに与えた影響を明らかにした。

ティのニコットタウンなど、多くのアバター・サービスが存在した。

アバターを通じた実際のコミュニケーションはどのようなものだったのか。「アイコン」としてのアバター機能に着目し、これを普及させたヤフーアバターの例を見てみよう。それは、いつでもヤフーのスタートページを開けばあなたを迎えてくれる。ユーザーは、掲示板やプロフィール、オークションやブログなど、さまざまなシーンでこれを利用できる。それをブログのプロフィールに設定すれば、デフォルト・ピクチャーとは比べ物にならないほどアクセシブルで個性的な印象を与える。掲示板など、アバターが発話者に取って代わる会話では、口調や性格がそのキャラに付随するので、2ちゃんねるのような匿名の掲示板とは異なる新たなコミュニケーションを作り上げたのである。

ボディや顔、好みの洋服を選び、人形をパーソナライズする。人によってはあたかも現実のブランド服であるかのように、購入した有料アイテムを誇らしげにアバターに着せる。もはや自分の分身でありながら、子どもやペットのような存在である。

アバターは、自分でありキャラでもある「二重の身体性」を持つ。パーツを選択する時にはただの着せ替え人形だが、仮想空間におけるコミュニケーションでは、キャラ化された本人として他者によって認識される。ユーザーは普通、アバターを自分に似せて作ろうとするが、人形の身体は実際には、イメージや理想によって激しくデフォルメされている。

(3) ファッション・シミュレーション

アバター・ユーザーには、現実世界では時間的・経済的・物理的理由から簡単に楽しめないファッションを、アバターを通じて楽しもうとする者も多い(図4)。

図4 「着せ替えアバター」(イラスト・酒出とおる、二〇一三)

衣服のみならず、ボディ・パーツも交換可能で、クローゼットの中身に飽きれば新しいアイテムを手に入れる。金銭問題とは別に、リアルなファッションでは、服は素敵なのに着てみるとしっくりこないことや、想像どおりにならないことが多々ある。自分の身体と着たい服が合わないためだ。ボディも交換可能なアバターでは、この種の齟齬は起こらない。ユーザーは分身としてのアバターを用いてファッションを満足に楽しむことができる。

アバター的な間接的自己表象とそれによるコミュニケーションの代行が人々によって支持されている現状は重要だ。異なるものとの比較のなかで、日本人は、身体にコンプレックスを抱き続け、西洋人の肉体に一途に憧れてきた。抽象的に作り直された自己イメージである「キャラ」をアイコン化することによって初めて、整形手術などで傷を負うことなく満足できる身体を獲得できたのである。これまで身体の形に縛られていたファッションは解放され、その意味で、自由で開かれた身体意識を構築した。

余談だが、アバター・ブームは二〇一〇年にはピークを過ぎ、翌年三月に東北地方を襲った震災後、ヴァーチャルなアバターに金と時間を費やすことにウェブ上で議論が沸き起こったことなどを受けて、終息した。着せ替えを楽しむユーザーや、アバターを介して現実と異なる人格を演じることを楽しむユーザーの経験は、今日のソーシャル・メディアにおけるコミュニケーションのなかに引き継がれている。キャラ化して仮想コミュニティでの会話に没頭する経験は、われわれの身体イメージを作り変えたのである。

3　メイクアップ・シミュレーション

これとは別のシミュレーションの例に、拡張現実の技術を利用したメイクアップ・シュミレーシ

図5　「ミライミラー」、使用イメージ（写真提供・資生堂）

ヨンを提供する「ミライミラー」がある。ミライミラーは資生堂の仮想メークアップ・シミュレータで、東京銀座に展示されている。「十分先のワタシに出会える鏡―ミライミラー」は、試してみたい口紅やアイシャドウでメイクアップした自分の顔を映し出す（図5）。

この種のシミュレータは、将来、企業の商業的戦略を媒介しながら、試しメイクやファッションの試着に代わる手段として普及していくだろう。シミュレータは、明るさや肌のきめを調整し、特定の部位に対して予め画像処理を施すこともできる。あたかも鏡のように顔や身体を映し出しながら、断わりなくこれを美化し、理想的身体イメージにする。われわれの購買意欲は効果的に刺激されるかもしれない。シミュレータが映し出すイメージは、実際の試着で出会うべき違和感を前もって排除するだろう。そこに映る「私」は本人よりもメイク映えがして、ファッションを見事に着こなす。人々は無言のイメージのすり替えを甘受する。

シミュレータの重要性は、したがって、モデルがあくまで自分でありながら、プリント倶楽部の撮影機[*9]がすでに実現してきたように、修正されたボディを記号的な自己イメージとして認識させることにあるのだ。

4　新しいファッション――参照される身体

a　キャラ、それは誰？

今日の身体イメージは必ずしも西洋的身体を意味しない。なるほど、典型的なアニメキャラに見る小顔、脚長、痩せ形でメリハリ体型などの身体的特徴は、元はといえば西洋人モデルのステレオタイプ化だ（図6）。だが、そのことがもはや意識されなくなった現在、アニメキャラの体型はアニメキャラのもので、それ以上でもそれ以下でもない。少なくともアバターを介して行なわれるフ

＊9
目元や輪郭の補正、美白の機能を備えるプリクラ機による「プリ顔」は女子学生にとって新しい自己像になりつつある。

図6　「とりあい」（イラスト・酒出とおる、二〇一三）

ァッションを煽動するのは外国への憧憬でないことだけは確かである。人々は単にそれぞれが所有するヴァーチャルな身体を介して、ファッションを楽しんでいる。

b　モデルの身体

最後に、人々のモデルの身体への参照について簡潔に触れておく。

国内上位発行部数を誇る女性ファッション雑誌[*10]のモデルのほとんどが日本人という事実は、驚きではないだろう。モデルはハーフや日本人がほとんどで、紹介されるファッション趣向の中心は、「ガーリー」や「スウィート」というタームに象徴される日本産の美意識である。具体的手本として参照されるのは、パリコレなど外国のファッション・ショーよりもむしろ、雑誌モデルや読者モデルの着こなしである。リアルな参照の対象が、今日現実の身体とかけ離れてはいないことも興味深い。

*10　日本雑誌協会調べ。『セブンティーン』『ニコラ』『non・no』や『Vivi』など。

むすび

外国ファッションの輸入・愛好と、それへの憧憬は「＝《イコール》」ではない。現代、グローバルな傾向として、人々はキャラ化した身体を生きており、もはやそれらの本来のコンテクストを受け入れ、憧れて模倣してはいない。

人々のファッションへのアクセスは、ジャポニズムやパリ・ブームのおこった十九世紀末や二十世紀の方法とは言うまでもなく異なる。共通の情報や解釈は存在せず、個人が個別にアクセスする。情報のアーカイブ自体が膨大で、そこにアクセスする個人の選択肢と選択の組合わせは途方もない。

キャラ的身体は、まず日本において発達したといって差し支えない。それはやはりアニメやゲームのシミュレーション体験に由来する。日本が世界に先行するアニメキャラの文化、ゲームへの没入経験、あるいはまた、顔文字の果たした役割も国際的な視点から見ると重要だ。

今日人々は、以前ほどそのファッションがどこの国や地域のものか、その歴史的ルーツは何かという事柄に関心を持っていないように思える。佐々木俊尚が『キュレーションの時代』で述べるように、ウェブやソーシャル・ネットワークの流通によって情報は「アンビエントなもの」[*11]（環境的なもの）と化し、国境や言葉の壁を越えて浸透していくのが容易となった。均質化した膨大な情報から個人が多様なルールで情報を選び取る。人々のファッションのセンスなるものはこのように、歴史的背景も文化的コンテクストも切り離され、突如現われるのだ。

私たちが憧れているのは外国のファッションではない。私たちは、もうずいぶん以前から、西洋人のモデル体型になることや、西洋人らしい顔立ちになること、それをたとえば整形手術によって手に入れることを追求するのをやめてしまった。日本のKawaiiファッションに夢中になるフランス女子は、マンガやアニメを通して輸入され、そのプロセスのなかでデフォルメされた記号的日本女子像に関心を示す。ここで起こっているのはまったく奇妙なことである。キャラという存在を仲立ちとして、双方がヴァーチャルな次元に形成された互いのイメージを求め合ってそこに辿り着くことを目指している。

日本人と、日本のファッションを受容する西洋人のあいだに横たわるけっして同化することのできない、美しくデフォルメされたイメージ。それは、お互いが憧れるところのキャラとして表象された、自分自身のアイコン的イメージである。かつて人々が理想を外部に追求し、自己身体をコンプレックスでがんじがらめにしていた状況とひき比べれば、なんと前向きで愛すべき身体意識のあ

＊11　『キュレーションの時代』二六九頁。

り方であるだろう。

参考文献

蘆田裕史・水野大二郎（編）（二〇一二）『fashionista』No. 001
東浩紀（二〇〇七）『ゲーム的リアリズムの誕生――動物化するポストモダン２』講談社現代新書
伊藤剛（二〇〇五）『テヅカ・イズ・デッド』ＮＴＴ出版
佐々木俊尚（二〇一一）『キュレーションの時代』ちくま新書
西谷真理子（編）（二〇一一）『ファッションは語り始めた』フィルムアート社
西川英彦・金雲鎬・水越康介（二〇一〇）「ネット・コミュニティにおけるアバター効果の考察：日韓アバターサイトの事例分析」『立命館ビジネスジャーナル』第四号
宮台真司・石原英樹・大塚明子（一九九三）『サブカルチャー神話解体』パルコ出版
Georges, Fanny (2010), *Identité virtuelle-Les profiles utilisateur du Web 2.0*, Questions théoriques
『ユリイカ』（二〇一一）特集「ソーシャルネットワークの現在」青土社、二月号
『モードのジャポニズム』（一九九四）、京都服飾文化財団

ヨーロッパの輸入、再生産、そして逆輸入と再々生産——ゴスロリ・ファッションをめぐって

杉本バウエンス・ジェシカ

ヨーロッパでは一九八〇年代から、シンプルで洗練された日本ファッションが人気を博し、一大ブームを巻き起こしていた。だが、現代のヨーロッパでの日本ファッションの注目の的は、そこから劇的に変わってしまったかのようである。つまり、かつてブームだった日本のデザインはすでに古く感じられており、今のヨーロッパの若者のあこがれはむしろ、フリルと大量のレースを施された日本発のゴスロリ・ファッション（ゴシック&ロリータ・ファッション）になっているのである。あの、骨董品的なファッション人形の容貌を模造するファッションのことである。

もちろん、ゴスロリ・ファッションは、少なくとも日本の愛好家から聞くかぎりでは、そもそもヨーロッパに原点があるはずだった。それなのにゴスロリは、——日本で「異常・異様・不気味」と形容されるばかりでなく——それが逆輸入されているヨーロッパで「日本の変質者が着るもの」と批判されることもあれば、性的要素が極度に排除されているにもかかわらず、愛好家の身体を「人形化」するために、評論家からは児童性虐待を誘発するものと批判されることさえある。ここでは、国内外のゴスロリたちが、こうした逆風を受けながらも、なぜ従来のファッションを拒み、ゴスロリを好むのかを探ってみたい。

1　二〇〇〇年代のゴスロリ前史——ホリー・ホッピーとピンクハウス

日本のファッション・デザインが世界のファッション業界に本格的に殿堂入りした時代は一九八〇年代であった。当時、西欧のファッション誌の表紙を飾るモデルが身に纏っていたのは、山本耀司や三宅一生や高田賢三などの洋服であった。当時と現在とのいちばん大きな違いは、当時が情報化社会のグローバル化以前、つまりインターネット以前の時代だったことといえる。入手できる情報が今と比べれば極度に限られていて、そのため、遠い国のファッションに憧れる消費者は、月刊や週刊のファッション誌を見る以外、日常的に日本で流行っていた服装についての情報が得られなかった。今の若者のように、印刷媒体の情報が疑わしいと思えば、すぐネットで確認するということができなかったのである。

こうした事情も原因となっていたのか、当時ヨーロッパで流行っていた洗練された日本のファッションと日本で流行っていたファッションのある部分は大いに異なっていた。たしかに当時、三宅や山本や高田など、パリのファッション評論家に絶賛され、支持されたデザイナーは日本でも評価が高かった。当時、日本はバブル時代であったし、欧米も同様に景気がよく、ヤッピーという若くして高収入を得ている人々にとって、日本の洗練されたデザインやファッション、建築や音楽や食品などで身の回りを固めるのは、ステータス・シンボルを身に纏うことだった。だが、他方でヨーロッパの人びとから不可視だったのは、金子功の「ピンクハウス」というブランドであった。設立から三〇年以上たち、ピンクハウスは今老舗となって日本を代表するブランドのひとつであるが、設立当時から、そのデザインは「シンプルさ」からほど遠いものであり、総花柄で作られたり、フルーツやテディベアなどの刺繡を施されたりしていて、小さな女の子が着るような服を大人の女性に提供してきた。

ピンクハウスは、ヨーロッパのファッション評論家に知られてはいなかったからなのか、あるいはヨーロッパの大衆が持っていた日本のファッションのイメージに一致しなかったからなのか、ヨーロッパのファッション誌に掲載されることはなかった。もちろん、当時の欧米でピンクハウスと似たようなファッションが見当たらなかったというわけではない。ピンクハウスと似たような服装は存在した。それは、「ホリー・ホッビー（Holly Hobbie）」[*1]というタイトルの絵本作品の人形やグッズを通じて流行っていた「アメリカ開拓少女スタイル」の花柄ドレスであり、それが小さい女の子に限らず、一部の大人のファッションとして流通していたのである。「ホリー・ホッビー」は絵本に登場し、一九七〇年代から流行り、おそらく日本でも知られていた。それは、欧米で評判だったアーバン・インダストリアルな趣味といえる、先の日本の洗練されたデザインとは対照的であり、ロマンチックで自然好きな消費者にアピールしていたスタイルだった。ここで注目したいのは、当時から日本と欧米両方において、小さい女の子の着るような、もしくは人形の纏うような可愛いファッションが、パリのファッション・ショーでは話題にならなくても、存在していたということである。

振り返ってみると、布をふんだんに使った八〇年代的なピンクハウスのスタイルは、二〇〇〇年代から流行りだした「姫ギャル」や「森ギャル」[*2]、そして同じ二〇〇〇年代のゴスロリ・ファッションと共通するものがあった。ゴシック&ロリータ現象を研究している水野麗によると[*3]、ピンクハウスというブランドは、日本では八〇年代から少女趣味の代表であり、消費者がこのブランドを身に纏う時にイメージしているキャラクターは「ヨーロッパの田舎娘」であったという。もちろん、実在するヨーロッパの田舎は農業が盛んであり、そうした環境に実際に住む少女は汚れてもいいカバーオールとゴム・ブーツがなければ日常的作業が成り立たず、したがって現実とイメージのあい

＊1
一九四四年にアメリカで生まれた作家ホリー・ホッビーの名と同名のタイトルの絵本や文房具などの理想化された田舎風の少女キャラクター。

＊2
若い女性が好む「ギャル」ファッションには複数のトレンドがあり、例えば「姫ギャル」はよりお嬢さん風、貴族風のアイテムを好み、「森ギャル」はよりゆったりした、森の色をイメージした緑色、茶色、白の色合い、そして花柄のアイテムを身に着ける。

＊3
水野麗「コミュニティにおけるセルフ・アイデンティティ」、大阪大学二一世紀COEプログラム「インターフェイスの人文学」ワークショップでの発表、二〇〇三年。

だのギャップは大きかった。だが、日本という欧米の遠くから見た異国の田舎娘のイメージは、あくまでもロマンチックなものであり、それは「カントリー・ドール」のイメージと変わらなかったのである。極端に見えるピンクハウスのような少女趣味の進化系は、一面ではこうした背景を、ゴスロリのトレンドと共有している。

先ほど述べたように、八〇年代、欧米で流行した日本の高級デザイナー服は、高収入の人びとのステータス・シンボルであった。それとは対照的に、ホリー・ホッビーのような、ロマンチックで自然に近いイメージの服装を選んでいたのは、専業主婦や小さい子どもの母親などであったのだろう。また、日本のピンクハウスに目を転じれば、たしかにそれはデパートで販売される高価なブランドであり、経済的に余裕のある女性しか手が届かなかった――もちろん、ピンクハウスを摸倣した、もっと手頃な値段の服を作っていたメーカーもあった。しかし、ピンクハウスの独特なスタイルを、おそらく働く女性は仕事場で着ることができなかったであろう。したがって、ホリー・ホッビーと同様に、日本でも、こういった趣味の服は主に夫の収入で生活していた専業主婦に好まれていたのではないかと推測されるのである。

日本から海外へ広まったゴスロリには、そもそもこのような欧米の可愛いファッションという下地があったのである。だが、こうした八〇年代の可愛いファッションと、現代の「カワイイ」とされる独特のゴスロリ・スタイルとのあいだでは、どちらも同じくフリルの装飾や花柄が多くても、大きく違う側面があった。現在のゴスロリ・スタイルと違い、八〇年代の「アメリカの開拓少女」もしくは「ヨーロッパの田舎娘」や「カントリー・ドール」をイメージした服装は、一言でまとめれば、「健全」であったといえる。一方、ゴスロリは健全ではないのである。

この「健全」ではないゴスロリ・スタイルが、今、火の手があがるように世界に広まりつつある。以上述べたことからもわかるように、ヨーロッパ人の眼からみれば、ゴスロリ・スタイルが欧米で流行っていることは自らのイメージを「再輸入」しているようなものである。つまり、遠い日本で一部著しく変容・再生産されたヨーロッパの理想の少女のイメージ、それを今ではヨーロッパの少女が絶賛し、このスタイルを自分のものにするためならどんな苦労でもしているのである。本場日本のブランドものが高価であり、入手しにくいにもかかわらず、親世代や同世代からの不評もおしのけ、ヨーロッパ、北米、南米、東南アジア、ロシアなどの多くの若い女性たちの愛好家が、このファッションに共感し、それが個人のアイデンティティ、もしくは「キャラ」の一部となり、その結果、ゴスロリはグローバルなアンチ・ファッション的サブカルチャーとして展開しつつあるのである。次には、それがどのようなアンチ・ファッションであるのかを、人形をキーワードにして考えてみたい。

2　ドール（人形）化する身体と密やかな抵抗

先ほど、ゴスロリ・ファッションは「健全」ではないと言ったが、正確には、「健全に見えない」と言ったほうがよい。なぜかというと、このスタイルの理想は、健全な田舎娘というより、フランスもしくはドイツの骨董品のビスク・ドール[*4]を模造しているからである。ホリー・ホッビーなどのカントリー・ドールのように「自然」をイメージし、子どもをモデルにした、柔らかな質感の玩具としての人形にたいして、ゴスロリ・スタイルの手本となるこの人形は、人工的であり、顔色が青白いことも多く、どこか大人びたところがあり、硬質な感じのする人形である。それはもともと、ファッション雑誌が存在する前の時代、つまり、印刷技術がフライヤーや雑誌を大量に作成することがまだ不可能な時代に、ファッションを売り込むためのカタログ代わりであり、最新のファッシ

＊4
「ビスク」というのは陶器の一種で、セルロイドやビニールが人形の素材として使われるようになる以前、このビスク・ドールが人気があった（一八六〇―一九〇〇年のあいだ）。陶器でできた人形の顔は人間の素肌によく似ていて、現実的な仕上げになっていたことが特徴である。このタイプの人形は割れやすかったこともあって、いま出回っているものの多くは複製品である。

ョンのミニアチュア版で着飾らせられ、各地に送られた商売道具であった。それは主に大人の女性向けファッションの宣伝として使われたため、体が小さくても、どこか妙に大人っぽい表情や目つきのものも多かった。こうした骨董品のファッション・ドールはロココ調やヴィクトリア調のデザインから着想を得ていたので調度品としては違和感がないのであるが、それをモデルにしたゴスロリ系ファッションを人が身に纏うと、まるで生きている巨大なアンティーク人形が歩いているように見えてしまう。

ゴスロリへの批判的反応には、この「人形」という存在の両義性が関与しているのかもしれない。「古い人形は不気味だ」という見方は万国共通であり、とくに男性にはよくみられるという(Robertson 2003 : 7)。事実、日本の市松人形をモチーフにした怪異譚はホラー・マンガやホラー映画というジャンルでよく見られる。実物の人形の場合でも、それを怖がって家のなかにけっして置こうとしない人は少なくはない。とくに古い人形については、昔は持ち主の身代わりという機能を持っていたためか、霊が宿っているとか呪われているとかとみなされたり、あるいは勝手に動くとか目で人を追うとか髪が伸びるとかという話もよくされたりする。人形は、それが人間のようには年をとらないため、たとえ「若く」見え、小さい子どものような容姿をしていても、そのガラスでできた冷たい目の裏には、ひょっとしたら一〇〇年ものあいだ溜めこんできた恨みが潜んでいるかもしれない、という恐怖を覚える人も少なくはないのである。だが他方で、子どもは「可愛い！お人形さんみたい！」という褒め言葉をよく口にする。つまり、「可愛い」と「怖い」という一見対照的にみえる反応からも分かるように、人形という存在は両義的な位置にあることは間違いない。

第二に、ゴスロリという人形をモデルにしたファッションは、一般的に「セクシー」とされる要素をほとんどもっていないし、「大人の女性」らしい要素もない。それゆえ愛好家の親世代ばかりでなく、同世代からも愛好家の趣味が理解されず、訝しく思われ、不評を買う。この女性らしさの欠如という点については後でもう一度考えてみたい。

ともあれ、こうした両義的な性質を帯びた人形の「怖さ」が、ゴスロリ・ファッション愛好家への「不気味」という反応とも結びついているのであろう。もちろん、愛好家本人は、自ら「可愛い」と思う自分の容姿を、一般人が「不気味だ」と思っているのも十二分にわかっている。だからこそ、そうした格好をすることが本人たちにとっては面白いのである。それは、ある意味で愛好家たちの静かな「抵抗」の手段にもなっている。

この「抵抗」という観点から、ゴスロリと他の抵抗的ファッションとの差異も論じておきたい。自身の親世代が理解してくれないファッションを若者がするのは、どの世代にも共通している。そして親世代からの「今までないほどに反抗的で極端だ」という批判もどの親世代にも共通している。ゴスロリ・ファッションは、まさに何十年前のゴスやパンク[*5]のように、親世代に否定されているのである。

しかし、現在のゴスロリは、一面で新世紀のパンクともいえるが、パンクと違うのは、それがソフト系、女子系の志向を強調している点である。従来のゴスやパンクに共通する特徴は、ハード系の容姿やファッションであった。こうしたパンクやヤンキーなどの不良スタイルは、ピンク色やレース、お菓子やティータイム、人形などを決して連想させないトレンドだった。これとは対照的に、同じ若者文化の要素でありながら、ゴスロリはけっして「暴れる」ようなものではない。この種のアンチ・ファッション、ファッションによる上の世代の価値観への抵抗は、乱暴なものではなく、むしろ「密やかな抵抗」だったのである。つまり、たとえそれが「怖い」という反応をされて

＊5　ゴスとパンクの流行は両方とも音楽の流行と関わりが深い。より有名なのはパンクで、イギリスのバンド「セックス・ピストルズ」が代表的である。ファッションとして、パンク・スタイルによく見られるのは破れたジーンズやTシャツ、挑発的で社会秩序に抵抗するスローガンの書かれたTシャツ、そしてモホークのような奇抜で、多くの場合派手な色に染めたヘア・スタイルである。ゴスは、パンクと多くの共通点を持つが、音楽とファッションはより暗く、服装は主に黒、そしてメイクは肌色をできる限り青白くみせる場合が多い。ゴス・スタイルを代表する音楽家はマリリン・マンソンなどである。

も、自らは「可愛い」と弁明することができる。そのため、上の世代にはなかなか批判する余地がない。考えてもみてほしい。ゴスロリのファッションは、どうみても、（人形が女の子を象徴しているのだから）女の子らしいし、肌を露出していないし、不良がする格好ではない。レースやペチコートやボンネットを身につけた格好、そこにたとえ違和感があっても、誰がどうみてもそれが「女の子らしい」ということは否定しにくいのである。

ゴスロリによる「密やかな抵抗」の基礎になる「女の子らしさ」には、先に述べたファッション・ドールのもつ「人工性」が深く関わっている。それは、八〇年代のピンクハウスの背景にあった人形の自然性のイメージとは大きく異なっている。たしかにゴスロリのスタイルは、ピンクハウスのデザインの面影が残っているが、それよりもはるかに「人工的」なもので、自由に野原を走りまわることを想像できるような格好ではない。それは服が身体にぴったりと密着し、ペチコートのせいでうまく坐ることもできないし、シャツの袖のせいで夏場はかなり暑いし、ウィッグやリボンで縛るボンネットをかぶるためにさらに窮屈であり、けっして楽な格好でもない。また、こうした衣装を身に着けるうえに、メークも厚塗りで時間がかかるため、「自然」の格好ではない。一面では、パンクやヤンキーの髪型を作るのに時間がかかるように、時間をかけてしっかり準備をする覚悟がないとこの格好はできない。きわめて「人工的」なのである。

このような人工性と少女らしさを兼ね備えたゴスロリ・スタイルは、少女趣味に現代の理想の女性像のパロディを混ぜあわせた独特な抵抗のスタイルであるのかもしれない。現代の理想的な女性像は、きわめて人工的であるが、それが「自然」に見えないと評価されないという、矛盾した面がある。ゴスロリは、こうした、社会が容認する理想的な女性の容姿がもつ不条理な面を見せ＝魅せつけることになり、ある程度、ジェンダー秩序の撹乱を起こすことになる。ここで現代女性の理想像とゴスロリそれぞれの容姿の特性を一覧表にしてみる（表1）。

こうしてまとめてみれば、ゴスロリはまるで女性に期待される生き様をあざ笑うように人工的な面を見せつけている。

そもそも女性は、とくに女の子の時分にはリカちゃんのようなファッション・ドールを憧れの対象としていることが多く、やがて成長して成人に近づいても、少女的な可愛いらしさを保たなければという社会的プレッシャーはあり、それが少なくとも更年期に入るまで続く。少女的な可愛らしさを保つとは、シワのないきめ細かな肌やツヤのある髪や爪などを保ち、純粋で無邪気な微笑みを保つことである。女性はこうした少女らしさをある程度もたないと女らしくないとされる。

だからそうした理想を目指す彼女たちは、肌には美白化粧品、唇にはグロス、髪の毛にはヘア・スプレイやワックス、爪にはマニキュア、目にはつけまつ毛と、すべてを人工的なものにして自身を人形化する一方で、そうした加工すべてを行ないつつも、「自然」な、括弧つきの「少女らしさ」のスタイルを目指している。だから現代社会において、一般的なファッションや流行に従う女性は、しばしば「人間離れ」した身体を持つといわれるが、それが褒め言葉であるのも、いかにその理想の実現が不可能に近いものかを物語っていると言える。これに対して、わざと人形の

表1　現代女性の理想像とゴスロリの容姿

現代女性の理想像の容姿	ゴスロリの容姿
色白になろうとする。美白を目指す。	ビスク・ドールのように陶器でできた人形の肌色を目指す。
まつげをカールし、マスカラを塗るか、つけまつ毛をつける（しかし、自然に見えないとダメである）。	つけまつげを何枚も重ねて目の周りに貼り付ける
露出した部分、足、腕などを脱毛する。	露出せず、つねにタイツと長袖を着用する。
「元気」な顔色をファンデーションで作り、ハイライトなどで立体感を出す。	頬に「元気の象徴」のピンク色ルージュを厚塗りする。ハイライトやコントゥーリングで顔の形を変える。
髪の毛が長く、健康的に見えるようにセットする。	髪の長さや量が足りなければ、ウィッグなどで補う。
おとなしい。	人形よりおとなしいものはないので、さらにおとなしい。
可愛い声。声を高くしたりする。	同上
細い。必要であればダイエットする	日本では基準が厳しく、細くないとだめだが、海外では多様な体型が見られる
人工的な手段で「自然」を演出する。	きわめて人工的な人形になろうとする。

ような格好をするゴスロリ・ファッションを着る若い女性は、一般的に受容されている理想像をある意味で偽善として告発するパロディとなっている。それは現代のファッションを一面で小馬鹿にしながら、社会的な批評を実践しているとみることもできる。

ゴスロリ愛好家たちの身体の動きや振舞いにおいても、こうした実践は確認できる。日本でゴスロリ・スタイルをファッションとしてばかりでなく、ライフ・スタイルとしても楽しんでいる人たちによれば、彼女たちが、自らの見た目の不気味さを増すため、身体の動きすらも制限しているという話を聞く。たとえば大学の講義を受講している時は、できるだけ動かないようにし、瞬きをすることすらも抑制している。話したり動いたりする時でも、人形の関節に可能な動き以上には身体を動かさないし、笑うことはけっしてない。たしかにそれは、パンクのように暴れたり、暴走族のように騒いだりはしないので人に迷惑をかけることはない。しかし彼女たちは、そうした振舞いによって、――それが直接の目的ではないにしても――周囲に不快感を与えることは意識している。

そして、そのために彼女たちがイメージとして再利用しているのが「人形」という、これまであまりにも多くの意味（死、永遠の命、少女、生け贄）を担わされてきた両義的、多義的な象徴であり、そのつかみ所のなさを自由自在に変容させ、異様な空間を作り上げているのである。社会学者のピエール・ブルデューはこのような象徴の使用について次のように述べている。

> 女性はネオリベラルな政策の主な犠牲者だが、象徴的なものの政策と流通の分野においてはまだ権力をもっているのである。（拙訳、Bourdieu 1998/2001：92）

さらに「人形」という象徴は、愛好家たちを守る手段にもなっている。たとえばゴスロリの愛好家たちは、酒も飲まなければ、タバコも吸わないし、夜遊びもしない。この意味でゴスロリは、きわめて極端な格好をしているにもかかわらず、「真面目」であると日本国外の愛好家にもある意味では「評判」であるという。だが、その「真面目」さは、彼女たちが再利用している「人形」の帯びる特性（不気味さも含む）にも由来している。こうしてゴスロリは、親世代とは違うアイデンティティを構築するが、従来若者文化と連想させられる「有害」である不良性を伴わず、批判から自らのコミュニティを守ることができる効果もそこには生まれるのである。モデルとしての「人形」は抵抗のこうした部分も支えているのである。

最後に、こうした抵抗の広がりという観点から、日本国外のゴスロリ愛好家にも話を広げておきたい。海外の愛好家で注目すべきなのは、「ダイエット」に対する批判的な面である。筆者が国内外のゴスロリ・コミュニティを観察したところ、この傾向は、本場とされる日本のゴスロリより、日本国外のゴスロリにとくに当てはまる。海外では、たしかにゴスロリ愛好家に肥満体型の女子が多いのも事実ではあるが、そもそもゴスロリ・コミュニティはさまざまな新たな参加者にたいして広く開かれている。この門戸の広さは体型の問題にかぎらない。肌の色についても事情は同様であり、たとえ肌の色が人形のように白くなくても構わないので、アフリカン・アメリカンや東南アジア出身の若者もゴスロリ・コミュニティに参加できるのである。さらにいえば、年齢制限もないので二〇代を超えているゴスロリも歓迎されるし、男性や、性同一障害の人など、誰でも歓迎される。また、多くのロリータは彼氏が自分の嗜好を受け入れてくれないと悩んでいるのも事実だが、カップルで実践している人も続々と登場している。

日本国外のゴスロリ・コミュニティの受け入れの広さはまた別の国でのニッチ・マーケットの展開にも結びついている。日本の多くのゴスロリ・ブランド・メーカーは一、二種類のサイズの服しか提供していないが、中国では、この日本のブランドのデザインを頻繁に流用する会社[*6]が、どんな体型にも合うようにサイズを揃えており、それでも合わない客（胸のない男性用など）の体型に合わせてオーダーメイドまで受けており、本場日本ではあり得ないサービスをより安い値段で提供している。ゴスロリは、現在こうした進化や展開を遂げ、さらに広範で密やかな実践に変容しているのである。

＊6 日本のブランドのファンや顧客からみて、高い値段のする洋服を別の会社がコピーすることはけっして好ましいことではない。

参考文献

Bourdieu, Pierre（1998/2001）*Masculine Domination*（*La Domination Masculine*）, Stanford University Press
水野麗「コミュニティにおけるセルフ・アイデンティティ」、大阪大学二一世紀COEプログラム「インターフェイスの人文学」若手研究者ワークショップでの発表、二〇〇三年九月二八日、大阪大学文学部（豊中キャンパス）
Robertson, A. F.（2003）*Life Like Dolls*, Routledge

シンポジウムを終えて——「憧れ」とともに生きる

大久保美紀

シンポジウム「なぜ外国のファッションに「憧れる」のか」は、コーディネーターである高馬京子さんの「外国への「憧れ」をテーマに、ファッションを考えてみよう」という提案に端を発する。これに賛同し、ガールズ・トークという形で後押ししてくださった大会実行委員長の小野原教子さん、コメンテーターを引き受けてくださった室井尚さん、そして四名のガールズ研究者によって実現することができた。

本シンポジウムでは、日本や海外で研究する四名が外国ファッションの受容とその影響に関して、国内外の状況を報告した。同時に、なぜ人々がいつの時代も外国のファッションに憧れてきたのか、それを手に入れるため熱心に努力し、纏う行為にこだわりつづけてきたのか、文化的比較を行ない、その歴史的意味や現代的意味を問うた。

高馬京子さんは、ファッションとアイデンティティの問題に焦点を当て、日本人による外国ファッションの受容のあり方と、外国における日本のファッションの受容のあり方を比較した。日本で外国のファッションが受容される際、そのスタイルは、脱げないアイデンティティとして定着している。逆に海外で受容される日本のファッションは、カワイイ・スタイルと、十九世紀に作られた未熟な「ムスメ」としての日本女性のイメージに集約され、それらはエキゾチックな「他者」に対する態度であることが明らかにされた。ただしそのエキゾチシズムは従来とは異なる「第三の」エキゾチシズムであり、未熟／成熟という二項対立を超える可能性をもつことも示唆された。

池田淑子さんは、大正末期から昭和初期に日本映画に登場するモダン・ガールの表象について分析した。「モガ」の意味は、時代のなかで少しずつポジティヴなものへと変化し、典型的な和装の女性との対比のなかで、新しく解放的な西洋的価値観や既存社会への抵抗を意味する、「モガ」という映像記号として機能したことが報告された。

私の論考では、シンポジウムの前提であった外国のファッションへの「憧れ」の意味そのものを問い直すことによって、われわれの「憧れ」は、現代において、リアルな外国ファッションではなく、さまざまなシミュレーション体験を通じて共有されてきたキャラ的身体イメージに基づくことを明らかにした。憧れはもはや外在する理想を意味せず、抽象的な記号（キャラ）と化した自己身体の参照へと変容していることを述べた。

杉本ジェシカさんは、西洋ファッションを模倣した日本のモードは、いまや西洋に逆輸入されており、彼ら西洋の人びとの受容を通じてそれがまた作り直され、日本へ影響を与えている状況が存在する、という独自の視点に基づく議論を展開した。ゴシック・ロリータの歴史的発展と、日本およびヨーロッパにおけるその受容の現在形について、臨場感ある報告がなされた。

これらの報告を通じて、われわれが再発見するのは、われわれが「憧れ」つづけてきたのが、ほとんどの場合、外国のファッションそのものではないという事実であり、これは一見スキャンダラスなことである。しかし、言ってみれば「他者」としての外国ファッションを「あるがまま」に受容するのはそもそもあり得ない話であり、外国が日本を「エキゾチシズム」というフィルターを通じて受け入れたように、われわれも外国のファッションを一つの「メディア」として、そこにさまざまな意味を乗せて自国の文化や価値観のなかに織り交ぜてきた。司会の室井尚さんが終わりに述べたように、われわれが「憧れ」と呼んできたものは、さまざまな条件のなかで作られたイメージに他ならなかったのである。

当初よりガールズ・トークとして構想された本シンポジウムでは、その内容もご覧の通り、カワイイ・スタイル、ジャポニスム、モガ、ゴスロリなど、主として女性ファッションに焦点を当てた報告となった。その結果、会場からは、男性ファッションの不在に関して指摘を受けたし、それに対し、ファッションが長い間、他に術を持たなかった女性にとって重要な表現手段であった一方、男性はしばしばこれを遠ざけながら他の方法で自己を表現しているのではないかという考察もなされた。

だが現在もなお、そこに男性は不在なままなのだろうか？　私はそうは思わない。

少なくとも今日、男性の身体ははっきりとそこにある。その背景には、伝統的な意味での女性的身体が影を潜めている状況、あるいは、男と女を区別するシステムそのものの変容がある。今日のファッションでは、女性とも男性ともつかない身体が担う、非常に魅力的なファッションが存在することをわれわれは知っている。

憧れることはイメージを纏うことであり、纏うことは、すなわち生きることである。私たちが遠くを目指し、ずっと向こうにあると信じてやまない「憧れ」は、本当はずっと、私たちのすぐそばにあったのだ。ともにあり、ずっと生きてきたもの、これからもいっしょに生きていくもの。憧れは他人ではなく、私たちとともにあったのだ。

第三部

（人を）着る（という）こと

袈裟とファッション

小野原教子

本稿は仏教の僧侶によって着用される袈裟《けさ》という衣服を、ファッション研究の立場から考える試みである。ファッションの定義[*1]からいえば、袈裟という衣服はアンチ・ファッションであることは明白だ。もちろん、袈裟の歴史を概観してみれば、あらゆる事物がそうであるように、袈裟もファッション化を避けられなかった現象が垣間みられる。ではいま、なぜ、袈裟を通してファッション文化あるいは服飾文化を考えることに意味があるのか。一般には馴染みのないこの衣服の構造を紹介するとともに、道元の開山した日本曹洞宗に継承されている袈裟という衣服について考察し、この問いに答えてみたい。食事とならび「着ること」も仏弟子にとって重要な修行であると捉えた道元禅師は、『正法眼蔵』[*2]という書物のなかで、特に「伝衣」「袈裟功徳」[*3]という巻で袈裟について説いているのである。

1　袈裟について

袈裟とは

袈裟とは、仏教徒の着る衣のことである。律衣《りつえ》や如法衣《え》とも呼ばれる。律とは仏弟子としての個人生活あるいは団体生活におけるこまかな生活規定を記したものである。つまり、それは仏弟子ら

＊1　小野原教子『闘う衣服』水声社、二〇一一年、一七―二一頁。

＊2　本稿では岩波文庫版に所収されている「伝衣」を主に参考にする。道元『正法眼蔵（一）』水野弥穂子校注、岩波文庫、一九九〇年、二四七―二八一頁。

＊3　「伝衣」も「袈裟功徳」も、仁治元年（一二四〇）開冬日（十月一日）の士衆となっているが、「伝衣」巻を興聖寺に於いて記したという情報が日付としては正確で、後に永平寺へ移って後増補したものが「袈裟功徳」とのこと。水野弥穂子『『正法眼蔵袈裟功徳』を読む』大法輪閣、二〇〇七年、六一―七頁。

しくない行ないをした際に釈尊[*4]が直接注意を促したり罰を加えたりした事実を詳しく記録したものであり、言い換えれば、釈尊や仏弟子たちの正確な生活記録でもある。漢訳されている有名なものには五大律（四分律、五分律、十誦律、僧祇律、有部律）がある。

袈裟の成立は仏教の成立とほぼ同じ頃で、二五〇〇年の歴史を持つといわれる。[*5]師匠から弟子に法（仏法）が伝えられるのと同様に、袈裟も伝承されていくという考え方がある。一週間をかけて行なわれる、仏教者にとって生涯に一度の、師匠と弟子が一対一で向かい合い行なわれる他見も許されない儀式に伝法式があるが、その際に修行者は衣を与えられる。そのとき、衣とともに法を受け継ぎ、袈裟は仏教者となる象徴的な役割を担っている。法という実体のあるものではない何かがその衣装によって体現されているともいえる。それは、法を授ける証としての「存在」であり、これは証契ともいわれる。

*4
仏教の開祖釈迦牟尼世尊の略尊称、紀元前六二四―五四四年（南伝説）、紀元前五六六―四八六年（北伝説）、紀元前四六六―三八六年（宇井説）。

*5
沢木興道監修久馬慧忠編『袈裟の研究』大法輪閣、一九六七年、一五頁。

袈裟の起源

袈裟は釈迦以来二五〇〇年あまり続く伝統的な方法によって縫われる。割截衣《かっせつえ》とも呼ばれ、基本は截縷《せつる》と呼ばれる布を接《は》ぎ合わせて方形の衣服を作り、合わせて一枚の布に仕上げる。はぎれがなければ布をいったん截断してから作製される。一反の布を、それが貨幣のように交換価値を持った時代に、その装飾品としての値打ちを断ち切ることによって、人の欲しがらないものにする。布を切断することで、人の思惑を断ち切るのである。

袈裟の起源については、以下のようなエピソード[*6]がよく知られている。仏教が誕生した頃のインドではさまざまな宗教が盛んであり、仏教僧団を他と分けるために、決まった衣服を作る必要が生じた。釈迦の説く仏教に帰依していた王（ビンビサーラ）が馬を降りて丁寧に挨拶した相手が仏弟

*6
久馬慧忠『袈裟のはなし』法蔵館、二〇〇〇年、七―一一頁。

子ではなかったことで、紛らわしさを避けるために、釈尊に異教徒と仏教徒とを見分ける衣を着用するように王は命じたのだという。これが仏教教団の構成員を示すための衣裳＝ユニフォームのはじまりである。

まず釈迦の弟子であり甥でもあるアーナンダが、インドの美しい田園風景からイメージを得て、田んぼの稲穂が豊かに実る様子を袈裟の意匠に取り入れた。袈裟に福田衣《ふくでんえ》という呼び名もあるのは、これに由来する。形状から考えても、稲作文化と袈裟は切っても切れない。また気候風土を考えれば、暑いインドの国では縫合も裁断もしない状態の一枚の布は直接体に巻きつけるようにして身に着ける衣服であった。日本の仏教は、発祥地インドから中国を経由して伝わったので、着用の仕方は変化するが、これについては後述する。

宗教服であるということは、ユニフォームであることがあらかじめ必要な存在条件となる。他と我を分ける衣装。そのモチーフは、自然を模倣したデザインであったのである。

言葉の由来――「色《しき》」

袈裟は、サンスクリット語でカシャーヤといい、元々インドでは色をあらわす言葉で「袈裟色」などというふうに使われ、濁った色という意味を持つ。原色ではない混合色で、具体的には赤褐色のような色である。いわば袈裟色とは「汚い」色のことを指し示している。袈裟のことを「壊色《えじき》布《え》」や「間色衣《けんじきえ》」あるいは「染衣《ぜんえ》」と呼ぶのも、この色の特徴から来ている。

截縷《せつる》から成る構造がそうであったのと同様に、本来この衣装は人の欲しがらないものでなければならず、見た目に美しく澄んだ色であってはならない。仏教では、いうまでもなく「色」という言葉は特徴的な用語であり、袈裟の言葉の由来が色に関連していることは興味深い。

インド仏教教団では、タブーとされる色が五色あった。青、赤、黄、白、黒の基本色で、これを五正色《せいしき》と呼び、法衣には用いられないことになっていた（詳しくは次頁の資料参照）[*7]。原色のような目立つ色を避け、原色しかない場合は布を染め直す。色は意味を帯びやすく、富や権力の象徴と結びつきやすい。明るく派手な色は人の好むところとなり、そのような色を「壊す」ことで、人の思いはからいを断ち切る。また袈裟は、複雑な色相を持つことが多いが、それは元来、仏弟子が自ら布を染めることもあるため、結果的には色が定まらず、その布がはっきりとした色名であらわせない表情になっているからである。

衣財全体を染めることを「染浄《ぜんじょう》」というが、それに対して袈裟の一部に小さな汚点をつけることを「点浄《てんじょう》」という。点浄は、袈裟という衣服にとって重要かつ特徴的ともいえる行為である。それは、他（在家・外道）の持ち物と区別するために付ける印を意味する。なぜ、いわば汚点のようなものをつけて「浄める」のか。それは新しいもの（布・衣）に対して、遠慮をして差し控えようという姿勢の表われであり、少し汚してから古いものを身につけるという心構えなのである。

ファッションは「新しい」という価値が一時的に絶対となる現象[*8]であるが、新しさを追い求めることは自ずと競争をまねくため、人のねたみやそねみを生みやすい。汚すことによって浄めるという逆説的な行為は、新品に謙虚であれという、いわばこころを鎮めるための浄化なのである。

以上、袈裟を基本知識となる項目を挙げて紹介した。袈裟は「体」「色」「量」と呼ばれるそれぞれ「素材」「色」「布の分量」の三つの側面と、その着用法を含めて四つの視点から語られるべきである。本節では「色」を中心に紹介した。次頁の資料を参照しつつ、必要に応じて以降の節で「体」と「量」についても触れていくことにしたい。

＊7
幣道紀氏作成（二〇一二年五月神戸ファッション美術館で開催された日本記号学会大会の講演時に参加者に配布された）。

＊8
ロラン・バルト『モードの体系』佐藤信夫訳、みすず書房、一九七二年。

資料　三衣一鉢《さんねいっぱつ》

①鉢（Ⓟpatta Ⓢpātra）の音写。鉢多羅《はったら》、波多羅《はたら》、鉢和蘭《はわらん》などの略。意訳は応量器《おうりょうき》、応器とも。僧尼が常に所持し、僧団で私有物と認められた食器。材料・色・量ともに規定の法にかなうところから、応量器と漢訳する。鉄製・陶土製が定めで鉄鉢・瓦鉢と称し、木製は外道のもの、石鉢は仏のものとして禁じられた。日本の禅門では仏が木製を禁ずるのは、一に垢《く》、二に簡《けん》（他と簡別する）、三に因（制戒）の三つの意味があるが、木製でも漆を塗れば仏戒にかなうものとして、今は多く木鉢を用いる。

②袈裟　インドの猟師などが着ていたボロの衣をKaṣāya（カシャーヤ）とよんでいたが、仏教はそれを取り入れた。インドの僧団で制定された法衣《ほうえ》をその色から袈裟（迦沙、迦羅沙門、毠沙）と称した。カシャーヤは染衣、間色衣《かんじきえ》、赤血色衣《しゃっけつしきえ》、壊色衣《えじきえ》、不正《ふしょう》色衣《しきえ》とも漢訳され、汚れて濁った色（赤褐色）を意味する。

③五正色（五色・五大色とも）青《しょう》・黄《おう》・赤《しゃく》・白《ひゃく》・黒《こく》の基本色。インドの仏教教団では法衣に用いてはならない色とされ、華美な色とされた。中間色の五間色（緋・紅・紫・緑・壇黄）も不可。たとえば、白衣《びゃくえ》、白衣舎《びゃくえしゃ》。

④三衣　用途から生じた名称　衣・三衣・沙門衣《しゃもんえ》・僧衣《そうえ》・比丘衣《びくえ》・苾蒭衣《びっしゅえ》・守持衣《しゅじえ》・三領衣《さんりょうえ》

色から生じた名称　袈裟・染衣・染色衣《ぜんしきえ》・不正色衣《ふしょうしきえ》・壊色《えじき》衣《え》・間色衣《けんじきえ》・別色衣《べっしきえ》・濁赤衣《じょくしゃくえ》・赤血色衣《しゃくけつしきえ》・黄褐色衣

形から生じた名称　方服・方袍《ほうぼう》・田相衣《でんそうえ》・割截衣《かっせつえ》

功徳から生じた名称　法衣・法服・道服・功徳衣・仏衣・如来衣・離染服《りぜんふく》・出世服・離塵服・蓮華服・慈悲服・解脱服《げだつぷく》・福田《ふくでん》衣《え》・無垢衣《むくえ》・除熱悩服・吉祥服《きちじょうふく》・如法衣《にょほうえ》・忍辱鎧《にんにくがい》・無相衣・無上衣

⑤安陀衣《あんだえ》　Ⓢantaravāsaka の部分的音写。内衣・中宿衣・裏衣・中著衣・下衣と漢訳される。一重、五条で、作務・旅・ひとりでいる時・臥床などのとき用いる。禅宗の絡子《らくす》がこれに相当。

⑥欝多羅僧《うったらそう》（伽《ぎゃ》）Ⓢuttara-āsaṅga の音写。上衣《じょうえ》または上著衣《じょうじゃくえ》、三衣のうち、中位であるから中価衣、比丘集合のときに着用するので入衆衣《にゅうしゅえ》ともいい、聞法・説法・食事・座禅などの時に用いる。一重で七条の布片でつくられる。

⑦僧伽梨《そうぎゃり》（胝《ち》）ⓅⓈsaṃghāṭi の音写。比丘の三衣のなかで最大のもの。両重で、九条から二十五条まである。条数が多いので雑砕衣ともいう。説法や托鉢のために王宮や聚楽《じゅらく》に入るときには必ずこれを着ける公式の服。入王宮聚楽服ともいい、上・中・下品にそれぞれ三品があるので九品衣ともいう。

⑧糞掃衣《ふんぞうえ》　Ⓢpāṃsukūla の音写で、衲衣・衲袈裟ともいう。ぼろきれの衣。塵芥の中に捨てられたぼろを拾ってつづり合わせてつくった衣。初期の修行僧はこの衣をまとっていた（衲僧《のうそう》）。

⑨衣財・衣体（材質）

「袈裟をつくるには麁布《そふ》（目の粗い布）を本とす、麁布なきがごときは細布をもちゐる。麁細の布、ともになきには絹素（しろぎぬ）をもちゐる、絹・布ともになきがごときは綾羅《りょうら》等をもちゐる、如来の聴許《ちょうこ》なり。絹布綾羅の類、すべてなきくにには、如来また皮袈裟を聴許しまします」（『正法眼蔵袈裟功徳』）。

⑩袈裟の量　度身法《どしんほう》（直接法）↓肩から踝上四指まで。局量《こくりょう》法（間接法）↓舒肘《のべちゅう》・拳肘《けんちゅう》・磔手《たくしゅ》（張手《ちょうしゅ》）・指（第一関節の指巾）・豆・麦

⑪縁《えん》・葉《よう》・壇隔《だんきゃく》（一長一短↓五条衣　両長一短↓七・九・十一・十三条　三長一短↓十五・十七・十九条　四長一短↓二十一・二十三・二十五条）

⑫偏袒右肩《へんだんうけん》　インダス文明以来のならわしらしい。現在、スリランカ・ミャンマー・ヴェトナムなどでは正式な服装の時には左肩を覆っている。通肩（通両肩）は両肩を覆う着用法である。

⑬直裰《とつ》　上半身を覆う褊衫と下半身を覆う裙子をつなげたもので、中国の南宋代（一一二七―一二七九）に初めて作られた。「褊衫および直裰を脱して手巾のかたはらにかく」（『正法眼蔵・洗浄巻』）。

⑭褊衫《へんざん》　僧祇支（saṃkaṣikā）の音写で、掩腋衣《えんえきえ》・覆膊衣《ふはくえ》と漢訳する。腋《わき》と左肩を覆う長方形の下着）と覆肩衣《ふけんえ》（右肩を覆う）を縫い合わせ、それに袖《そで》や襟《えり》をつけたもの。

⑮裙子《くんす》　下半身の下着。大きさは長さ四肘、巾二肘。

⑯「予、在宋のそのかみ、長連牀《ちょうれんじょう》に功夫せしとき、斉肩《せいけん》の隣単《りんたん》をみるに、開静《かいじょう》のときごとに、袈裟をさゝげて頂上に安じ、合唱恭《く》敬《ぎょう》し、一偈を黙誦す。その偈にいはく、大哉解脱服《だいさいげだっぷく》　無相服田衣《むそうふくでんえ》　披奉如来教《ひぶにょらいきょう》　広度諸衆生《こうどしょしゅじょう》。ときに予、未曾見《みぞうけん》のおもひを生じ、歓喜《かんぎ》身にあまり、感涙ひそかにおちて衣襟《えきん》をひたす」（『袈裟功徳』）。

2　清浄ということ

糞掃衣《ふんぞうえ》と「体《たい》」

道元は袈裟のなかでも「糞掃衣」を最も清浄なるものであると記している。[*9] 糞掃衣とは人が捨てて顧みない布で作った袈裟のことであり、初期の修行僧はこの衣をまとっていた。この語は、サンスクリット語の「パームスクーラ」の音写で、「パームス」は汚物を、「クーラ」は土手を意味し、汚物が集積したという意味であり、衲衣《のうえ》あるいは衲袈裟《のうけさ》ともいう。「衲」とはぼろきれの衣を指し、塵芥のなかに捨てられたはぎれを拾って綴りあわせて糞掃衣が作られることを表現している。

道元は『四分律』をもとに十種類の糞掃[*10]を定めている。

①牛嚼衣《ごしゃくえ》＝牛のかんだ衣、②鼠噛衣《そこうえ》＝ねずみがかじった衣、③火焼衣《かしょうえ》＝焼け焦がした衣、④月《げっ》水衣《すいえ》＝女性の月経で汚れた衣、⑤産婦衣《さんぷえ》＝産婦が汚した衣、⑥神廟衣《しんみょうえ》＝神廟に供えた衣、鳥などがくわえてきた持ち主のない衣、⑦塚間衣《ちょうけんね》＝墓場で拾った死者の布、⑧求願衣《ぐがんね》＝願掛けのために使われた布、⑨王職衣《おうしきえ》＝朝廷の位階にしたがって決められた布、⑩往還衣《おうげんえ》＝死者に着させて火葬場まで行き、帰る途中で捨てた衣。

以上挙げた十種類の布は、人の執着から離れたものとしては最たるものだといえよう。人が忌み嫌う、いわば「不浄」の布のように思われるが、捨てられた布から穴の開いていない、洗えば汚れが取れそうなものを選び、すり減った布の場合は合わせて刺子にしたりして補強をして用いられる。[*11]

さらにいえば、袈裟を身に着けるのは、わざとみすぼらしい格好をするためでも、美服のためでもない。仏道の修行のためである。弊衣《へいい》と美服の境界を超える存在。袈裟を搭《た》け（着用し）、三世諸仏の皮肉骨随を正伝する。つまり、この身は仏と同じ身体であり、仏と同じ衣裳を着るという表

*9 水野弥穂子『『正法眼蔵袈裟功徳』を読む』一七一—一七七頁

*10 同書、一七七—一八一頁。

*11 松村薫子『糞掃衣の研究』法蔵館、二〇〇六年、五七—八四頁。

現行為なのである。

ここで袈裟の素材＝「体《たい》」について述べておきたい。

基本的には、袈裟には麁布《そふ》という目の粗い布を用いるが、それがなければ絹、それもなければ綾織の布、それもない場合は動物の皮でもいい、と道元は記している。[*12] 糞掃衣に関しても同様のことがいえるわけだが、材料が何でできているのかは問題ではなく、それをどのように調達したのかが重要になってくる。それは仏教の「少欲知足」の考えによる「選り好みをしない」ということ、できるだけ身近にあるもの、たとえば檀那から施されたものなどをありがたく用いるということなのだ。

翻って考えれば、ファッションとはいかにも好みの問題であるが、この点からいえば、袈裟は完全にファッションからは外れた衣服といえよう。では、袈裟という存在にとって要になるのは何なのか。一言でいえば、それは「清浄」という価値である。洗ってきれいにすることは文字通り清浄になることだが、それだけではここでいう「浄」には遠い。清浄とは「名利を棄てる」[*13]ということであり、言い換えれば、いかに衣服に執着しないかということだ。

人の好みそうもない濁った「色」であることとならび、麁布を使うことを基本に、また選ぶことをしない（あるいは糞掃衣のように人の執着から離れた）「体」の存在。これも袈裟を構成するうえで重要な要素である。

三衣《さんね》一鉢《いっぱつ》と「量」

道元が、糞掃衣を袈裟のなかで最上の衣財としたことは前述したが、日本で、あるいは現代において、このような捨てられた着物を見つけることは困難だ。仏教はインドよりまず中国へ渡り日本

＊12
水野弥穂子『「正法眼蔵袈裟功徳」を読む』一八一―一八七頁。

＊13
沢木興道監修久馬慧忠編『袈裟の研究』四一頁。

へ入ってきたが、国やその気候風土によって、袈裟も少しずつ変化しながら受容された。ここにはファッションと同様に、衣服が海を超えて時間を経ると、その形や用途を変えていく現象が見られる。

亜熱帯のインドでは一枚の布をまとえば生活に事足りる。しかし、中国大陸に渡れば冬の厳しい寒さが、また四季を持つ日本の気候が、身にまとう衣服の枚数だけでなく着用の仕方も季節に応じて変化させる。

三衣一鉢《さんねいっぱつ》という仏教の言葉は、出家僧が私有財産を持たないことを表わしている。つまり、三枚の衣と一つの鉢があれば足りるという意味である。「鉢」は、僧尼がつねに所持し、僧団で私有物と認められた食器、わかりやすくいえば托鉢僧が手にしている器である。材料、色、量ともに規定の法にかなうという意味で「応量器」と漢訳されることもある。

「三衣」[*14]は、僧侶が護持することが許される三枚の袈裟を意味する。三衣は布団や枕としても用いられ、寝具にもなる。いわば「衣服」に留まらない、あるいは「衣服」を超えるものとしての布である。三種類とは、安陀衣《あんだえ》、鬱多羅僧《うったらそう》、僧伽梨《そうぎゃり》で、それぞれサンスクリット語からの部分的あるいは全体の音写と中国の漢字にあてた形で日本では表記され、三枚着られるときはそれぞれ内側から順番に着用される。三衣の特徴を記しておこう。

安陀衣《あんだえ》＝内衣、裏布ともいう。下着に相当し、一重、五条（一長一短）[*15]から成っている。作務、旅、ひとりでいるとき、臥床などのときに用いられるので、私的な室内着といってもいいかもしれない。インドではこの安陀衣をからだに直接あてて一枚着用する。中国や日本においては気候や環境の違いから自然にすたれ、だんだん用いられなくなっているらしい。現在禅宗では絡子《らくす》という、首から胸元に掛ける小さなサイズになったものがそれに当たり、日常に身に着けられる。

＊14
同書、二八―三三頁。

＊15
条とは細長い帯状の一枚の布を指す。「一長一短」とは長い布片と短い布片一枚ずつをつなぎ合わせて一条にするという意味。

鬱多羅僧《うったらそう》＝上衣ともいう。三衣のうち、中位（二枚目）に身につける。聞法《もんぼう》・説法・食事・坐禅などの時に用いる。ふだん着であり、一重の七条（二長一短）の布片で作られる。

僧伽梨《そうぎゃり》＝三布のなかで最大であり、両重（裏地付）で九条から二十五条のものまである（九品《くぼん》衣《え》）。公式の服として用いられ、いわばよそいきの服といえよう。説法や托鉢のために王宮や聚落《じゅらく》に入るときには必ず着用する。九品衣とは条の数によって袈裟を三つに分け、それぞれ三つずつに分類されるため、合わせてこのような呼び名がある。それぞれ、九、十一、十三条衣＝下品《げぼん》、十五、十七、十九条衣＝中品《ちゅうぼん》、二十一、二十三、二十五条衣＝上品《じょうぼん》となる。

以上、「量」の観点から袈裟を考察した。平安・鎌倉時代を通じ、布は米に換わって流通する価値を維持していた。「お布施」という言葉からも明らかなように、人々は反物を寺院に寄進することで信仰や感謝の意を表わしたが、僧侶はこのお布施として受けた衣財から袈裟を仕立てて身に着けた。[*16] パッチワークのようにはぎれの布を繋ぎ合わせて条にし、複数の条を縫い合わせて方形にすることを基本構造とし、また糞掃衣を模したようなパターン（山形模様など）や意匠も生まれてくる。[*17]

仏教者は生と死を同等のものとみなす。法そのものである袈裟を身に着けるということは、浄／不浄あるいは聖／俗といった二項対立的な価値を超える存在をからだにまとい、そしてそれを着て生きよということなのであろう。

3　ころもとからだ

身に着ける＝搭袈裟法《たっけさほう》[*18]

『四分律』によれば、「三輪《さんりん》を覆う（両膝と臍の三点を隠す）」、つまりからだのおよそ三分の一が

＊16 現在は法衣店などでも製作販売されるが、この慣習は残っている。

＊17 松村薫子『糞掃衣の研究』一二五―一三二頁。現在でも袈裟を縫う会として引き継がれている福田会の例では「山、雲、四角」が挙がる。

＊18 沢木興道監修久馬慧忠編『袈裟の研究』一九〇―二〇二頁。

隠れるように袈裟は身に着けられる。また、本来の袈裟がそうであったように、単なる装束ではないことを意識し、実用的な衣服として着用された。大切なことは身だしなみを整えて搭《た》けることである。また、身だしなみとは、見た目の問題だけではなく、自分の内面も清浄であることの表われである。

インドでは袈裟は一枚で実用的な僧衣であり、出家という世俗の世界から離れることを、袈裟を一枚身に着けることで表現した。一方、中国では寒冷の東アジアである気候条件とも関連して、袈裟は装束衣としての特徴が強い。つまりそれは、実用的な衣服としてではなく、重ね着のなかで一番上に着用されるアイテムとして発展した。中国における仏教が国家権力のなかに生きざるを得ない運命にあったことも手伝って、袈裟の装飾面に焦点があてられることも多かった。

日本は中国から仏教が伝来したので、袈裟もその教義とともに中国の影響が大きい。それは華やかな装束として存在し、また象徴的衣服となる傾向にあった。鎌倉仏教以前の法皇の時代には、支配的な立場から袈裟はとりわけ華美にならざるを得なかったようだ。

さて、着用法についてもここで簡潔にまとめておこう。着用法は、二種類ある。「通《つう》（両《りょう》）肩《けん》（搭《た》）」と呼ばれる両肩を覆う方法は、仏像などに多く見られる。条数の多い袈裟を着用する場合は正式な場面となることが多いので、「通肩」となる。「偏袒右肩《へんだんうけん》」は、右肩を袒《はだぬ》ぐ着用法であり、こちらの方が一般的である。修行僧が目上の人に対していつでも役に立てるよう、働きやすい格好をしていることが重んじられたことから生まれた。それは右利きの人が多いからでもあるが、インドでは左手は不浄とされるので、左側を隠すという行為とも解釈される。

「梵漢兼挙《ぼんかんけんこ》」という言葉があるが、これは、音をサンスクリット語に写してから中国の漢字に当て、日本語で音をそのまま使用するという意味である。この言葉で示されるように、袈裟は仏教伝来の過程において変化を余儀なくされてきた。着るということは人間の生活に根ざした身体的行為である。たとえ袈裟が宗教服という特殊性を具えた服であっても、そのまま継承される要素もあれば、気候や風土によってその土地に合った形で変わっていくことも免れない。新しい形が定着していくと、その国の固有のスタイルや意匠を生むこともある。それは言語や他文化と同様、袈裟に対する思想や態度についてもしかりである。また、袈裟は隠すことを中心にしている着物である。衣服とは身体を保護し、他の動物と人間を分かつ羞恥心の表われでもある。袈裟の着用法は、人間と布との関係における人間の根源的なありさまをも示していると言えるだろう。

袈裟の伝承

冒頭でも述べたように、袈裟は伝法衣《でんぼうえ》ともいわれる。師から弟子へ、法を伝えた証として授けられる特別なものである。このような特徴から、袈裟が権威的な意味を帯びたり権力と結びついたりする現象が起こってくる。

　中国禅の開祖達磨大師（釈迦から二八代目）の袈裟を六代目の大鑑慧能《だいかんえのう》禅師が引き継いだといわれている。初祖菩提達磨の伝法の象徴としての袈裟は、慧能禅師が相伝しているとして、荷沢神会《かたくじんね》は自身の師の袈裟の正統性を喧伝し、強く主張した。[*19] 逆に、慧能禅師を第六祖と位置づけるために、その袈裟が利用されることも少なからずあった。

　平安時代までは、文様のない一種類の生地で製作される袈裟が中心であり、糞掃衣の存在も律衣としてすでに確認されている。鎌倉時代以降の作例は、禅宗の伝法衣が中心であり、中国的な美意識に貫かれたデザインが多い。これは大陸への留学経験が重要視された時代であることを物語っており、袈裟にもそれが顕著に表われている。たとえば、禅宗の九条袈裟は、台形で中央付近に三角

*19 山川暁『高僧と袈裟』（特別展覧会図録）京都国立博物館、二〇一〇年、一一―一四頁。

形の生地を挟み込むフォルムを持ち、着用するとゆったりとしていてやや裾広がりになる。袈裟がはだけないように紐を結び留めるための象牙や鼈甲《べっこう》で作られた環《かん》も現存している。文様は柿の蔕《へた》や花折枝文様なども取り入れられ、世俗の染織品の流行とも対応している。やがて日本らしいデザインである藤の花房や桐竹鳳凰麒麟（夢窓疎石）も登場するが、これは、滅宗宗興など中国への留学経験をもたない僧侶がいたことを推測させる。[*20]流行のスタイルは移り変わるものである。袈裟は、着用法に大きな変化はないが、デザイン面などにおいては時代の傾向や好みを反映したファッションという現象を帯びることもあったと言えよう。

鎌倉時代に生きた道元禅師は達磨大師から数えて五一代目にあたる。正式な釈迦の袈裟が唯一いまに伝わっているのが禅宗だという誇りのもと、袈裟とは師と弟子が向き合って伝える相伝《しょうでん》の証だとして、道元禅師は書物でもその重要性を説いている。その経緯としては、中国曹洞宗の僧である如浄《にょじょう》禅師のもとで修行した体験[*21]によるところが大きい。日本の仏教界で袈裟の精神的重要性が語られるようになるには、道元禅師を待たねばならなかったのである。

結語にかえて――こころとことば

衣服の詩

言語も衣服も「身に着ける」という言葉を用いる。からだというモノを媒介にして、目に見えない法や仏のこころを現わすのが袈裟という衣服である。からだに纏い着ることを繰り返しながら、そのこころを装い、そして人としての執着を脱いで仏となり、生きていく。

道元禅師が仏道修行において袈裟の重要性を目の当たりにしたのは、南宋の時代、如浄禅師のも

＊20
同書、一四―一六頁。

＊21
道元「伝衣」『正法眼蔵（二）』二七五―二七六頁。留学の折、毎朝袈裟を掲げて頂上し詩を読むことに感動する場面が記されている。

とで修行していた時であった。一日のはじまりである暁天坐禅の合図の板が鳴るとともに、袈裟の包みを開いて頭上に載せ、合掌して敬い、一つの詩を唱える儀式がある。その最も肝要な箇所を、以下に引用する。

予、在宋のそのかみ、長連牀《ちょうれんじょう》に請功夫《しんくふう》せしとき、斉肩《せいけん》の隣単《りんたん》をみるに、開静のときごとに、袈裟をささげて頂上に安じ、合掌恭敬《くぎょう》し、一偈を黙誦《もくじゅ》す。その偈にいはく、大哉解脱服《だいさいげだつふく》　無相福田衣《むそうふくでんえ》　披奉如来教《ひぶにょらいきょう》　広度諸衆生《こうどしょしゅじょう》。ときに予、未曾見《みぞうけん》のおもひを生じ、歓喜身にあまり、感涙ひそかにおちて衣襟《えきん》をひたす。（『袈裟功徳』二十二）

僧侶たちが袈裟を敬う姿に感動し、涙を流した場面である。「大いなるかな解脱服／無相福田の衣／如来の教えを身につけたてまつり、広く諸々の衆生を度《わた》さむ」という詩を三度唱えた後、合掌し、立ち上がって袈裟を身に着け、作務に向かう。「衆生」とはいのちあるものすべてのものを指し、「度《わた》する」とは迷いや悩みから悟りの境地へ達するという意味である。通常頭上にあり、拝さねばならないものがあるとすれば、それは権力的なものだ。その場所に載せるということは袈裟を重要視している[*22]象徴的行為だといえよう。詩はまた呪文でもあり、それを唱えるということは、袈裟の奥義や呪術的な力を聴覚からも体感するという行為なのではないだろうか。

帰国後、道元は如浄禅師の教えに従い、権勢から離れて、世俗化した当時の仏教を批判し、仏陀本来の精神に立ち返ることをこころに決める。その手がかりの一つとなるのが仏僧の身に着ける袈裟であったのだ。

＊22　幣道紀氏が「伝衣」巻の講義のなかで語られた。二〇一四年一月二十六日、妙香寺。

袈裟とファッション

日本曹洞宗開祖道元の袈裟は、熊本県の広福寺に大智禅師（六代）の相伝を経て継承され、約八〇〇年あまりの時間を超えて現存している。[*23] それは平織りの麻素材で、縦糸緯糸《たていとよこいと》ともに黒に限りなく近い濃紺＝青黒色である。[*24] この袈裟は、山城の生蓮房《しょうれんぼう》の妻室が、自分たちで育てた麻の繊維を潔《けっ》斎《さい》して織り上げて越州の永平寺に献上した衣財を、道元自ら裁縫して一生涯搭《た》けたと言われるものである。[*25] 二十五条袈裟で、分類としては「上品」となる僧伽梨であり、嗣法《しほう》の証として弟子の懐《え》奘《じょう》にまず継承された。

袈裟は如法衣である。正伝の仏法を嗣《つ》ぐことは、正師の衣装の伝承を象徴として、いわばそれは聖性を表現している布であり、仏教者の特権性をもあわせ持っている。

さて、先に述べたように袈裟は宗教服であることで、権力や階級をも同時にあわせ示してしまうのでないかという疑問も浮かんでくる。しかし道元は言う、「仏子とならんは、天上人間、国王百官をとはず、在家出家、奴婢畜生を論ぜず、仏戒を受得し、袈裟を正伝すべし」と。[*26] 仏教とは、本来の自己に目覚めることを目指すものであり、真摯にそれを求めて修行に励めば、身分の高い低いに関係なく、また在家の男女であっても、仏袈裟を着ることができるのだと説いている。それは、厳しいカースト制のインドにあって釈迦がその平等性を強く説いたことに由来する。

身体を保護するという根源的な理由から始まり、人の衣服は、国、民族、宗教、階級、職業などをあらわすユニフォームとしての役割を持つようになった。また、そうして社会が発展すると、ファッション現象を帯びることは逃れられず、過剰な意味が布に付着する。そのとき、継承すべき衣服の価値は軽視されてしまう。伝統的な構造、装飾、着用法は、民族服として過去の遺物のように扱われるか、あるいはそれそのものを遊ぶようなコスプレや、フェティッシュな存在価値として扱

＊23 現在熊本県立美術館において、相伝書とともに委託保存されている。川口高風「道元禅師の広福寺蔵「二十五条衣」について（上）」『傘松』八四六号、大本山永平寺傘松会、二〇一四年三月、一五―一八頁。

＊24 カタログでは糸の色は「黒」と書かれている。山川暁『高僧と袈裟』（特別展覧会図録）八四―八五頁。

＊25 「八月に入ると、二人は身を清め、仏壇に参ったのち、いよいよ仕事に取りかかった。丹精こめて育てた麻を刈り取り、皮をはぎ、水にうたせてつけて、叩いて、繊維を取り出し、二人がかりで糸に紡いでいった。十一月半ばのある日の早朝、静は宇治川に下りて身を清めた。帰宅すると、仏壇に灯明をあげ、『般若心経』を唱えた。今日からいよいよ布地に織る作業に入る。機も酒と塩で清めると、九条家から賜った例の伽羅を長持の底から取り出し、織り機の

われる。

政情不安の鎌倉時代、人々は新しい仏教を求めたが、しだいに俗化していき、仏教界も政治的な血なまぐさい闘いに巻き込まれていく。そんななか道元が貫いたのは、釈迦から達磨大師、そして道元の翁師如浄が受け継いだ清浄なる仏教者としてのあり方であり、その根本にある潔白で厳格な正伝の仏法を自らが遵守し伝承していくことだった。道元が袈裟にこだわっていたとすれば、その理由は袈裟の背後にある思想であり仏法そのものなのである。

衣服は共同体に属すると同時に、自己を表現する手段であり、現代において着ること／脱ぐことはさまざまな複数のアイデンティティを脱ぎ着することでもある。衣服の存在そのものを、ファッションという情報や現象を振るい落として抽出することが、研究者として私が目指してきたことだった。袈裟は、人の信じることや思いを織りこむように、手を使ってこころをこめて丁寧に縫い上げられ、着る人の背後にある思想や生き様がときに継承され、それが尊ばれながら伝えられていくもの、そしてそれを使命として受けとめられるものである。正伝の仏袈裟は相伝書が存在していなければただの麁末な布にすぎないのかもしれない。

このように、超越したコスチュームの存在＝袈裟を考えることは、外側から規定された新しさという相対的価値をめまぐるしく消費する現代のファッションを再考するうえで、またファッション研究にも新しい光を当てるのではないだろうか。

謝辞　本稿を書き下ろすうえで、とくに三人の方にお世話になった。まず神戸市妙香寺住職幣道紀氏からは、大会での講演や資料提供に加え、『正法眼蔵』「伝衣」巻のつまびらかな講義を拝聴し、袈裟の研究を続けていくために重要かつ基本となる道元禅師の難解な言葉や思想に対する理

おいてある部屋に焚き込めた。静はそこにこもって一心不乱に織りはじめた」（大谷哲夫『永平の風』文芸社、二〇〇一年、三九八―四〇三頁）。

＊26　道元「伝衣」『正法眼蔵（二）』二八〇頁。

解を大きく助けていただいた。また、熊本県立美術館の学芸員山田貴司氏には、長時間にわたり道元料二十五条袈裟とその相伝書の観察と写真撮影の時間を割いていただき、その際に多くの質問に丁寧にお答えくださった。最後に、この袈裟の所有者の玉名市広福寺住職仲野道智氏には、突然にもかかわらず、観察許可の快諾を頂戴し、また作品に関連した大智禅師より相伝する資料も拝見させていただき、先行研究の示唆も賜った。本稿は、袈裟に関する私の最初の論文で、おそらくたよりなげな部分も多く、その点どうぞご寛恕いただきたい。関係諸氏にはこの場を借りてあらためて感謝の意を表わしておきたい。

音を着る——フルクサスの場合[*1]

塩見允枝子

まず、簡単に自己紹介をさせていただきます。私は、一九六〇年代にできた「フルクサス」[*2]という当時の急進的な作家集団に、偶然の出会いから所属するようになりました。六四年にはオーガナイザーのジョージ・マチューナス[*3]の招きでニューヨークへ行き、皆と活動をともにするようになったのですが、このフルクサスの作家たちにはいくつかの共通したものの考え方や傾向があります。第一に、日常のなかの些細な現象や行為などに、芸術的価値というか面白さを発見し、それをアートの世界に組み入れようとしたことです。そして、それらをパフォーマンスとして盛んに行ないました。それも、いわゆるコンサート・ホールや画廊だけでなく、街のなかや自然のなか、あるいは自分の生活空間のなかで行なうこともありました。つまり、日常を芸術のなかに、また、芸術を日常のなかにフィードバックさせながら、両者の壁を取り払おうとしたわけです。第二に、専門家と一般の人々との垣根も取り払い、誰もが参加して皆で一緒にアートを楽しめるように、という意識で行動していました。それまで続いてきた特権階級のハイ・アートに対して、反旗を翻したわけです。

一九六二年にフルクサスが生まれた当初は、メンバーは数十人いたのですが、現在では

＊1
本稿は日本記号学会大会での講演原稿に注を補ったものである。後半には参加者とともにワークショップを行ない、パフォーマンスを通じて話が続けられた。

＊2
「フルクサス（Fluxus）」はジョージ・マチューナス（＊3を参照）が提唱した前衛芸術運動および作家集団の名称であり、一九六二年九月に西ドイツのヴィースバーデン市立美術館で開かれた「フルクサス国際音楽祭」をきっかけに公的に知られるようになった。名称は「流れる、なびく、変化する、下剤をかける」などを意味するラテン語からとられたものだが、その由来が示すように一定の主義を持たず、分野の枠を超えた多様な作家によって構成された。代表的なメンバーには、マチューナスをはじめ、ディック・ヒギンズ、ラ・モンテ・ヤング、ナムジュン・パイク、ジョージ・ブレクト、トーマス・シュミット、エリック・アンダーセン、ジャクソン・

もう、三分の二ほどが亡くなりました。でも、アメリカではアリソン・ノウルズやジェフ・ヘンドリックス[*4]、ヨーロッパではベン・パターソンやベン・ヴォーティエなど[*5]、一〇人あまりがまだ健在で活動しています。日本では、靉嘔《あいおう》さん、小杉武久さん[*6]、そして私が、何とか元気で活動しています。フルクサスのメンバーの多くは、いまだに特殊な仲間意識というか連帯感でつながっていて、互いに情報交換も行なっているのですが、ほとんどの人が七〇代から八〇代で、年々、絶滅危惧種となっていくのを実感せざるを得ない状態です。今年二〇一二年は偶然にもフルクサス誕生から五〇周年に当たる年で、ヨーロッパ各地でさまざまな行事が企画されています。私も来るようにとは言われたのですが、行って参加するほどの体力的、時間的余裕がないので、出版予定の本に短い文章を寄稿したり、展覧会のために作品を送ったりと、日本にいてできる程度のささやかなことで勘弁してもらっています。

それでは本題に移りましょう。小野原さんから「音を着る」というタイトルを伺ったとき、さすが詩人、素敵な表現だなと思いました。音を着る、光を着る、匂いを着る、空気を着る、つまり、それらを身に纏うということは、実は、普段から自然にそうなっていることで、それに気づいていないだけなのです。でも、無意識でいることと気づいていることのあいだには、天と地ほどの差があります。味わい方に格段の違いがあるからです。また、しゃれのつもりではありませんが、「音を着る」ではなく、「音を切る」、つまりカットする、ということについても考えてみました。音を遮断したり、選択的にフィルターにかけたりするというのは、実は人間に本来的に具わっている機能です。たとえば、いろ

マック・ロウらがいた。塩見がフルクサスに参加した経緯と活動については、塩見允枝子『フルクサスとは何か——日常とアートを結びつけた人々』(フィルムアート社、二〇〇五年)の第三章に詳しい。

＊3 ジョージ・マチューナス(George Maciunas, 1931-1978)はリトアニア出身の美術家。一九四八年にアメリカに移住し、美術、建築、音楽を学び、一九六一年には自ら設立した「AGギャラリー」でラ・モンテ・ヤング、ディック・ヒギンズ、ジャクソン・マック・ロウらとともに前衛作品の上演を始めた。その後、西ドイツにわたり、一九六二年にフルクサスを組織した。マチューナスの活動は作家というよりもオーガナイザーとしての性格が強く、メンバーの作品を紹介することに尽力した。

＊4 アリソン・ノウルズ(Alison Knowles, 1933-)はアメリカの美術家で、フルクサスの創設メンバーのひとり。初期の代表作に、音楽の演奏に合わせて野菜を切り、できあったサラダを観客にふるまうパフォーマンス作品《メイク・ア・サラダ(*Make a Salad*)》(一九六二年にロンドンのICAで初演)がある。ジェフ・ヘンドリックス/ジェフリー・ヘンドリックス(Geoffrey Hendricks,

いろな物音で溢れている街のなかで、親しい友人にばったり出会ったとします。「あーら、お久しぶりー！」などと言って話しはじめると、もう他の音はほとんど耳に入らなくなって、友だちの声と自分の声ばかりが聞こえるようになります。音波としてはあらゆる音が鼓膜には平等に達しているのですが、脳が不要だと思う音を遮断して、聞きたい音だけを聞くように選択してしまうのです。でも、そんな会話をしている最中でも、非常ベルの音がけたたましく鳴り響くと、今度はそれがあらゆる他の音を押しのけて、優先的に意識に突き刺さってきます。命にかかわる危険があるかもしれないからです。この選択的に音を聞くという能力は、人間の生体維持のために、たぶん、神様がプログラムしてくださったことなのでしょう。

そしてもう一つ、この「音を着る」という言葉を聞いたときに思い出したのは、ジョン・ケージの《4分33秒》でした。ご存じの方も多いと思いますが、この作品の楽譜は、一楽章タチェット（何も演奏しない）、二楽章タチェット、三楽章タチェット、となっています。つまり、演奏家はステージに出てきても、何も演奏しないのです。それは無音、沈黙を聞かせるという意味にも解釈できますし、またその間、客席で聞こえるあらゆる物音を音楽として聞く、という解釈もできるのです。あるいは、たんに周りの物音を聞くということだけではなくて、そこに存在しているすべてのものにたいして五感を聞いて感じ取る、存在そのものを認識する、というふうに敷衍して解釈することもできると思うのです。

私自身も日常のなかで周りの音を聞くことが好きで、自宅の二階のベランダに出た時など、目を閉じて聞こえてくる音に耳を澄ますことがよくあります。私は箕面に住んでいま

1931-）はアメリカ人アーティストで、一九六〇年代半ばにフルクサスに加わった。日用品、キャンヴァス、人体など、さまざまな事物に「雲」を描いた作品群で知られる。また、一九六〇年代にはルトガース大学の同僚であったアラン・カプローらと、「ハプニング」の芸術運動にも関わった。

＊5
ベン・パターソン／ベンジャミン・パターソン（Benjamin Patterson, 1934-）はアメリカの作曲家・演奏家・美術家で、フルクサスの創設メンバーのひとり。初期の代表作に、《ペーパー・ピース（*Paper Piec*）》（一九六〇）、《レモン（*Lemons*）》（一九六一）、《ヴァリエーションズ・フォー・ダブルベース（*Variations for Double Bass*）》（一九六一）などのパフォーマンス作品がある。ベン・ヴォーティエ／ベンジャミン・ヴォーティエ（Benjamin Vautier, 1935-）はフランス人アーティストで、フルクサスの初期メンバーのひとり。フルクサスに参入した一九六〇年代初頭は、マルセル・デュシャンのレディメイド作品から影響を受け、さまざまなオブジェに署名して自身の作品とする活動を行なった。

＊6
靉嘔／飯島孝雄（一九三一―）は日本の美術家。「デモクラート美術家協会」で活動をは

すので、野鳥のさえずる声を聞くことがいちばん多いですが、遠い電車の音や車の音、あるいは、伊丹空港を発着する飛行機の音、たまに犬の鳴き声や人の声が聞こえます。風のある日は、サラサラという木々の葉ずれの音など、それぞれ互いに関係なく発せられる音が、対位法的な立体感をもって現われては消え、消えては現われるのがとても面白いです。そんな時は、すべての音を選択したりカットしたりすることなく、むしろ耳の方から広い空間へ向けて、サーチライトのように音を探しに行く、というような聴き方をすると、自分が音のなかを漂っている、あるいは音をゆったりと纏っているという表現がぴったりに思えてくる瞬間があります。これは至福の時です。

〈ワークショップ〉

今日はフルクサスのイヴェント作品のなかから、音に関するものをいくつか選びだしてきましたので、それらについてお話をしたり、皆さんとご一緒にパフォーマンスをしたりしてみたいと思います。

1　まず、フルクサスのオーガナイザーのマチューナスには《アドリアノ・オリベッティへの追悼》[*7]という作品があります。これはフルクサスのスタンダード・ナンバーとして数限りなく演奏されてきた曲ですが、数人から一〇人のパフォーマーがそれぞれ片手にレシートの長い紙を持ちます。そして、メトロノームの拍に合わせて、レシート上の数字を目で追いながら、3なら3、5なら5というあらかじめ決めた特定の数が出てきた時に、鋭く短い音を発するのです。ですから、音としてはメトロノームのカチ、カチという規則的

じめ、オノ・ヨーコの紹介を経て一九六三年にフルクサスに加入した。当時の代表作に、鑑賞者が小箱のなかに指を入れ、さまざまな感触を確かめことのできる「フィンガー・ボックス（*Finger Box*）」シリーズがある。小杉武久（一九三八―）は日本の作曲家・演奏家。東京藝術大学学理科に在学中の一九六〇年、水野修孝（一九三四―）らとともに「グループ・音楽」を結成（塩見もメンバーのひとり）、その後フルクサスに参加した。即興演奏集団「タージマハル旅行団」（一九六九―一九七五）での演奏活動や、《キャッチ・ウェイヴ（*Catch-Wave*）》（一九七五）をはじめとするインスタレーション作品の製作など、多彩な活動で知られる。

＊7
《アドリアノ・オリベッティへの追悼（*In Memoriam to Adriano Olivetti*）》（一九六二）は、パフォーマー（人数の指定はない）に対する指示が書かれた作品。上演に際して、各パフォーマーは別々のレシートを持ち、メトロノームの拍に合わせて数列を読み進める。特定の数字に出会うと、①山高帽を上げ下げする、②口、唇、舌を鳴らす、③傘を開閉する、などの動作を行なう。

＊8
オリヴェッティ社は、一九〇八年創業のタイプライターの製造販売会社。アドリアノ・オ

な音に乗って、さまざまな短い音がランダムに聞こえてくるわけです。

なぜ、このような《オリベッティへの追悼》というようなタイトルがつけられたかということですが、オリベッティ社はタイプライターだけでなく、金銭登録器（レジスター）も作っていて、そこから排出されるレシートを楽譜として使ったからでしょう。[*8] いかにも、マチューナスらしいジョークです。

写真1

2　ディック・ヒギンス[*9]にはこんな曲があります。《コンステレーションズ　No.6》といって、No.3とNo.4を続けて行なうものです。[*10] No.3は一五―三〇秒の間に、一度だけ短いはっきりした音を鳴らす。No.4は同じ音を一斉に鳴らす。これは大勢で行なったほうが面白いので、皆さんで一緒にやってみましょう。音の出る物体をお持ちでしょうか？　もしなければ、靴音でも、椅子を叩く音でも、口による音でも声でも結構です。私が腕をゆっくり真上から真下へ時計の針のように回しますから、その間の好きなタイミングで一度だけ短い音を鳴らしてください。そしてその音をよく覚えていてください。（観客演奏）　次は私が合図しましたら、その音を一斉に鳴らしてください。（観客演奏）　ご協力ありがとうございました。三〇秒ほどの間にランダムな間合いで鳴っていたさまざまな音が、一瞬の間に凝縮さ

リベッティ（Adriano Olivetti, 1901-1960）は、同社の二代目社長に当たる。

＊9
ディック・ヒギンズ（Dick Higgins, 1938-1998）はアメリカの作曲家・詩人で、フルクサスの創設メンバーのひとり。ジョン・ケージのもとで、作曲を学ぶ。代表作に、観客あるいは演奏者に危害を与える行為を含む《デインジャー・ミュージック（*Danger Music*）》シリーズ（一九六一―一九六三）がある。また、領域横断的な芸術活動を記述するために彼が用いた「インターメディア」概念は、フルクサスを超えてその後の芸術運動に大きな影響を与えた。ヒギンズの著作『インターメディアの詩学』（岩佐鉄男訳、国書刊行会、一九八八年）を参照。

＊10
《コンステレーションズ No.6（*Constellations No.6*）》（一九六二）は、「コンステレーションズ」シリーズのひとつで、《コンステレーションズ No.3》（一九六二）と《コンステレーションズ No.4》（一九六二）を聴衆全員によって上演する作品。前者では「多数の演奏者が各々、一五〜三〇秒の間にひとつだけ短い音を出す」ように、後者ではすべての演奏者がいっせいに同じ短い音を出すようにとの指示が前もって与えられる。音の内容として、後者ではとくに「アタックとディケイが

れたわけですよね。（観客参加　約一分）（写真1）

3　彼には《デインジャー・ミュージックNo. 17》[*11]という過激な作品もあります。指示には「Scream! Scream! Scream! Scream! Scream! Scream! Scream!」とあり、つまり叫べ、というわけですが、現在の世のなかはたくさんの悲鳴が聞こえている状況ですので、これは皆さんも、今はやりたくない気分でしょうね。私もそうです。やめておきましょう。

4　反対にもっと牧歌的な作品もあります。スウェーデンのベングト・オブ・クリントベルグ[*11]の《カント4（ハロー・コーラス）》[*13]という曲ですが、「日の出に、約一〇〇人の集団が歩いて森のなかに入って行き、木の天辺に登って叫んだり、ハロー・コーラスを歌ったりする」というものです。まるで小鳥になったようで、想像するだけで楽しいですね。

5　彼には《カント1》[*14]といって、「互いに離れた位置にある二人が、大声で呼びかけ合う。そしてしだいに近づきながら、呼びかけのしかたを徐々に複雑にしていく」という作品もあります。これは一九九四年に神戸のジーベック・ホールで、「フルクサス・メディア・オペラ」[*15]を演奏した時に、当時フランスに滞在していたベングトと、こちら側は三〇人のパフォーマーとで、国際電話を通じて行ないました。「徐々に複雑に」ということですから、最初はこちらもひとり、次は二人、その次は四人というように、しだいに人数を増やしていったり、音響的にも、プロセッサーでエコーをかけたりして呼びかける音声を

はっきりしたパーカッシヴな音（弦をプラッキングする、ゴング、ベル、ヘルメットや缶を叩くなどして出る音）」を出すようにとの指示もある。

＊11　《デインジャー・ミュージック　第一七番（*Danger Music No.17*）》（一九六二）は、「叫べ（scream!）」とだけ指示が書かれた作品。上演の様子は、アメリカの詩人ケネス・ゴールドスミスが発起人として運営しているデジタル・ライブラリー「ユビュウェブ（UbuWeb）」で聴くことができる（http://www.ubu.com/sound/tellus_24.html）。

＊12　ベングト・オブ・クリントベルグ（Bengt Knut af klintberg, 1938-）はスウェーデン人の民族学者で、民話や都市伝説の収集や研究、各地の民話・風俗を紹介するラジオ番組の司会など、多彩な活動で知られる。一九六二年にコペンハーゲンでフルクサスに出会い、翌年よりデュッセルドルフとストックホルムで行なわれたフルクサスのコンサートに参加する。コンサートでは、バケツ、木箱、レタスなどを楽器として用いた作品《オランゲリムジーク（*Orangerimusik*）》を上演した。フルクサスの活動としては、他にも上演空間を拡張することを試みた「カント」シリーズなどがある。

しだいに複雑にしていきました。向こうはベングトひとりですが、こちらへの返事のしかたを徐々に複雑にして返してきました。これは両者にとって、とってもエキサイティングな経験でした。

6　小杉武久さんには、マイクロフォンに紙を着せ、その結果、ホール中がその音に包まれるという作品があります。《ミクロ1》[*16]というタイトルですが、インストラクションは、「オンになっている状態のマイクを大きな紙で包み、ぎゅっと固く絞める。それから五分間そのままにしておく」というものです。これは紙の質によって、そのままにした時にどんな音が出るかは異なってくるのですが、元に戻ろうとする力の強い紙ほど、そのままにした時にたくさんの短い音が鳴ります。では、用意してくださった紙でやってみましょうか。（実演）まるで紙が生き物でもあるかのようなふるまいをしていますね。とても存在感のある作品だと思います。

7　次は、私の作品ですが、《バウンダリー・ミュージック》といって、「自分が出している音を、それが音として生まれるか生まれないかの境界の状態にまで微かにしていく」というものです。[*17]音の発生のしかたには、いくつかのタイプがあります。まず、物体と物体がぶつかるとき、これは楽器でいうと、打楽器やピアノです。それから、物と物とが擦れるとき、これは弦楽器です。それと、もうひとつ空気の渦が発生するときも音として聞こえますね。管楽器や電線などの周りで風が鳴る音がそうです。音の出し方は、どれでもいいです。つまり、何かと何かを打ち合わせたり、擦ったり、あるいは、口や唇の形を変え

＊13
《カント4（ハロー・コーラス）（*Canto 4 [Hello Chorus]*）》は一九六五年十二月から一九六六年七月にかけて作曲された「カント」シリーズの一作品。森を舞台とすることで、上演空間をコンサート・ホールの外へと拡張することが試みられた。

＊14
《カント1（遠くに友人を見つけたら）（*Canto 1 [If You Catch Sight of a Friend in the Distance]*）》は同じく「カント」シリーズの一作品。演奏者に与えられる指示は以下のとおり。「遠くに友人を見つけたら——大声で呼びかけながら、近づいていくこと。互いに呼びかけ合い、友人の呼びかけに答えること。友人の呼びかけの構造を徐々に発展させること。非常にシンプルな呼びかけから、複雑な呼びかけへと発展させることが望ましい（公共の図書館、講堂、教会、駅、役所で上演してもよいし、青空のもとで上演してもよい）」。

＊15
「フルクサス・メディア・オペラ」は塩見を含む複数のメンバーが企画した演奏プロジェクトで、一九九四年七月二四日に神戸（ジーベック・ホール）で上演された。このプロジェクトでは、塩見らは一九六〇年代のフルクサス作品を電子テクノロジーや電話回線を用

ながら息を出し入れしたりすることで音を発生させてもいいです。大切なことは、自分が出している音の状態に耳を澄ますことです。同時に、周りの音にも耳を傾けてください。もっとも、離れたところにいる人が出している音は聞き取れないでしょうけれど。目を閉じて行なった方が音に集中しやすいでしょう。（観客参加　約二分）

8　次は、ジョージ・ブレクト[*18]の《ドリップ・ミュージック》をご紹介しましょう。インストラクションはただ、水を滴らせるというだけですが[*19]、夜中にひとが寝静まった後に、しっかりと締めるのを忘れた水道の蛇口から、流しの上の盥に水滴が滴り落ちる音が聞こえてきた経験はありませんか？　私も若い頃に、何度かそんな経験があるのですが、水滴の音はどれひとつとして同じ音色、同じ高さではなく、じっと聴いていると、とても面白いものです。この曲もいろいろなひとが何度も演奏しました。広い空間で行なうと音量が小さいので、水滴を受ける下の器にコンタクト・マイクなどをつけて音を増幅したこともありますが、いちばん聴いていて楽しいのは、ちゃんと締まっていない水道から滴り落ちる水滴の音かもしれません。

9　ブレクトにはその他、《ドラマーの為に》といって、「まだ叩いたことのないものを打楽器として叩け。まだ叩いたことのないもので打楽器を叩け」という指示の作品もあります[*20]。これはかつて、ジーベック・ホールで行なった「フルクサス・メディア・オペラ」のなかで、扇風機を打楽器にみたてて、指で叩いたパフォーマーがいました。叩く部分によっていろんな音色が出て、とても面白かったです。

いて上演することを試みた。上演の詳細は、塩見、前掲書、一八八―一九九頁を参照。

＊16
《ミクロ1（*MICRO1*）》（一九六四）にある指示の全文は、本文にあるとおり。

＊17
《バウンダリー・ミュージック（*Boundary Music*）》（一九六三）に書かれている指示の全文は以下のとおり。「自分が出している音を、それが音として生まれるか生まれないかの境界の状態にまで微かにしていく。上演においては、楽器、人体、電子機器の他、どのような物体を使ってもよい」。

＊18
ジョージ・ブレクト（George Brecht, 1926-2008）はアメリカの美術家・作曲家で、フルクサスの創設メンバーのひとり。絵画の分野で創作活動をはじめ、一九五〇年代は制作方法に「偶然性」を導入した「チャンス・ペインティング」で知られた。その後は、ジョン・ケージとの交流によって作曲活動も開始し、「イヴェント・スコア」と呼ばれる作品群によって観客参加型の作品を早くから制作したことでも知られる。

＊19
《ドリップ・ミュージック（*Drip Music*）》

10　最後にベン・パターソンの《ペーパー・ピース》[*21]を皆さんで一緒に演奏してみましょう。海外でこれを演奏した時は、大きな音や多彩な音を求められたのですが、必ずしもそうでなくてもいいのではないかと私は思っています。これから紙が配られますので、その紙を使って、私の合図で一斉に紙の音をさせて下さい。持続的な音でもリズミックな音でもいいです。皆さんの美意識、あるいは半美意識に従って自由に紙の音を楽しんでください。音の層を立体的にするために、約半数の人は椅子から立ち上がって行なってください。そして自分の出している音だけでなく、できれば周りの音にも耳を傾けてください。

写真２

写真３

これも目を閉じて行なうと、きっと紙の音を着ている、という感じがするのではないかと思います。（観客参加　約二分）（写真2、写真3）

時間が限られているのでわずかなことしかできませ

（一九五九）には複数のヴァージョンがあり、空の容器に水滴を落とすように指示したり、演奏中の金管楽器に向けて梯子の上から水滴を落とすように指示したりするヴァージョンがある。

＊20　《ドラマーの為に（*For a Drummer*）》（一九六六）には複数のヴァージョンがあり、ドラムスティックやブラシで泥や膠を叩く、羽毛枕を叩く、水道ホースでドラムを叩く、筒状に丸めた新聞紙でドラムを叩くなど、さまざまな指示をするヴァージョンがある。

＊21　《ペーパー・ピース（*Paper Piece*）》（一九六〇）に書かれた指示の概要は以下のとおり。各演奏者には「楽器」として、新聞紙、ティッシュペーパー、ボール紙がそれぞれ一五枚、紙袋がそれぞれ三つ配布される。演奏時間は一〇分から一二分半。演奏者は合図があってから三〇秒以内に任意のタイミングで演奏を始め、紙がなくなるまで演奏を続ける。演奏方法としては、七枚の紙を「振る」「両端を摑んで破る」「細かくちぎる」、五枚を「しわくちゃにする」「丸める」「両手に挟んで叩く」、三枚を「優しく擦る」「ごしごし擦る」「ねじる」、三つの紙袋を「口で膨らます」「破裂させる」などと指示される。

んでしたが、こうしたパフォーマンスを自分でやってみることによって、皆さんの日常のなかで、音に対する感覚が少しでも開けてきたら嬉しいです。

ギー・ドゥボールとその「作品」
――映画『サドのための叫び』における「芸術の乗り越え」と「状況の構築」

木下　誠

ギー・ドゥボール（一九三一―一九九四）は、一九六七年十月に出版された著書『スペクタクルの社会』によって、一九六八年の「五月革命」を「予言」するとともに、その「前兆」であった一九六六年十一月のストラスブール大学でのフランス全学連の内部反乱（ストラスブールのスキャンダル）や、六八年一月のパリ大学ナンテール校と五月のソルボンヌ校での占拠闘争において、学生らに大きな影響を与えたことで知られる。「五月革命」は、高度に発展した資本主義社会では「革命」など起こらないと誰もが思っていた六〇年代末のフランスで、人間の行動と欲望のすべてが商品と商品のイメージによって支配され、人間関係の総体がメディア（媒介）を通した関係でしかなくなった社会――それをドゥボールは「スペクタクルの社会」と呼ぶ――のなかでこそ、社会に対する経済の支配、スペクタクルによる日常生活の植民地化、既存組織の代理＝表象性、社会的実践と切り離された文化の固着、権力の自画像と民衆馴致の装置としての都市計画、時間の空間化と歴史の忘却に対する批判意識が強まり、それらを拒否する者たち――「否定の新しい徴候」――が、「専門化された古い政治に対する拒否、芸術や日常生活に対する拒否」を体現する者として、「スペクタクルの整備によって無理解にさらされ歪められながら」、「犯罪の様相」を帯びて増殖すると述べていた。[*1] 現代の社会を「スペクタクルの社会」と規定し、それへの反乱がつねに噴出しつづけるという現在も続くこの事態を、誰よりも透徹した目で見通したドゥボールの理論は、この本が出版された一九六七年以降も古びることはなく、一九八〇年代末のソ連の崩壊による冷戦の終結、その後の新自由主義の猛威による社会の荒廃、社会のあらゆる領域での秘密と監視の浸透、そして、それらに対する抵抗が繰り返される世界において、いまだに有効な理論でありつづけている。

ドゥボールが『スペクタクルの社会』において定式化した理論は、しかしながら、突然現われたものではない。彼は、一九五〇年代初頭から六〇年代を通して、レトリスト・インターナショナル（一九五二―五七年、以下LI）とシチュアシオニスト・インターナショナル（一九五七―七二年、以下SI）という二つのグループを組織し、さまざまな前衛芸術活動あるいは文化批判活動を行なってきた。たとえば、ルーティン化された日常生活から自己を切断して都市空間を集団で数時間から数日間さまよい歩く行為によって、都市の異なる相と個人および集団の異なる心理的状態、都市のなかの隠れたアーティキュレーションを発見する「漂流（dérive）」と呼ばれる実践や、この「漂流」実践を通して行なわれる「地理的環境が諸個人の情動的な行動様式に対して直接働きかけてくる正確な効果の研究」としての「心理地理学（psychogéographie）」、物理的環境としてのみ把握される建築と都市計画を批判し、「さまざまな実験的行動とダイナミックに結びついた環境の完全な構築に与する芸術および技術の全体」を利用する「統一的都市計画（urbanisme unitaire）」、そのために既存の芸術作品や文学作品を解体して自由に組み換えて使用する「転用（détournement）」などである。[*2] ――これらの実践は、都市に対する彼らの独自な――意識的な――介入の様式として、本稿のもとになったセッションでの「都市を着る」というテーマにつながっている。

＊1 Guy Debord, *La Société du spectacle* (Buchet-Chastel, 1967), in Guy Debord, *Œuvres*, Gallimard, 2006（以下、*Œuvres* と略記す）, p.817. ギー・ドゥボール『スペクタクルの社会』ちくま学芸文庫、木下誠訳、二〇〇三年、一〇五―一〇六頁。

＊2 《Définitions》, *International Situationniste* n° 1 (juin 1958), in *Œuvres*, Gallimard, 2006, p.358. 『アンテルナシオナル・シチュアシオニスト1 状況の構築へ』木下誠監訳、インパクト出版会、一九九四年、四三―四四頁。

実際にドゥボールもこれらの活動を実践し、五〇年代初頭からパリの街をたびたび漂流し、その報告を機関誌に掲載し、分解したパリの地図から自分たちにとって意味のある部分だけを切り抜いて再構成し、それらの部分相互の情動的関連を矢印で記した『心理地理学的パリガイド――愛の情念に関する説――漂流の心理地理学的傾斜と環境単位の位置測定』や『ザ・ネイキッド・シティ――心理地理学的要衝の仮説の図解』、新聞雑誌の記事や写真を平面やラム酒の瓶などの上にコラージュした「メタグラフィー」と呼ばれる数々の作品、「芸術の乗り越え」「哲学の実現」「疎外された労働の廃棄」などの文字だけをキャンバスに描いた『指令』シリーズ、一九五三年にパリのセーヌ通りの壁に書き込まれた「決して働くな」という文字、西部劇や戦争映画などの既存の映像と新旧のさまざまなテクストの転用でできた映画などを作ってきた。ドゥボールの仲間も同様の活動を行ない、転用の技法を用いた絵画や小説、映画やコミックス、さらには運動のビラやパンフレットなどを数多く作成してきた。こうした活動のスタイルと技法もまた、六八年五月の彼らの活動への注目とともに、それ以降の体制批判的な活動家や芸術家によって模倣され、ヨーロッパだけでなく世界各地に「シチュアシオニスト的」な表現として広まっていき、七〇年代以降の反体制アートやパブリック・アート、都市計画批判などにも大きな影響を与えてきた。

従来、ドゥボールとシチュアシオニストの活動について、その理論（「スペクタクルの社会」）と実践（「転用」「漂流」「統一的都市計画」など）とを切り離して考える傾向があり、一方でミュージシャンや芸術家、建築家など「アーティスト」と呼ばれる者たちの多くは、シチュアシオニストを単なる芸術の一流派としてとらえ、とくに「転用」を技法的に模倣しただけで新たな表現をしたつもりになって悦に入り、他方、思想家や批評家はドゥボールの「スペクタクルの社会」の理論をアレンジして現代社会を説明することに終始し、反体制運動の活動家はそれを自らの行動の指針とするだけで満足してきた。しかしながら、ドゥボールにとっては、理論と実践は切り離しては考えられず（それを分離することこそが「スペクタクルの社会」の「スペクタクルの社会」たるゆえんである）、ともに「状況（situations）」の「構築」のなかで乗り越えられ、破棄され、高次のものへと解消されるものとしてあった。彼にとっての〈作品（Œuvre）〉とはこの「状況の構築」のことであり、そこでは受動的な観客《スペクタトゥール》と役者《アクトゥール》＝行為者の境界が消し去られ、単にそれを「生きる者」だけが舞台の前面に現われる。個々の「作品（œuvres）」は生と芸術、行動と思想が一瞬のあいだ溶け合い、その痕跡だけがかすかに残る――それゆえ、スペクタクルの眼差しにはとらえることが困難な――「特権的な契機＝瞬間（moments privilégiés）」のために使い果たされるのである。

シチュアシオニストの名称の起源にもなったこの「状況の構築」の理論は、一九五七年七月のSI結成時にドゥボールが執筆した『状況の構築とシチュアシオニスト・インターナショナル潮流の組織・行動条件に関する報告』（以下『報告』）で次のように明確に定義されている。

> われわれの中心理念は、状況の構築という理念である。すなわち、生の瞬間的環境を具体的に構築すること、そして、それらをより高次の情動的質を具えたものに変形することである。そのためには、生の物理的な舞台装置《デコール》と、この舞台装置によって引き起こされるとともにそれを激しく揺さぶりもする行為という、つねに相互に関連し合った二つの大きな構成要素から成る複雑な要因に対して、秩序立ったやり方で介入する方法を確立せねばならない。*3

「状況の構築」とはここでは、絵画であれ、映画であれ、文学作品であれ、建築物であれ、都市の街路であれ、個々の美的作品ではなく、人間の生をとりまくあらゆる「物理的な舞台装置《デコール》」と、

＊3　G. -E. Debord, *Rapport sur la construction des situations et sur les conditions de l'organisation et de l'action de la tendance situationniste internationale*, juin 1957, in *Œuvres*, p.322.『アンテルナシオナル・シチュアシオニスト1　状況の構築へ』同書、二九三頁。

＊4　*Ibid.*, 327. 同書、三〇一頁。

＊5　その一例として、一九八〇年九月にドゥボールが妻のアリス・ベッケル＝ホーと滞在していたアルルで作成した「国際的な友人たち」の偽名による『絶対自由主義者へ（*A los libertarios*）』と題されたスペイン語の文書がある。これはフランコ政権にとらえられ、セゴビアの監獄に入れられていた反体制派グループ・アウトノモのメンバーの釈放を求めたもので、スペイン中に配布され、国際的な組織の注目に怖れをなしたフランコは彼らを釈放せざるをえなくなった。Coordination des Groupes

それとの密接な相互影響関係にある人間の行為との総体に働きかけ、それらを「より高次の情動的質を具えたもの」、より生き生きとした感動的なものに変形することである。同時にそれは、ものとしての「作品」として固定化されて永続するのではなく、現実の人間の生と同じように「瞬間的」なものであり、一瞬のあいだだけ現出し、時の経過とともに消え去るものでもある。同じ『報告』の別の箇所では、次のように書かれている。

欲望とそれに敵対する現実とのたえざる衝突の後で、生の主要な感情的ドラマはまさに時間の流れの感覚だけであるように思える。シチュアシオニスト的態度とは、感動の固定化を目指してきた美学的手法とは逆に、時が過ぎゆくことに賭けることにある[*4]。

この「状況の構築」の理念は、その後のドゥボールとSIの行動原理としての役割を果たし、六〇年代初頭までの彼らのさまざまな芸術活動においてはかたくななまでの反－作品、反－芸術家的態度として、六〇年代後半の学生反乱や反体制的政治運動においては反－組織あるいは反－代理性的運動方針として、一貫して用いられた。さらに、一九七二年のSI解体とドゥボールの七〇年代以降の活動に見られる、体制の盲点を突く「陰謀」的文書・ビラの配布による体制攪乱[*5]、転用を多用したその後の著作と映画、メディアによるそれらへの言及さえをも再び転用した著作と映画[*6]にいたるまで、ドゥボールが後年、「スペクタクルの社会」との「戦争」と形容するようになった活動のすべてにおいて、その戦術として、「状況の構築」の理念は生かされている。

しかし、その淵源はドゥボールの五〇年代前半の活動のなかに見出される。一九五二年四月、レトリストの雑誌『イオン』に掲載された二十歳のドゥボールの初めての「作品」である映画シナリ

Autonomes d'Espagne, *Appels de la prison de Ségovie*, Éditions Champ Libre, 1980; *Œuvres*, pp.1511-1520.

＊6 メディアの言説をそのまま用いて作られた著作には、映画『イン・ギルム・イムス・ノクテ・エト・コンスミムル・イグニ（我々は夜に彷徨い歩こう、そしてすべてが火で焼き尽くされんことを）』（一〇五分、一九七八年製作、一九八一年五月初上映）に対する反響だけを集めた『ごみと瓦礫……』（*Ordures et décombre....* Champ libre, 1982, in *Œuvres* pp.1425-1454）、映画では映画『スペクタクルの社会』（九〇分、一九七三年十月に完成、翌年五月に初上映）のメディア扱いに対する反論映画『映画「スペクタクルの社会」に関してこれまでになされた毀誉褒貶相半ばする評価に対する反駁』（二〇分、一九七五年十月に完成・上映）（*Réfutation de tous les jugements, tant élogieux qu'hostile, qui ont été jusqu'ici portés sur le film《La Société du spectacle》*）がある。

オ『サドのための絶叫』（映像を伴っていたこのシナリオは実際には映画化されず、二ヶ月後に映像を完全に欠いた白と黒のスクリーンと言葉だけでできた映画が作られた）には、「状況の科学を作るべきだ。〔…〕その目的とは、状況の意識的な創造である」[*7]という文章が語られているし、このシナリオの前文として付されているドゥボールのテクスト「未来の映画すべてへの前提原理《プロレゴメナ》」は「未来の芸術は状況を転覆するものとなるだろう。さもなくば無だろう」[*8]という文で締めくくられている。この一九五二年から一九五七年までの五年間に、ドゥボールは「状況」の理論を練り上げていき、それを「転覆」すべき対象から「生の瞬間的環境」として、主体的かつ「具体的に構築」するべきものへと変えていったのだが、この時期は、彼が最初に参加したイジドール・イズーの主唱するレトリスム運動の観念性と美学主義を批判してイズーらを「除名」し、「レトリスト左派」の若者たちともに結成したＬＩのなかで都市の「漂流」と「心理地理学」を実践し、「転用」の対象を単なる芸術作品から社会生活のあらゆる事象へと拡大しつつ「日常生活への新しい介入の手法」[*9]を追求していった時期であり（ドゥボールとジル・ヴォルマンによるＬＩの結成は、『サドのための絶叫』の初上映と同じ一九五二年六月のことである）、そこでのさまざまな彼の個人的かつ集団的な経験こそが「状況の構築」としての〈作品〉の理念の誕生にとって決定的な契機となった。そのことは、ドゥボール自身が後になって繰り返し著作や作品のなかで述べているが[*10]、ここでは、とりわけ、この時期の始まりを画する彼の初めての作品、一九五二年四月から六月にかけて製作された映画『サドのための絶叫（*Hurlement en faveur de Sade*）』を通して、ドゥボールにとっての「芸術の乗り越え」と「状況の構築」の意味を考えてみたい。

＊

＊7 《Hurlement en faveur de Sade [premier sénario]》, dans Centre de création, *Ion*, Numéro spécial sur le cinéma, avril 1952, p.222. ギー・ドゥボール『映画に反対して ドゥボール映画作品全集（上）』木下誠訳、現代思潮社、一九九九年、一一頁。

＊8 *Ibid.*, p.217. 同書、七頁。

＊9 *Rapport sur la construction des situations* [...], *op. cit.* in *Œuvres*, p.327.『アンテルナシオナル・シチュアシオニスト1 状況の構築へ』前掲、二八八頁。そこには、レトリスムの歴史的役割とその限界が以下のように書かれている。「レトリスムは、フランスにおいて、既知の美術運動——まさに彼らはそれらがつねに衰退していくことを分析していた——のすべてに完全に反対する立場から出発した。あらゆる領域で新しい形態をたえず創造することを自らに課したレトリスム・グループは、

ドゥボールがその人生において唯一自らの肩書きとしたのは「シネアスト」であり、実際、ドゥボールはその生涯に中編・長編を合わせて六本の「映画作品」を作っている。[*11] それらの「作品」はすべて、現代のスペクタクル化された社会において最もスペクタクル的なメディアであり産業部門である「映画」というものを批判するために、――新たなスペクタクルを作ったり新たな言葉を創造したりするのではなく――他者の言葉とフィルムを「転用」することによって作られたものである。なかでも、ドゥボールの最初の映画『サドのための絶叫』は、映像そのものを全く欠いているという点で特異である。この約八〇分の長編映画は、ドゥボール（声２）と彼の最初の恋人（バルバラ・ローゼンタール＝声４）、当時の彼の仲間のレトリスト（イジドール・イズー＝声５、ジル・ヴォルマン＝声１、セルジュ・ベルナ＝声３）の五つの声が[*12]小説の文章、新聞記事、芸術論、手紙の一節、西部劇の台詞、サン＝ジュストの言葉、『民法典』の条文、会話の言葉、詩的な文章などを代わる代わる読み上げる間（「全体で二〇分を超え」ない）[*13]はスクリーンが真っ白で、それらの声が途切れる一三回の沈黙の間（計約六〇分、最短は三〇秒、多くは一分から五分、最長は映画の最後の二四分）はスクリーンが暗黒になるものである。文学においては剽窃を讃えるとともに自らもヴォーヴナルグやパスカルの文章を剽窃したロートレアモンの『ポエジー』と、文章の破壊を徹底したダダ（レトリストはその後、語を文字と音にまで解体する）によって、絵画芸術においては白いキャンバスの上に黒の四角形だけを描いたマレヴィッチによって、表象芸術の根底的な解体が実現されていたのに対して、映画における真にラディカルな表象批判は、一九五二年のこのドゥボールの作品によって初めて実現されたとも評されるが、[*14] この映画は単なる芸術作品としての「反－映画」ではない。それは、当時のドゥボールの個人的な経験とレトリストの仲間たちとの集団的な行動を色濃く反映するものであると同時に、その上映においても最初から観客を議論へと誘い、

一九四六年から一九五二年まで有益な活動を行ないつづけた。だが、美学分野は昔のものとよく似た一般的枠組みのなかで新たな出発をしなければならないとこぞって認めるという観念論的誤りを犯したため、その後、彼らの産み出すものはいくつかの荒唐無稽な実験に限られてしまった。一九五二年、レトリスト左派が「レトリスト・インターナショナル」を組織し、時代遅れのフラクションを除名した。レトリスト・インターナショナルにおいて、諸潮流との激しい闘争を通して、日常生活への新しい介入の手法が追求されたのである」。

*10
ドゥボールは、一九七八年の映画『イン・ギルム・イムス［…］』（前掲）でも、一九八九年の著書『称讃辞《パネジリック》―第一巻』（*Panégyrique tome premier*, Éditions Gerard Lebovici, 1989, in *Œuvres*, pp.1656-1689）でも、この時期の経験が自分にとって決定的なものであったことを述べている。前者では、映画の半ばあたりで、「私は私の時代をヨーロッパのいくつ

「状況の構築」のための行動への契機を最初から含み持つものだった。映画冒頭から約二分のところで、イジドール・イズーの声が「フィルムはありません。映画は死んだのです。フィルムはもうありえないのです。よろしければ、討論に移りましょう」[8][*15]という、上映前にドゥボールが舞台で発することになっていた言葉を伝えるが、実際に六月三十日のパリの人類博物館の分室にあったシネクラブ「アヴァン＝ギャルド52」での映画の初上映は観客の騒ぎによって開始からわずか一〇分で中止に追い込まれ、初の完全上映は十月十三日、パリの「カルチエ・ラタン・シネクラブ」で『レトリスト左派』グループと二〇名ばかりのサン＝ジェルマン＝デ＝プレの増員部隊に守られて」実現された。

映画のなかの五つの声は長短合わせて全部で七二の言葉（以下の引用では［ ］内の番号でその順序を記す）を発するが、それらは愛と冒険、幸福と不幸、孤独と反抗、所有と喪失、秩序と犯罪、都市と宇宙、行為と作品について多様な文体と口調で語ったものである。バルバラ・ローゼンタールが担当する「ギー」と呼ばれる男の恋人らしき少女の会話調の言葉（声4）は、基本的に恋人間で交わされる日常的な会話の言葉を断片的に、親しげな口調で発するが、それらは以下のようなものである。

――ねえ、あなたはフランソワーズと寝たの？［6］

――わたしたちはもう二度と会わないと思う。［34］

――パリは交通ストのおかげでとても快適だった。［36］

かの国で過ごした。そして、世紀の中ごろ、私が一九歳だったときに、完全に独立した生活を送りはじめた。そしてすぐに、このうえなくいかがわしい仲間のなかに、まるで我が家にいるかのようにしている私を見出した」というドゥボールの語る言葉に始まり、延々と当時のパリでの再底辺の仲間たちとの個人的―集団的活動が、映画『サドのための絶叫』の引用も交えて描かれる。

＊11
『サドのための絶叫』、および注6で挙げた三作品以外の二作品は、『かなり短い時間単位内での何人かの人物について（*Sur le passage de quelques personnes à travers une assez courte unité de tepms*）』二〇分、一九五九年、『分離の批判（*Critique de la séparation*）』、一九分、一九六一年。この他に、ドゥボールの指示でブリジット・コルナンが作成し、一九九四年十一月三十日のドゥボールの「自殺」の約一ヶ月後の一月九日の深夜にTV放映された『ギー・ドゥボール、その芸術とその時代』（*Guy Debord, son*

——楽しいわ、電話っていうのは。〔38〕

——わたしはあなたをすでに知っていた。〔42〕

——ギー、あと少しで明日だわ。〔44〕

——死ぬって、きっと恐ろしいことね。〔61〕

——あなたは飲みすぎるわ。〔63〕

——あなたの言うことは解らない。〔65〕

——オレンジがほしいの？〔67〕

——昔のことよ。〔69〕

これ以外に三ヶ所だけ、彼女の声は、それとは少し趣きの異なる自分たちの恋愛についての考察についての詩的な独白（「彼の記憶はいつも、水に触れたナトリウムが発するあらゆる人工の火によってやかれた眩暈のなかに彼女を見出していた」〔20〕）や物語論（「あなたがたに、とても恐いわたしの国の物語をお話ししましょう。でも恐がるためには、それを夜に話さないといけない」〔40〕）、そしてこの映画そのものへの自己言及（「でも、この映画ではサドのことは語られない」〔26〕）も行なう。

artet son temps）も、実質的にはドゥボールの作品と考えることができる。最後のものも含めて、これらの映画は二〇〇五年にゴーモン社から発売された三枚組のDVD（*Œuvres cinématographiques complètes*, coffret 3 DVD, augmentée du téléfilm *Guy Debord, son art et son temps*, Gaumont, 2005）で見ることができる。最後のものを除く映画六作の声と映像を文字にした書物 *Œuvres cinématographiques complètes*（Gallimard, 1994）、および、それに『サドのための絶叫〔第一版〕』を加えて翻訳した『映画に反対して　ドゥボール映画作品全集（上・下）』（前掲）からも彼の映画を「体験」できる。

＊12　ドゥボールが生前に映画『サドのための絶叫』の声を文字テクストに転記して出版したものは三冊ある。一九六四年にSIの叢書〈アレクサンドリア図書館〉の一冊として、それまでの彼の映画三作品を収め、スティル写真とともに収録した『映画に反対して』（*Contre le cinéma*, Institut

ドゥボールの声（声2）は、冒頭でタイトルを語るジル・ヴォルマンの声1（「ギー＝エルネスト・ドゥボールの映画、『サドのための絶叫』……」［1］）に応えてのヴォルマンへの献辞（『サドのための絶叫』はジル・J・ヴォルマンに捧げられる」［2］）を読み上げた後は、自らの愛と孤独、個人と集団の都市での漂流と冒険、反抗と喪失、死について、時に理論的に、時に詩的な言葉で語るが、その口調は常に冷淡なまでに無表情である。そのいくつかを順に書き出してみよう。

――すべての女がおまえを愛しているわけではないだと、嘘つきめ！　芸術は開始され、拡大し、そして消滅する。なぜなら、不満を抱えた男たちは公式の表現の世界も、その世界の貧しさのお祭り騒ぎも乗り越えるからだ。［5］

――もうけっして独りぼっちにはならないために。［10］

――未来の芸術は状況を転覆させるものになるだろう。さもなくば無だ。［12］

――真っ暗ななか、過剰な災厄に眼を閉じて。［22］

――わたしの妹よ、私たちは見た目には美しくない。イゼールも悲惨《ミゼール》も続いてゆく。わたしたちには力がない。［25］

――自殺の完璧さは曖昧であることのなかにある。［29］

――唯一の愛とは何か？［30］

sacandinave de vandalisme, 1964）と、一九七八年に全六作品を収めてシャン・リーブル出版社から出版された『映画作品全集』（*Œuvres cinématographiques complètes*, Éditions Champ Libre, 1978）、およびドゥボールの死の直前の一九九四年にガリマール書店から再刊された『映画作品全集』である。これらのうち最初のものにだけ、各作品に付された「技術情報ノート（Fiche technique）」のなかで五つの声の持ち主の名が記されている。また、『サドのための絶叫』手書き原稿では、五つの声は数字ではなくそれぞれの人物の名（二回目からはその頭文字）で記されている（cf. *Œuvres*, p.60）。

＊13　「全体で二〇分を超え」ないというのは、「技術情報ノート」のなかでのドゥボール自身の指摘。DVD版（注11）で実際に計測した結果では、一一分三二秒であった。以下の、分と秒の数字は、沈黙＝暗黒の時間については書籍版の記述、それ以外については、DVD版での実測の数値である。

——最初に驚くことは、彼女の前にやって来て、何も彼女に話しかけられないことだ。自由を奪われた手は、彼女の口と乳房に触れるのに、スロー・モーションで撮られた競走馬ほども早く動かない。まったく無邪気にも、ロープは水になり、わたしたちは一緒になって日の光の方に転がってゆく。［33］

——キスのそばで、冬の街の灯が消えるだろう。［35］

——切り裂きジャックは決して捕まらなかった。［37］

——何という挑戦的な愛、マダム・ド・セギュールの言っていたように。［39］

——親愛なるイヴィッチ*16、中国人街は不幸にも君が思っているよりもずっと少ない。君は一五歳。いちばん派手な色は、いつかもう着られなくなるだろう。［41］

——大陸の漂流は、君たちを毎日ますます遠ざけている。処女林は君たちほど処女ではない。［43］

——『武器の魔』*17。覚えておいてもらいたいが、それはこういうことなのだ。誰一人わたしたちに十分ではなかった。それにもかかわらず……。ガラスの旗に打ちつける雹《ひょう》。この惑星のことは誰も忘れないだろう。［45］

ドゥボールの発するこれらの言葉の最初のもの（［5］）は、最初、ジル・ヴォルマンの声（『サ

＊14 『サドのための絶叫』の「芸術史」的意義、特にマレヴィッチの作品との関係については、以下の書物を参照。Guy-Claude Marie, *Guy Debord : de son cinémé et son art et en son temps*, Vrin, 2009, pp. 38-51.

＊15 ジル・ヴォルマンの声による「映画史のための覚え書き」（それは一九〇二年ジョルジュ・メリエスの『月世界旅行』に始まり、一九二〇年ドイツ表現主義の『カリガリ博士』、一九二四年ルネ・クレールのダダイスト映画『幕間』、一九二六年エイゼンシュテインの『戦艦ポチョムキン』、一九二八年ダリとブニュエルのシュルレアリスム映画『アンダルシアの犬』、一九三一年チャップリンの『街の灯』——と、ドゥボールの誕生——、一九五一年イジドール・イズーの『涎と永遠についての概論』、一九五二年ジル・ヴォルマンの『アンチコンセプト』とドゥボール自身のこの映画『サドのための絶叫』までをたどる）の後で発されるイジドール・イズーのこ

ドのための絶叫』というタイトルも読み上げていたその声は、この映画のなかで最初のうちは、ドゥボールの理論的言説を代弁する役目を担っている）による「愛は革命前段階の時期にしか価値を持たない」［4］という先に言及したドゥボール自身のテクスト「未来の映画すべてへの前提原理《プロレゴメナ》」の冒頭の言葉への応答として、愛の不能と芸術の誕生―拡大―消滅、あるいは既存の芸術（「公式の表現の世界」）とスペクタクル的な社会関係（「その世界の貧しさのお祭り騒ぎ《フェスティヴァル》」）の「乗り越え」を語るが、その言説は即座にバルバラ・ローゼンタールの卑俗な言葉（「ねえ、あなたはフランソワーズと寝たの？」［6］）によって異化あるいは無価値化されることによって、最初からドゥボールの声とバルバラの声はかみ合わず、恋人たちの出会いが不可能であることが示唆される。レトリストの活動を伝えるシークエンス（「サン＝ジェルマン＝デ＝プレのカフェで」［13］の活動、あるいはカンヌ映画祭に乗り込んで「スキャンダル」を引き起こすための「三〇人程度」の「レトリストの重要なコマンド部隊」の「クロワゼット」海岸への上陸[*18]［15］など）と映画のなかで初めて訪れる二分間の沈黙と暗黒の画面が終わって、二度目に二人の声が接近する箇所では、この行き違いは男の記憶のなかでのみ真っ白に輝く女の姿（「彼の記憶はいつも、水に触れたナトリウムが発するあらゆる人工の火によってやかれた眩暈のなかに彼女を見出していた」［20］）と暗闇のなかで災厄に目を閉ざす男の二重の闇（「真っ暗ななか、過剰な災厄に眼を閉じて」［22］……この言葉に続いて、それまでの光に浸された画面を断ち切って、一分間の沈黙と暗黒のスクリーンが現われる）の対照的なイメージと、これらのあいだに二人の会話を遮って置かれたジル・ヴォルマンの声による都市での人間の行為のはかなさと空間と時間の相対性を語る、シャトーブリアンを思わせる諦念の染みついた詩的なコメントによって示される――「街にはこれらの行為の何一つとして残らないだろうということを彼はよく知っていた。街は地球とともに回り、地球は銀河のなかを回り、その

の声は、テクストでは「引用符」が付されている。イズーの語る声5は、映画のなかでも一ヵ所で使われている（「わたしが知っているのは人間の行動だけだが、私の眼には人間は互いにどれも取り換えがきくように見える。結局のところ、作品だけがわれわれを楽しませてくれる」［17］）が、それもまた引用符付きのものである。この引用符について、ドゥボールは「技術情報ノート」のなかで、「おそらくそれを認識することが困難だろうということを考え、引用だということがはっきりわかるように」したと書くとともに、それらはイズーの書物『映画の美学』とドゥボール宛の手紙からのものであることを明らかにしているが、この引用の明示には二つの意味があると思われる。一つは、討論を呼びかけるドゥボール自身「導入の言葉」をこの映画自体のなかで自己言及的に取り入れるための操作として、イズーという他者による発言――しかもそれは、「彼なら、［…］こう言っていただろう」（原文は、《Il aurait dit》という条件法過去の表現、英語にすれば、《He would have said》

銀河はわれわれ自身の外にある無限に向かって逃れてゆく一つの島のほんのわずかな一部分にすぎないのだ」［21］。これらの三つの言葉の後に、一分間の沈黙＝暗黒を挾んで、ジル・ヴォルマンの声が単独で――後に三〇秒の沈黙＝暗黒を従えて――「状況の科学」と「状況の意識的な創造」についてのドゥボールの言説を語っていることを考え合わせると、ここには、愛の絶望と新たな行動への希望の弁証法とでも言うべき、冒頭に素描されていたテーマが繰り返され、より深化して描かれていると言えるだろう。

二人の声が最も接近する箇所――映画の最初から約一八分四五秒から二〇分までの間、前記のドゥボールの声では［33］から［45］、バルバラの声では［34］から［44］――では、ドゥボールの声とバルバラの声が交互に語るが、二人の言葉は脈略を欠き、会話の内容はつねに行き違い、別方向に逸れている。バルバラは「わたしたちはもう二度と会わないと思う」［34］と言いながらも、「電話」の楽しさ［38］、「交通スト」によるパリの街の快適さ（おそらく、通常の道を離れて漂流できることの喜び）［36］、「物語」の誘惑［40］を、終始、親密な話し言葉で面前の「あなた」あるいは「あなたがた」に直接語りかけ、「ギー」［44］の名を呼びさえするのに対して、ギー・ドゥボールの方は、映画の最初からの一貫した無表情な口調で、二人のエロティックな恋愛を三人称で間接的に語るか［33］、あるいは、互いに遠ざかる自分たちを二人称複数形の「君たち」として距離を置いて語るだけで［43］、過去形でしか「わたしたち」［45］と言うことができない。映画の最後の長い沈黙＝暗黒の前になってはじめて、恋人たちの対話――男の愛の告白と別れの会話――は微妙にかみ合うが、しかし、そこでは男の声はドゥボール自身の声ではなく、ドゥボールの言葉はジル・ヴォルマンの発する声に媒介されて伝えられるにすぎない。声１（ヴォルマン）と声４（バルバラ）の会話は以下のようなものである。

である）――によって、観客への討論の呼びかけという現実の行為を映画という表象の世界のなかに転倒して組み込むための戦略的引用という意味である。もう一つの意味は、イズーの主張する「作品」概念に対する批判あるいは疑念であり、それと同時に、観客自身が「作品だけがわれわれを楽しませてくれる」という態度を捨てて、現実の行動――「状況の構築」――に乗り出すことを促すという意味である。いずれにせよ、これらの引用符には、乗り越えるべき対象としてのレトリスト、イジドール・イズーを、括弧のなかに押し込める意味があった。

＊16　「イヴィッチ」（Ivitch）の名は、一九四四年と四九年に三巻まで出版されたサルトルの未完の小説『自由への道』に登場するエキセントリックな少女の名でもあるが、ドゥボールはその小説を読む前から「不可能なものへの愛」を体現する人物としての「イヴィッチの神話」を独自に作り上げ、友人エルヴェ・ファルクーに宛てた一九五一年四月十五日付けの手紙

——おまえを愛している。〔60〕

——死ぬって、きっと恐ろしいことね。〔61〕

——さよなら。〔62〕

——あなたは飲みすぎるわ。〔63〕

——子どもっぽい愛とは何か？〔64〕

——あなたの言うことは解らない。〔65〕

——わたしにはわかっていた。別の時代に、わたしは彼の死をとても悲しんだ。〔66〕

——オレンジがほしいの？〔67〕

——火山列島の美しい破裂。〔68〕

——むかしのことよ。〔69〕

——もう君に言うことはない。〔70〕

で、自分がその名を発見したサルトルの小説を読むことを勧め、同年六月十二日付けの手紙では「僕がそこに見出しているものをサルトルが望んだかどうかは疑わしい」と書いている（Guy Debord, *Le Marquis de Sade a des yeux de fille de beaux yeux pour faire sauter les ponts*, Librairie Arthème Fayard, 2004, pp.91-92, *Œuvres*, p.41）。その後の活動のなかでも、イヴィッチの名はドゥボールとその仲間の間である種のイコンとして頻繁に使われることになった。

＊17
『武器の魔（*Le Démon des armes*）』はアメリカの映画監督ジョセフ・H・ルイスの一九四九年のギャング映画『拳銃魔（*Gun Crazy*）』のフランス語版タイトル。子供時代から銃を愛好した主人公バートが第二次大戦に参戦後、故郷の射的屋で知り合った射撃の女王アニーと結婚し、二人で強盗稼業の旅を重ね、最後には二人とも銃で撃ち殺されるというストーリーで、一九三〇年代のアメリカ中西部でボニー・パーカーと

そして、これらの対話あるいは対話の擬態を総括するかのように、この後にようやくドゥボールの声がこう語る――「間の悪い時に発されたすべての応答のあとに、そして年老いてしまった青春のあとに、夜がまた空の高みから落ちてくる。」［71］「間の悪い時に発されたすべての応答（les réponses à contretemps）」、それは時宜を得ぬ返答であるとともに、音楽で言うシンコペーション（cntretemps）のように積極的に拍子を外して聞きなれたリズムとは異なる新鮮なリズムを産み出すことでもある。ドゥボールの言う「状況」とは、無から何かを作り出すことではなく、既存の都市と社会のリズムの進行を狂わせて別のリズムを作り出し、そのリズムを一瞬のあいだだけ生きることであることを考えるなら、この時間のずれは予期せぬ驚きや僥倖として積極的な意味を持つだろう。それは、先の対話では、「オレンジ」が「火山列島の美しい破裂」に変容を遂げる時間でもある。

恋人たちの対話を総括するこのドゥボールの声の後に訪れる三分間の沈黙＝暗黒の後に、映画の全体を締めくくるドゥボールの声は次のようなものである。

――われわれはわれわれの未完の冒険を捨て石にされた子供たちとして生きている。［72］

「捨て石にされた子供たち」と訳した《enfants perdus》には複数の意味がある。この語の直接的な意味は「失われた＝迷子になった子供たち」だが、それは、ヨーロッパ最初の国際戦争と言われる十七世紀前半の三十年戦争でフランス軍が用いた、正規軍の前衛として戦場に投入されたいわゆる「散兵」あるいは「散歩兵」（それには実際に「子供たち」もいた）の別名でもある。自らの活動を「戦争」における「前衛」になぞらえるドゥボールは、その後もたびたびこの語を「散兵」

クライド・バロウのカップルが実際に起こした事件をもとにしている。

＊18
一九五二年四月三日から二十日までにカンヌで開催された第四回カンヌ映画祭に、レトリストのイジドール・イズーは招待されていたわけではないが、マルク・O、ジル・ヴォルマン、ジャン＝ルイ・ブロー、モーリス・ルメートル、フランソワ・デュフレンヌらのレトリストともにパリからやって来て、イズーの映画『涎と永遠に関する概論』（「ディスクレパント・モンタージュ」と呼ばれる映像と音の反同調や、「切り彫り《シズリュール》」と呼ばれるフィルムへの絵や模様の直接の書き込み、映画編集室に捨てられていたフィルムの使用、パリのサン＝ジェルマン＝デ＝プレをさまようダニエルを写した実写映像などで作られた映画）の上映を求めて連日、上映会場に押しかけ、抗議と要求の行動を行なった。その結果、ともにイズーの映画にも出演していた詩人のジャン・コクトーと映画祭の審査委員長アンドレ・モーロワの計らい

の意味で用いるが、その際にもつねにこの語には、都市を漂流し、一瞬の出会いの後に別れを余儀なくされ、互いの姿を見失う恋人たちの意味が重ね合わされている。*19『サドのための絶叫』では、これまで細かく分析した恋人たちの冒険に重ねて、前衛的な個人と集団の「未完の冒険」が語られている。先に述べたサン＝ジェルマン＝デ＝プレとカンヌでのレトリストの活動に加えて、レトリストのセルジュ・ベルナ（彼はこの映画の声3を担当している）とガブリエル・ポムランの参加したパリのノートルダム大聖堂の一九五〇年四月の復活祭ミサでのスキャンダル（この日、彼らはドミニコ会修道僧に変装し、説教台に上って「神は死んだ」と叫び、信徒らに袋だたきにされそうになり、警察に逮捕されて命拾いした）の記憶［58］、ドゥボールが高く評価するアルチュール・クラヴァンとジャック・ヴァシェの失踪もしくは自殺［27］*20、繰り返し語られるグルノーブルのラジオ番組スターの少女マドレーヌ・レヌリ（ドゥボールはこの十二歳半の少女に「わたしの妹よ」と呼びかける［25］）のイゼール川への投身自殺［24］［58］［59］、「三万の警棒で武装」する「パリの警官」［51］や「道徳」への言及［47］、「夜の隅」での「船乗りたちの戦い」と「禁じられた侵犯行為」、そして自分たちの戦いの記憶とジョン・フォード監督の映画『リオ・グランデの砦』での北軍の中佐ヨークとその部下の若者たちの戦いとかつての戦争でのヨークの「シェナンドー河」での戦いの記憶との重ね合わせ［52］*21……宗教権力と政治権力、既存社会とメディアの権力に自らの死をもってまでも抵抗する個人と集団のこれらの冒険は、個人的な抵抗と社会的あるいは政治的な抵抗とが同じ次元のものであることを意識させる（それゆえ、バルバラの声は「でも、この映画ではサドのことは語られない」［26］と言うにもかかわらず、この映画が刑務所と精神病院でその生涯の大半を過ごしながら、既存の権力に抵抗してあらゆる既存の欲望の彼方をめざした作品を執筆しつづけたマルキ・ド・サドの名を冠しているのは偶然ではない）。このことは、セルジュ・べ

で、イズーの映画は、映画祭の最終日、四月二十日に映画館ル・ヴォックスで映画祭外上映として上映され、コクトーの下に非合法に組織された審査委員会によって「カンヌ映画祭欄外賞」と「アヴァン＝ギャルド観客賞」を与えられた。この上映に、当時カンヌに住みリセ・カルノに通っていた高校生のギー・ドゥボールも立ち会い、レトリストの運動に参加したばかりの彼は、騒然とする観客たちのなかで立ち上がり、「ある有名な人物の発した嘲笑に強烈な拳固で応え」たと言われている（Cf. *Visages de l'avant-garde 1953*, Jean-Paul Rocher, 2010; *Œuvres*, p.42）。

*19 すべてが既存のテクストの転用からなるドゥボールの最初の「書物」である『回想録』（一九五八年）について詳細な分析を行なったボリス・ドネは、「失われた子供」には、「散兵」という軍事的な意味と、ドゥボールとバルバラの二人の男女の出会いと別れ（それは、『阿片常用者の告白』のなかで語られるトマス・ド・クイン

ルナの声3が嘲弄的な口調で読み上げるフランスの『民法典』の条文がところどころで挿入されていることによっていっそう強く意識させられる。全部で五つ引用されるそれらの条文の最初のものは、映画の冒頭、ヴォルマンとドゥボールの声がそれぞれ映画のタイトルと献辞を述べた後に、この映画全体のエピグラフあるいは枠組みをなすテクストとして、人物の失踪の法的規定を次のように語るが、それは実際、その後に語られる者たちの冒険と漂流――と体制によるその禁止――を予告するものでもある。

――第一一五条　ある人物がその住居もしくは居住地に現われることをやめ、かつ四年間その者から知らせがない時には、関係各人は第一審に出頭し、その者の不在を宣言することができる。〔3〕

残りの四つのうち三つもまた、ドゥボールと彼の恋人や仲間たちのパリでの放縦な生活――盗み、酒、麻薬、未成年の家出、喧嘩、愚行、錯乱、激怒など――とそれらを取り締まる司法警察権力との闘いに関わるものである。

――第五一六条　あらゆる財は、動産もしくは不動産である。〔9〕

――第四八八条　成年は満二一歳と定める。この年齢に達すれば、市民生活のすべての行為が許される。〔19〕

シーとアンの出会いと別れ――そしてアンを探すトマスのロンドンの町の彷徨になぞらえられている）の個人的な意味が重ね合わされ、「最初の場合〔＝『サドのための絶叫』〕も含めてドゥボールがこの言葉を使うそのたびに、これらのすべての意味が共存している」と指摘している（Boris Donné, *(Pour Mémoires) —Un Essai d'élucidation des Mémoires de Guy Debord*, Éditions Allia, 2004, p.98）。また、映画『分離の批判』では、この言葉の「前衛」としての意味について次のように書かれている。「喪失の領域に関わるすべてのもの、すなわち、私自身が失ったものも、過ぎ去った時間も、失踪も、逃亡も、さらに一般的な意味での事物の流れも、支配的な社会的意味で、それゆえ時間割〔＝時間の使用法〕という最も俗っぽい意味で、無駄な〔＝失われた〕時間と呼ばれているものも、すべてが奇妙なことに、古い軍事用語で「捨て石にされた〔＝失われた、迷子の〕子供たちとして」という言い方のなかで、発見の領域に、未知の土地の探検の領域に出会うのだ。あらゆる形

――第四八九条　愚行、錯乱、激怒の常習状態にある成年は、その状態を明確な間隔をあけて示す場合でも、これを禁止せねばならない。［48］

最後のものは、他のものとは少し種類が異なり、「建築家もしくは企業」と「土地所有者」との契約に関するものだが、「戦争の空でのジャック・ヴァシェのすばやい通過」と「彼自身をも無に帰した破局的なまでのスピード」、失踪してメキシコ湾で溺れ死んだ詩人兼ボクサー「アルチュール・クラヴァンの馬丁の鞭の一撃」を語るヴォルマンの声［27］と、「自殺の完璧さは曖昧であることのなかにある」という事故あるいは薬物中毒か自殺かが曖昧なクラヴァンとヴァシェの死を語るドゥボールの声［29］のあいだに挟まれることで、それは、静止した生活と定住を強いる土地所有の桎梏を語るとともに、漂流を讃え、さらには環境の自由な構築を主眼とする後のシチュアシオニストの「統一的都市計画」への一つの発条《ばね》としての意味も持つだろう。

――第一七九三条　建築家もしくは企業が、土地所有者とともに決定してその合意を得た設計をもとに、ある建物を請負契約で建設することを引き受けた場合、建設作業員もしくは建設資材の増加という口実や、当初の設計の変更もしくは増加という口実で価格の上積みを請求することは、土地所有者からの書面による許可と価格の合意なしには、いかなる場合も行いえない。［28］

いずれにせよ、これらの『民法典』の条文は、ドゥボールにとって、親密な出来事が社会的なものに最も侵食されている少数派の世界において、個人的な冒険はつねに社会の法と衝突するが、し

態の探求、あらゆる形態の冒険、あらゆる形態の前衛に出会うのである。気がつけばわれわれはこの十字路の上にいて、そこで道に迷って［＝失われて］いたのである」。

＊20
ジル・ヴォルマンの声1は次のように語っている。「星雲間空間の寒さ、零下数千度、あるいは華氏、摂氏または列氏温度計での絶対零度、それらが次の夜明けの最初の指標だ。戦争の空でのジャック・ヴァシェのすばやい通過、度外れに緊急な関係すべてに対して彼が持っていたもの、彼自身をも無に帰した破局的なまでのスピード。アルチュール・クラヴァンの馬丁の鞭の一撃、クラヴァン自身は今この時間にメキシコ湾に沈んでいるが……」。これらの言葉のうち、「戦争の空で」以下の部分はアンドレ・ブルトンが一九二二年にバルセロナで行なった講演「現代的進化の諸特徴とそれに関わるもの」（一九二四年出版の論文集『失われた足跡』に収録）のなかで語った言葉の転用である。

かし集団的な冒険こそが法の前で無力な個人がその法をかいくぐり新しい行動様式を生み出すための手段であることをネガティヴに照射するものとして引用されている。実際にドゥボールは、一九五一年四月、高校時代に家族とともに過ごしたカンヌでの映画祭の際に上映されたレトリスムの創始者イジドール・イズーの前衛映画『涎《よだれ》と永遠のための概論』を見て衝撃を受け、自らも運動に参加し、七月にバカロレアを取得した後、十月からパリでの生活を始めたが、その生活は、社会の法にさまざまな形で抵抗する者たちのあいだでの生活だった。彼は、カルチエ・ラタンの中心のラシーヌ通りに住んだが、パリ大学法学部に登録だけして学校には行かず、サン＝ジェルマン＝デ＝プレのカフェ、とりわけレトリストが拠点にしていたフール通りのシェ・モワノーに入りびたり、そのカフェの常連であるさまざまな者たち——東欧や南米からの移民や亡命者、家出少女や麻薬中毒者、犯罪者や出獄者など——とともに酒を飲み、話し、愛し、歌い、集団であるいは一人で街をさまよう生活を送った[*22]。ドゥボールが最初の恋人であるソルボンヌ大学の学生バルバラ・ローゼンタールと出会ったのもこの頃のことであり、それは、セーヌ川が氾濫した十月のある日に、カルチエ・ラタンのキュジャス通りの路上に酩酊して大の字で寝ていたドゥボールに、「寝たままでいると、溺れてしまいますよ」と声をかけたバルバラに、彼が「いいんだ、僕といっしょに来たまえ、いっしょに死のう」と答えたことで二人の恋が始まったと言われている[*23]。恋人との出会いにせよ、仲間との出会いにせよ、ドゥボールは、そうした個々の具体的な出会いを通して自らの経験を積み、思想を鍛え、その「作品」を生み出していったのである。

＊＊

『サドのための絶叫』が作られたのは、そのような環境のなかでのことである。すでに述べたよ

＊21　南北戦争の一五年後、一八七〇年頃のアメリカ南部のメキシコとの国境地帯を流れるリオ・グランデ川のほとりの砦を舞台に、国境の川を越えてインディアンとの戦いに出撃する北軍のヨーク中佐（ジョン・ウェイン）の率いる一八名の若者たちを描いたこの映画のなかで、ヨーク中佐がかつての南北戦争での「シェナンドー川の戦い」を思い出す場面は、ドゥボールの映画『スペクタクルの社会』のなかでも転用されて用いられることになる。

＊22　シェ・モワノーでの彼らの生活は、同時期にパリに来て、サン＝ジェルマン＝デ＝プレの裏通りにたむろする者たちに混じって写真を撮りつづけたオランダの写真家エド・ファン・デル・エルスケンの写真集『セーヌ左岸の恋』（Ed Van Der Elsken, *Love on the Left Bank*, 1956 邦訳、大沢類訳、東京書籍、一九九八年）に映し出されている。メキシコからの移民マヌエルと彼が追いかけるアン（ヴァリ・マイヤー）の恋と無軌道な

うに、この作品は最初、一九五二年四月にレトリストの映画雑誌『イオン』に、映像付きのシナリオ（第一版）として掲載された。[*24]「長い沈黙」と「真っ暗なスクリーン」がところどころに挿入される（だが、つねに両者が同時に出てくるわけではない）点や、「サウンド・トラック」で発される言葉の類似性（映画化された第二版と比べると、約六〇のテクストからなる第一版のシナリオには、まったく同じ言葉が約二五、ごく一部のみ変更されるものが約一〇あった、さらにスクリーンに映される一〇の言葉のほとんどは第二版では声によって語られることになった）、さらに「この物語の最初には、この物語を忘れるようにされた人々がいた。そして、迷路のなかで迷うよりも無駄に過ごした美しい時間があった」という言葉で始まる「サウンド・トラック」を構成するテクストの全体が、美しい青春期の冒険の記憶と忘却、失われた出会いに対する深い喪失感と悔恨を感じさせる点で、この第一版は第二版と共通するところが多くある。

　しかし、第一版と第二版の声で大きく異なる点は、第一版では声の役割が明確には設定されておらず、「アメリカの黒人男性の声」、「卑俗なアクセント」の「少女の声」、「単調な声」、「優しい声」、「機械的な調子」などの指摘がいくつかの部分に付されているだけで、第二版のような明確な役割設定をされた五つの声が生み出す対話——あるいは対話の不調——にはなっていない。「対話」はむしろ、「サウンド・トラック」で流される「声」とスクリーン上に映される「文字」とのあいだでなされるものだったことが、ドゥボールの付した前文「未来の映画すべてへの前提原理《プロレゴメナ》」では強調されている——「この破壊は〔…〕声と文字による対話を使って行なわれる。この対話の文章はスクリーン上に書き込まれ、サウンド・トラック上で続き、次いで互いに応え合う」[*25]（強調はドゥボール自身）。言葉の文体は、第二版と同様に、詩的な言葉とニュースの言葉、会話の断片と理論的な言葉が混在するが、ところどころに置かれた「そして」「それから」「すると」「その彼はど

生活をフィクションのフォトロマンに仕立て上げたこの写真集には、被写体となることを拒んだドゥボールの姿こそ映っていないが、レトリスト・インターナショナルのメンバー（セルジュ・ベルナ、ジョエル・ベルレ、ジャン＝ミシェル・マンシオン、エリアーヌ・パパイ、ミシェル・ベルンシュタインなど）や、カフェに入り浸っていた他の友人たち（フレッド（オーギュスト・オンメル）、ピエール・フィエット、ポーレット・ヴィエヨンム、カキ、ヴァリ、エリアーヌ・ドゥリュメら）の姿が数多く映し出されている。

＊23　このエピソードは、ドゥボールの伝記を書いたクリストフ・ブルセイエの伝えるものである（Christophe Bourseiller, *Vie et mort de Guy Debord*, Plon, 1999, pp.48-49）。ブルセイエは話の出所を明らかにしていないものの、ボリス・ドネはそれがドゥボールの最初の妻ミシェル・ベルンシュタインから聞いた話であることは「明らか」であると指摘している（Boris Donné, *opt. cit.*, p.88）。

うなったか」「それでもやっぱり」など、論理的もしくは時間的な関連を示す接続詞によって、「物語」の進行が一方向に制御されている感じを強く受ける。このことは、第二版で顕示的に登場する『民法典』の条文が、まだ潜在的にしか現われておらず（シナリオではその条文を使用することは、「ここでのコメントは、民法典のさまざまな条文と、あるフランス文学便覧の抜粋だけに限ること」と、ト書きとして記されているにすぎない）、第二版のように物語はまだ重層的な次元を持つにはいたっていないことから分かる。

　しかし、何よりも大きな両者の声の違いは、レトリスト的な表現に関するものである。第一版では、一九五〇年のレトリストの雑誌『Ｕｒ』第一号に掲載されたフランソワ・デュフレーヌの音響詩「歩け」の一節や絶叫詩、マルク・Ｏ（マルク・ギヨマン）の即興、レトリストのコーラスや即興、語の綴りを一字ずつアルファベットで言う表現や、「ＫＷＯＲＸＫＥ　ＫＯＷＯＮＧＵＥ　ＫＫＨ／ＷＯＺ　ＢＵ　ＷＯＮＺ　ＧＧＨ」など、文字のレベルまで解体されたレトリストの詩があったが、第二版では、ドゥボールが映画の上演と同時にたもとを分かったこれらのレトリストの表現は姿を消し、唯一、映画の始まる前のジル・ヴォルマンの即興の音響詩（それをカタカナで転記すれば「ア、エ、イーヤ、エ、エ、エ、ア、イ……」となる）だけが、現実の世界と映画の世界の敷居の位置に、映画の背景音のようにして残された。レトリスムの表現は第一版の映像においても用いられ、ドゥボールはイジドール・イズーの発案した「切り彫り《シズリュール》」の技法を自ら用いて「ヤスリで擦られたフィルム」を五ヶ所で挟み込むことにしていた（これは、一二ヶ所で用いられる「真っ暗なスクリーン」よりは少ないものの、「映像を完全に破壊するまで」フィルムが削られ、映写機の光源の白い光だけがスクリーンを満たすことになるだけに、観客の受ける衝撃は大きいだろう）が、第二版では映像が存在しないゆえに、その技法もまた破棄された。あるいは、「映像を完全に

＊24　*Ion, op. cit.* 注7を参照。

＊25　*Ibid.*, p.222.

＊26　「エロティシズム」を備えた挑発的な映像は、映画『スペクタクルの社会』の最初のあたりに「生のそれぞれの局面から切り離されたイメージは、一つの共通の流れのなかに溶け込み、そこではもはや、この生の統一性を再建することはできない。部分的に考察された現実はそれ自体の一般的統一性において展開されるが、この一般的統一性なるものはそれだけ別に取り出された擬似的な世界であり、単なる凝視の対象でしかない」の言葉にかぶせて映し出される「ストリップティーズの長い場面」の映像でも用いられることになる。ギー・ドゥボール『映画に反対して――ドゥボール映画作品全集（上）』木下誠訳、現代思潮社、一九九九年、一四五頁、参照。

破壊するまでヤスリで削られたフィルム」が全面化し、第一版で写されることになっていたあらゆる映像を道連れに最初から映像をまったく欠いた白いスクリーンの中へと止揚されたのだとも言えるだろう。それらの映像には、パリの街をさまよい、メトロの入口に姿を消し、アイスクリームを食べ、カフェのテーブルに伏せて眠る少女、反復されるドゥボールの顔のクロースアップ、酒を飲み、パリの街（ドーフィーヌ通り）を歩いてゆくドゥボールの姿、カフェ（それはシェ・モワノーの前に彼らが拠点としたカフェ・ル・マビヨンだ）の仲間たち、イズーやマルク・Oの顔、ノートル＝ダム、クリュニー博物館、サン＝ジャック塔、サン＝ジェルマン広場など、レトリストとドゥボールに親しいパリの界隈、それらに混じって、インド帝国軍やインドシナのフランス歩兵部隊の行進、パラシュート部隊の降下、対馬海戦の軍艦、暴動と殺された青年の映像、ときおり挾まれる望遠鏡で見た夜の空と繰り返し現われるボクシングの映像、さらに頻繁に（全部で六回）挾まれる「巡り合い」あるいは「出会い」の映像があった。この最後の映像はドゥボール自身の説明では「警察のスキャンダラスな、ほとんど信じがたい存在によってしか和らげられないようなエロティシズムを具えたあらゆる映像」、すなわちポルノグラフィックな映像に類するもののことである。そこに権力の検閲の対象である過剰な「エロティシズム」を備えた映像が置かれているのは、恋人たちの個人的な欲望とエロス的な関係の表象を禁じてきた司法警察権力と、それを最も強く搾取してスクリーンに上げてきた映画スペクタクル産業とに対する抗議と挑発のためである。*26 それが「巡り合い」あるいは「出会い」（原文は《rencontres》*27）の語で示されているのは、直接的には、それらが行きずりの男女の「その場限りの情事（amours de rencontre）」の映像であるからだが、それ以上に、このスペクタクルの社会のなかで抑圧され、搾取され、疎外され、別れを余儀なくされてきた真の出会いの瞬間こそが、ドゥボールにとって『サドのための叫び』のなかで描かれねばなら

*27
《rencontre》（女性名詞）は、フランス語辞典『ル・ヌーヴォー・プチ・ロベール』によると、語源的には、十二世紀に「反復」を意味する re と「反対、対立」を意味する encontre とから作られた男性名詞で、もともとは「戦闘行為」「骰子の投擲」を意味し、その意味が十七世紀まで持続した。十四世紀頃に女性名詞に変わったこの語は、「それによって人がある状況に置かれることになる偶然の事態」の意味でも使われるようになり、現在では通常は（1）「二人の人物が、偶然出会うこと」という意味で使われることが多いが、（2）「敵対する二つの勢力の予期せぬ局地戦」という軍事的な意味でも使われないことはない。ちなみに、この語の反意語は、『フランス語宝典』では《séparation》である。普通は、男女の「別れ」を意味するこの語は、ドゥボールにおいては、「スペクタクルのの社会」が人間に強いる「疎外」としての「分離」（労働者のその生産物からの分離、人間に対する権力の分離等々）でもあり、第二次大戦後の

なかったものだったからである。
しかし、それは、はたして、映像によって表象できるものなのだろうか。偶然の出会いと一回限りの行為、スペクタクルの社会に回収されない新しい情動の経験と過ぎる時間のなかでの生の行動によって構築された状況をいかにして表象することができるのか。そしてまた、それを見る観客が、映画を一つのスペクタクルとして消費するのではなく、自らの偶然の出会いの体験として生きる契機とするにはどうすればいいのか。そのような根源的な問いに対する一つの、一回限りの回答が、映像を欠いた映画『サドのための絶叫』だったのである。

フランスでは、ヘーゲルの『精神現象学』からマルクスが借用した「疎外（Entfremdung）」の語は、アンリ・ルフェーヴルなどによって《séparation》の訳で使われていた。ドゥボールはこの語を、愛する者たち（「失われた＝捨て石にされた子供たち」）の「別れ」の意味と、現代社会の人間の「疎外」の意味の両方の意味を備える語として、映画『分離の批判』や、『スペクタクルの社会』の第一章「完成された分離」のなかで意識的に用いている。

（人を）着る（という）こと

小野原教子

からだはどこかで言葉に触れている、でもいったいからだは言葉を求めているのでしょうか、それとも言葉から逃れようとしているのでしょうか。

——谷川俊太郎「質問集続」

わたしたちは「脱ぐ」ことはできない。〈わたし〉は脱げない。つまり、どんな衣服を着ていたとしても、自ずと何らかの意味を放ってしまう存在としてある。たとえ服を脱いでしまって裸になったとしても、むしろそこには過剰な意味が起動する。それは、わたしたちが〈わたし〉の「からだ」から出ていくことができないからなのかもしれない。では、〈わたし〉の「こころ」の方はどうなのだろうか。そのようなことを考えながら、第三部のもとになるセッションを企画した。わたしたちのからだとこころは切り離すことはできない。それはわたしたちが「人」であるということでもある。他の動物あるいは生き物と人間を分かつのは、わたしたちが「衣服を着る」ことなのではないかという考えを前提にして、「（人を）着る（という）こと」という困難なテーマを立てた。[*1]つまり、わたしたちは「着る」という行為のなかで、人という衣服を着ているのではないか、という意味である。

＊1
小野原教子「闘う身体——人を着ているとは言えないだろうか」『ドレススタディ』第六一号、京都服飾文化研究財団、二〇一二年、一六—二三頁。

このセッションでは曹洞宗僧侶である幣道紀《へいどうき》氏、音楽家の塩見允枝子《みえこ》氏、シチュアシオニスト研究者の木下誠氏を迎えて講演していただいた。三人の方にはそれぞれ「袈裟を着る」「音を着る」「都市を着る」というテーマで講演をお願いした。共通しているキーワードは「着る」ということだけであり、互いに隔たったように一見映ったかもしれない。そのギャップや違和感を繋ぎ合わせていただくべく、音楽家であり、シチュアシオニスト作品の解説をし、日本曹洞禅の開祖道元の著書を読む、作家の鈴木創士氏にコーディネートを依頼し、全体を「記号論的実践の場」として組織していただいた。

私は研究をはじめた時、「衣服そのものの存在を語りたい」という目標を抱いていた。衣服にまとわりつく情報や現象＝ファッションの解読に多くの時間を割いて研究を続けるなか、この目標は遠い存在のように思えた。しかし、これまでの研究をまとめて『闘う衣服』という一冊の書物にした後、先の問いの手がかりになるかのように、いわば舞い降りてきたように思えたのが「袈裟」という布であり、服だった。

さて、からだを媒介に衣服を着ることはイメージしやすいが、同時にこころの問題も合わせて考えなければならないだろう。[*2] 袈裟はこの点で最適の出発点になる。古代インドの僧世親（ヴァスバンドゥ）の著した成唯識論の一節に、「是諸識転変　分別所分別　由批彼皆無　故一切唯識」とある。[*3] これは幣老師も講演で触れていた玄奘三蔵（六〇二—六六四）による新訳からの引用だが、玄奘はご存じのように仏典を漢訳し、中国より日本にもたらした。日本人が成唯識論に出あうときは、この韻を踏む漢詩の形で一般的には読むことになる。[*4] この一節が述べているのは次のような考えである。わたしたちは通常、主観と客観によって現実の認識は成立するとおもっているが、その認識はなんら実体があるものではなく、すべてはこころのはたらきにすぎない。あるいは、自分自

＊2
唯識論では一般的に漢字の「心」を用いるが、本稿では、「体（てい）」と区別するための「からだ」、「からだ」とともに論じるものとして「こころ」を平仮名で対応させている。

＊3
多川俊映『唯識こころの哲学』大法輪閣、二〇一二年、一五七—一六二頁。

＊4
原典は『唯識三十頌』第十七頌、西暦五世紀頃。

身を認識する場合でも同様のことが言える。その場合でも、わたしたちは自己をいったん外に投げ出して対象化している。つまり、分別するもの（「見分」）と分別されるもの（「相分」）という二つの領域に分けられた認識は、あくまでこころ（「自証分」）の転変や変化に依っている「虚妄」「影像」にすぎない。そしてそのこころとは、いわゆる五感の「前五識」、知・情・意である「第六意識」、個の意識下にある「第七末那識」、過去から未来へ繋がる命が備える水のような深層無意識＝「第八阿頼耶識」から成り、それぞれ重奏／重層しながらつねに揺れているのである。こころをこのように捉えることは、「虚妄」や「影像」、あるいは〈わたし〉への執着から解かれて〈己〉の、つまり、本来のありかたの〈わたし〉を見出そうとすることにつながる。

振り返ってみれば、これまでのファッションや衣服をめぐる実践や問いは、あまりにもこのような〈わたし〉に執着していたのかもしれない。さまざまなメディアが喧伝する、誰かや何かが決めた「新しい」スタイル（色、素材、構造）＝ファッションを装いたいという煩悩のために、わたしたちは〈わたし〉自身をめまぐるしく消費してきたのである。これに対して、「袈裟」は、二五〇〇年以上ものあいだ、その意匠と構造が伝承されつづけているが、そこで重要なのは、前に述べたような、執着される〈わたし〉から離れると同時に、衣服を分解した布や織物、さらには繊維や糸にまで立ち戻らせ、身に着けるものを自らの手で丁寧に縫い纏う衣服であったということである。それは衣服の製作であると同時に、ある種の思想や態度＝法として正しく相伝されてきたものである。これが、〈わたし〉や、〈人〉を〈着る〉という問いに、「袈裟」が一条の光を照らしてくれると考えた理由である。

次に、「（人を）着る（という）こと」を、なぜ「音を着る」というキーワードから考えるのか。塩見氏によれば、「音を着る」ということは「音を切る」ということでもある。つまり、それは音を意識的に聴くことなのである。音を着る＝切ることは〈わたし〉のありかたと深く結びついている。楽器という道具を媒体にして人間は音楽を演奏する。音楽を演奏するという行為は、衣服を着用するという行為にも似ている。そしてそのときからだだけでなくこころも存在している。けれども、自然のなかで耳を澄ますといろいろな音が聞こえてくる。目を閉じて音に意識を向けていくと、自分と音が一体化していくような体験をする。このようにして「音を着る」ときに〈わたし〉はいったいどこにあるのか。〈わたし〉は拡大し、延長しているのだろうか。それとも〈わたし〉を忘れているのだろうか。むしろその際、本来のありかたの〈わたし〉、あるいは〈わたしたち〉に目覚めるような、なおかつ自然のなかですべてと溶け合っているような瞬間が生じているのかもしれない。塩見氏のワークショップで聴衆全員が指揮者のもとに発したばらばらな音は、偶発的で実験的で美しい、ひとつの不協和音作品として鳴り響き、その溶け合いの瞬間となっているように感じられた。「着る」ということと〈わたしたち〉のつながりが、ここでは実践を通じて共有されているのではないかと考える。

最後に「都市を着る」というキーワードについてである。なぜドゥボールがここで呼び出されるのか。シチュアシオニスト（状況主義者）であるギー・ドゥボールは、「芸術活動の理念」を、一個人の〈わたし〉が生み出す芸術作品の制作ではなく、むしろ〈わたしたち〉によって、「状況」を「構築」することに見ていた。それではどのような「状況」、そして「構築」なのか。彼は両大戦期に、パリ市の統一的都市計画に抵抗すべく、自分たちの生き生きとした情動に沿った心理地理学的地図を作成している。もちろんそれは静態的な紙のうえに書かれたイメージかもしれない。しかし、それは街をただその街並みにしたがって歩くだけではない、「意識的に」街を探り、ある意味で「漂流」するための方法であり、活動、実践であった。それは自発的に〈わたしたち〉の環境を押し広げていくような「状況の構築」であった。ドゥボールは、このような「生の瞬間的環境」を具体的に構築している。つまり、「雰囲気」が消える地点に感応して「ユニット」を作り、地図作成を行なう。言い換えれば、その実践は、都市を、自分たちの着心地のいいものにするために、自分たちで「着る＝切る」ことだったのであり、自分たちの手で「染め」ていくことだったのである。ここでもふたたび、〈わたし〉は別の意味での「着ること＝切ること」へ向かっていく。

とはいえ、われわれが着る際にはつねに、あるいはむしろ生きているかぎり、〈わたし〉への執着や煩悩に囚われがちである。言葉（「名言」）に、それが元になった「二元対立」的な認識に縛られてわれわれはあがいている。生きるということは、「人」という脱げない服を着ているということではないだろうか。しかしそれでも、〈わたし〉からいったん離れて衣服を解体して一本の糸や繊維を纏うことを実践すること、あるいはそのような布を意識して「着る」こと、自然の聲に耳を傾けると立ち現われる瞬間、〈わたし〉を忘れつつ、本来の〈わたし〉や〈わたしたち〉に目覚める瞬間に気づくこと、そしてそのような瞬間を都市に見出すべく意識的に探索して都市を着＝切りとろうとすること、こうした試みによって、脱ぎつつ着る／着つつ脱ぐような自由なニュアンスを羽織ることが、試みにでもできるのではないだろうか。そのとき「こころ」と「からだ」は「清浄」となり、バランスを保ちつつ溶け合うのではないだろうか。

第四部

日本記号学会と山口昌男

山口昌男先生を偲んで

吉岡 洋・室井 尚・立花義遼・岡本慶一

（二〇一三年九月二〇日、新宿にて）

吉岡　山口昌男先生が三月に亡くなられて、*すでにあちこちで追悼特集の出版物も出ているのですが、日本記号学会としても何か小特集的なものをしたいということで、本日こうして皆さんにお集まりいただきました。学会としては、やはり「日本記号学会と山口昌男」というようなかたちでお話ができたらいいなと思っています。僕が日本記号学会に入会したのは、正確には覚えてないのですが、室井さんに誘われて……。

室井　八三年くらい。

吉岡　その頃だと思いますが、だから最初の頃の学会の様子は直接知らなくて、ましてや学会設立の経緯のことは知りません。そこのところを設立以前からかかわっておられる立花さんにうかがうのが、話の最初のきっかけになると思うのですが。

＊二〇一三年三月一〇日、肺炎のため逝去（享年八一歳）。

日本記号学会設立とその後の空白

立花　まず、日本記号学会設立準備会議について少しお話をしたほうがいいでしょう。ここに日本記号学会設立準備資料という冊子があります。これは、設立準備事務局におられた、当時早稲田大学理工学部の内田種臣さんと東京大学生産技術研究所の門内輝行さんが取られた実に克明な記録です。これを当時大学院生で準備会議に参加されていた小林昭世さん（現在、武蔵野美術大基礎デザ

山口昌男氏

イン学科教授）が保管されていて、それをもうずいぶん前に私に渡してくださったのです。

この資料を見ると、日本記号学会設立準備会議第一回が早稲田大学大隈会館で一九七九年九月三日にあり、その呼びかけをされたのが川本茂雄先生と山口昌男先生でした。この会議のメモには山口先生の発言がいくつか残っています。その発言によれば、当時、先生が所属されていた東京外国語大学のＡＡ研（アジア・アフリカ言語文化研究所）で文化記号論に関するプロジェクトを一年ぐらい続けたことがあり、これは東欧記号論の研究を中心にしたもので、外部からも多くの方々が参加していた。この会は、『記号論の逆襲』（東海大学出版会、二〇〇二年）でのインタビューでも仰っていますが、せりか書房のＫ氏――久保覚さんのことだと思います――の呼びかけで集まったメンバーであり、ともかくそれが日本記号学会設立のきっかけというか原型だったとのことです。

その後、一九八〇年四月五日付けで日本記号学会設立趣意書が作成され、あちこちに発送されました。この直後の五月二四日、日本記号学会第一回運営委員会が、山口先生も出席されて六本木の国際文化会館で行なわれ、その時に、第一回大会を青山学院大学（一九八一年四月二五日から二六日）で行なうことに決まったようです。このように、学会立ち上げまでは山口先生の推進力によって進んできたと考えていいと思います。ちなみに、この大会では「仮構と反転」というシンポジウムがあって、出席者は、演劇の鈴木忠志さん、建築の原広司さんと、文化人類学の青木保さん、映画監督の吉田喜重さんでした。シンポジウムのあとには、大江健三郎さんが「フィクションの悲しみ」という特別講演をされた。残念ながらその資料は残っていないのですが。

またその前後に山口先生は、さっき話題にした東欧記号論の研究会と同時進行のかたちで、いろいろなところで記号学宣伝活動を盛んにやられていた。たとえば、一九七八年の岩波書店の『世界』では「文化記号論」というタイトルで特集があり、山口さんとトマス・シービオク[*]さんの対談

＊トマス・シービオク（一九二〇―二〇〇一）　ハンガリー生まれの記号学者。米インディアナ大学言語記号研究所長を長く務め、アメリカ記号学会、国際記号学会会長としても記号学の国際的展開に尽力。

があります。また、記号学会設立一年前の『現代思想』（一九七九年二月号）のインタビューでは「記号論と開かれた人間科学の道」という話をされています。さらに、一九八〇年十月から十二月にかけて、朝日カルチャー・センターで「記号としての世界」というレクチャー・シリーズがあり、その冒頭で山口先生は「記号論の広がり」という講義を行なって、その記録が一九八一年九月に『説き語り記号論』（日本ブリタニカ、一九八一年）というタイトルの本に収められています。同じ一九八〇年十月の岩波の『思想』でもシービオクさんとの対談があって、こちらでは「記号論」ではなく、「記号学の広がり」というタイトルになっています――この対談は後に、シービオクさんご夫妻が書かれた『シャーロック・ホームズの記号論――C・S・パースとホームズの比較研究』（岩波書店、一九八一年）の巻末に収録されています。

そのあと、一九八一年四月に、前年の第一回記号学会大会の出版物として『記号学研究1　記号の諸相』が北斗出版から刊行されます。そこで山口先生は『源氏物語』についての論文（「源氏物語――文化記号論の視点からみた」）を発表されています。

この『源氏物語』の論文ですが、そこには「文化記号論の視点からみた」というサブタイトルがついていて、もともとは一九八〇年二月にインディアナ大学でインディアナ大学言語・記号研究センターと東アジア研究科共催の講演会での講演の翻訳です。ご自分ではなく、松田徹さんと渋谷京子さんが翻訳されています。この論文の冒頭で山口先生は、『源氏物語』を文化というテキストのひとつのタイプとして論じてみたいと仰って、『源氏物語』を神話論的構造、歴史的原型、空間構造、形式構造という四つの観点、四つの層から話すと宣言されています。私が非常に興味を持ったのが、ここで山口さんが引用されている論文です。それは深沢三千男さんの「表層と深層と」（『国文学　解釈と鑑賞』一九七五年四月）で、深沢さんはその論文で光源氏をジャンヌ・ダルクの同時代人であるジル・ド・レイという人と対比して論じている。それを引用した論文を山口さんは『歴史と人物』（中央公論社、一九七三年四月）に「歴史・神話・祝祭」というタイトルで発表されています――この論文は単行本として一年後に出版されます（『歴史・祝祭・神話』中央公論社、一九七四年）。ここで、山口先生は祝祭的世界として「ジル・ド・レイ論」を非常に細かく分析されています。この深沢さんと山口さんとの関連性は非常に面白いと思います。世代的にも近いお二人ですし。

　ともかく、ここまでが、まず記号学会の設立準備から『記号学研究』刊行までの流れとなります。その後、山口先生は『記号学研究』には論文を発表されていないはずです。

編集部（前川）　室井さん、ここまでの学会立ち上げ前後について何か捕捉しておきたいことはありますか。

室井　最初に吉岡さんも言ったとおり、一九八〇年に僕は二五歳、吉岡さんはその一つ年下で、ふたりともまだ学生でした。その頃に僕が読んでいたものや刺激を受けたものを思い返してみますと、まず七〇年代に『エピステーメー』*誌が出版されて、蓮實重彦さんや小林康夫さんが当時フランスの現代思想――ドゥルーズ*とかデリダ*とかの思想――の、日本ではまだ読まれていなかったものの翻訳や、そうしたタイプの思想家の翻訳をたくさん出していらして、それが非常に新鮮だった印象があります。一方で、山口さんは七〇年代から『文化と両義性』（岩波書店、一九七五年）をはじめ、いろいろな本を精力的に出されていたし、先ほど学会設立に関わったせりか書房の久保さんとの関連でいうと、やはりブーイサック*の『サーカス――アクロバットと動物芸の記号論』（せりか書房、一九七七年）や、それ以外にも、『ロシア・フォルマリズム論集――詩的言語の分析』（現代思潮社、一九七一年）とか、東ヨーロッパやロシア系の文化記号論とかの翻訳もいくつか出ていて、それらにすごく刺激を受けた思い出があります。また、磯谷孝さん、北岡誠司さんとい

＊『エピステーメー』　朝日出版社から一九七五―七九年に刊行された思想誌。

＊ジル・ドゥルーズ（一九二五―一九九五）　フランスの哲学者。著書に『アンチ・オイディプス』（一九八六年）、『哲学とは何か』（いずれもF・ガタリと共著、河出書房新社、一九九七年）など。

＊ジャック・デリダ（一九三〇―二〇〇四）　フランスの哲学者。代表作に『声と現象』（理想社、一九七〇年）、『法の力』（法政大学出版局、一九九二年）など。

＊ポール・ブーイサック（一九三四―）　カナダ・トロント大学の記号学者。著作に『サーカス――アクロバットと動物芸の記号論』（せりか書房、一九七七年）など。

ったロシア文学系のひとたちがロシア・フォルマリズム*の流れからミハイル・バフチン*の紹介をされたり、バフチンの著作集（『ミハイル・バフチン著作集』一九七九年―八八年、全八巻）が新時代社から出たりしていたのが八〇年代前半だったと思います。

当時はまだ文化記号論というものが構造主義とそれほど区別がついていなかったと思う。構造主義の流れというのは、どちらかというとフランス系の構造主義やソシュール*の紹介――もちろんソシュールの方が（構造主義よりも）紹介は早いですが――というか丸山圭三郎*さんによるソシュールの読み直しも出ていて、構造主義記号論系のものは非常に刺激的でした。また、それと当時区別があまりついていなかった『エピステーメー』系の人たちはポスト構造主義と呼ばれていた。構造主義とポスト構造主義*、それからそれとは違う流れで底流のようにあった一九一〇―二〇年代からのロシア、チェコ、東ヨーロッパの各国に広がっていった思考の流れというものに僕は関心を持っていました。だから、山口さんたちが記号学会を立ち上げたというのは刺激的なニュースでした。

当時僕はまだドクターの学生で京都にいましたので、東京の学会にそんなに気軽に参加するわけにもいかなかった。たぶんその頃は、『説き語り記号論』が出たあたりで、あれは記号学会の宣伝塔としての意味合いがあったと思うのですが、それも読んだりしてしだいに記号学会に入りたいと思うようになり、入会して学会誌に論文を投稿したのが八二年だったと思います。最初に記号学会大会に参加したのが第三回大会（一九八三年、早稲田大学）でした。当時、会長の任期は二年だったので、初代会長の川本茂雄先生の次に東京大学の伊東俊太郎さんが会長になった年の大会でした。その時は早稲田大学が開催地で、記号論がまだブームだったということもあり、非常にたくさんの一般学生も参加していて、とても派手な学会だという印象を受けました。その頃、京都精華大学におられた上野千鶴子さんも学会に出てきたりして――たしか「都市の記号論」といったテーマ

*ロシア・フォルマリズム　一九一〇年代―三〇年代にヴィクトル・シクロフスキーやロマーン・ヤコブソンらが中心となって推進された文学・芸術運動。構造主義・文化記号論の先駆的役割を果たした。

*ミハイル・バフチン（一八九五―一九七五）　ロシアの哲学者、思想家。『フランソワ・ラブレーの作品と中世・ルネッサンスの民衆文化』（せりか書房、一九七三年）などの領域横断的な著作で知られる。

*フェルディナン・ド・ソシュール（一八五七―一九一三）「近代言語学の父」と呼ばれるスイスの言語学者。構造言語学の創始者。言語を記号現象のひとつとしてとらえ、記号論を基礎づけた。

*丸山圭三郎（一九三三―九三）　言語学者、言語哲学者。日本のソシュール研究の第一人者。ソシュール研究を

だったと思いますが——シンポジウムをしたり、どちらかというとシンポジウムばかりにひとが集まって午前中の研究発表にはほとんど聴衆がいないというお祭志向の学会で、当時まだバブルの前ですけど、なんとなく東京のバブリーな感じが強かったなというのが最初の頃の印象でしたね。

それで二年間大会に出て、伊東俊太郎さんが会長の任期を終えた後、坂本百大さんが何期か続けて——たしか六年間ほど（在任期間は一九八六年四月から一九九一年三月まで）——会長を務められていた時に理事会に入れられることになった。たしか記号学会の大会を関西の奈良女子大学でやったのが八五年だったと思うのですけれども、その時に僕は、坂本さんや上のひとたちにすごく親しくされて、まだ非常に若かったのですが、そこから実行委員会に入れられたり理事会に入れられたりしてお手伝いすることになっていた記憶があります。その頃の理事会は今とは全然違って出席する理事も少なくて、山口さんも出席しておられませんでした。坂本さん、伊東俊太郎さんがいて、それから内田さん、門内さんが若頭ですべて仕切っている感じでした。原広司さん、吉田喜重さんもその頃は顔を出していましたね。それが八〇年代の後半だった。

坂本さんが会長を務めていた時期の半ば頃まで山口先生の姿は一度も見かけませんでした。要するに、今の立花さんの話だけではよくわからないかもしれないですけれど、山口さんは当然、記号学会は自分がつくったという自負を持っていたにもかかわらず、初代会長は川本茂雄さん、二代目が伊東俊太郎さん、三代目が坂本さんということで、まあもうほとんどふてくされて、出てくる気がしなかったのではないかと思う。先ほどの立花さんの話に出た『記号学研究』第一号に山口さんが『源氏物語』の論文を載せたというのも、僕の目から見るとやる気がないとしか思えない。つまり、インディアナ大学はトマス・シービオクがいた大学で、そこで頼まれてやった発表を他人に翻訳してもらって掲載している。協力する気が相当ないという姿勢の表われだし、ほとんど記号学会

基に独自の「丸山言語哲学」を打ち立てた。

＊ポスト構造主義　構造主義を受け継ぎつつ、その静態的側面や「科学」志向を批判し、異化や脱構築といった概念で社会における動態的側面を追求する思想、方法論。

という組織と関わりを持ってこなかった印象があります。その印象は、坂本さんが会長の間ずっと続いた。ですが、八七年か八八年の大会の時に一度、山口昌男さんと一緒に、中村雄二郎さんとか中沢新一さんとか栗本慎一郎さんとか、当時とても売れていた方々が一斉に大会に参加した。

立花　一九八八年の明治大学の大会ですね。

室井　八八年の明治大学ですか。その時に中村雄二郎さんや山口昌男さんが出てきて、そこから山口さんとお付合いをさせて頂くようになった。その前もシンポジウムかなにかで、たしか細川周平さんから紹介されて、山口さんにご挨拶だけしたことがありました。それも立ち話程度だった。だからほとんどその頃は山口さんと日本記号学会というのはなんの関係もないのかなという印象を持っていた。

吉岡　今の二人の話を聞いていて謎に思うのは、学会設立前と設立後の断絶みたいなものですね。

室井　やはりその当時の会員には、パース*に関心のある人に加えて、建築系のひとたちが記号学会に非常に関心を持っていたことがあって——磯崎新さんもそうですけど——建築家が多かったことがある。また、アメリカ哲学をやっておられた坂本先生が会長だったことも関係してか、コンピュータ系の人たち、認知科学系のひとたちが多かった。コンピュータ系の認知科学というのは、わりとアメリカ哲学的なものと相性がいい。だから山口さんのカラーは全くなかった。伊東俊太郎さんも科学哲学ですから、おそらく山口さんとしては記号学会が全然自分の思った通りにならなかったので拗ねてしまって、ほとんど関わりにならなかったのではないか。

*チャールズ・サンダース・パース（一八三九―一九一四）　アメリカの記号学者、哲学者。アメリカ・プラグマティズムの創始者であると同時に、ソシュールと並び評される現代記号学の祖。

記号学会への「復帰」

立花　それが逆転してくるのが、森常治先生が会長になられた頃からですね。

室井　その頃からの事情は自分の目で見ているのでだいたい分かっています。坂本先生の後になかなか会長が——たしか大会直前まで——決まらなくて、久米博さんが引き受けることになったと思う。さらに久米先生の後に森常治先生が会長になった時、森さんが「ぜひ山口さんに戻ってきてほしい」と山口さんに声をかけ、山口さんがまた記号学会に顔を出すようになったというわけです。

立花　森先生がご自分の後に――森先生の表現だと――「〔山口先生に〕大政奉還したい」、つまり、山口先生に会長をお願いしたいのだけれどと私に言ってこられて、新宿の中村屋で森さんと山口さんがお会いになって、山口さんが内諾された。

室井　それが九七、八年の話でしょ。

立花　そう、九七年。

室井　だから、復帰する――「大政奉還」する――までに一八年もかかったわけですね。

岡本　九七年ということは、山口さんはもう札幌に移っていたのですね。

立花　はい、札幌に移っておられました。たしか慶応大学で大会をやった時、山口さんは出席されてなかったのですが、次期会長は山口さんという話が出て、あれこれ議論があって会長が山口さんに決まり、私がもう一期事務局長をやることになったのです。

室井　僕らはやっぱり坂本さんの中期から後期にいろいろ頼まれて、大会の企画をしたり、それから関西でも……。

吉岡　同志社大学でね。

室井　同志社大学でイベントをやったり、その協力をしたりした。

　僕は八八年に山口さんと知り合ったのがやはり個人的にはすごく大きい。京都芸術短期大学（現在の京都造形芸術大学）に僕が非常勤講師で行っていた時代、山口さんが京都に講演会とかで呼ばれた時には僕にも声がかかって、講演が終わったあとには祇園や山口さんがいつも泊まっている宿に連れていかれたりして可愛がってもらった。それだけではないと思うけど、そういうこともあって山口さんは記号学会に結構顔を出してくれるようになったと思う。それで僕もその後に帝塚山学院大学に勤めていた時に、山口さんや栗本慎一郎さんを呼んで講演会をしてもらった。関西時代には年何回か山口さんと親しくお話する機会があった。

僕が東京に来たのは、九二年の四月から横浜国立大学に来ることになったので、そのちょっと前の三月だったのですが、引越しのすぐ後に山口さんの還暦記念パーティに呼ばれたり、またその後山口さんから呼び出しがあって昭和村の喰丸小学校のプロジェクト*に参加しろと言われて、学生と一緒に参加したりしました。プロジェクトが続いているうちはずっと夏に手伝っていた。まあ気に入ってもらっているのだろうなと思っていました。

立花　岡本さんはどうですか

岡本　私は立花先生みたいに、記号学と山口昌男みたいな形であんまりお話できないのですが……。

室井　個人的なお話から始めるということでいいと思いますよ。

岡本　私は、山口先生とは弟弟子のような関係なんですね。私は社会人類学の馬淵東一*先生の東京都立大学の時代の最後のゼミ学生でした。当時の同級生には後に民族学会(文化人類学会)会長になった大塚和夫君がいましたし、大学院には小松和彦さん、渡邊欣雄さんなど多彩な人たちが在籍していました。馬淵先生は座談が上手な人で、ゼミではいつも研究室のソファに坐ってチョコをつまみにウィスキーを飲みながら雑談を聞かせてくれていましたが、かつての教え子たちの学生時代のこともよく記憶していて、「山口君というのは本当にロマンチックな子だった」などとおっしゃっていました。その山口先生は一九六九年に平凡社の「現代人の思想」というシリーズの一冊に『未開と文明』というタイトルの編著を出されていて、そのなかにレヴィ＝ストロースの「人類学の創始者ルソー」という講演記録も収録されていました。私は文化人類学を学びはじめたところでしたが、その講演録中の「人類学は脱国籍化の技術」ということばに大変共鳴したのを覚えています。それ以来、山口さんの著作はかなり読んでいましたが、あえてご本人に近づこうという気持ち

＊昭和村喰丸小学校のプロジェクト　山口昌男が中心となって福島県奥会津昭和村で毎年実施した文化イベント。「野のアカデミー」の場として幅広い参加者を集めた。

＊馬渕東一(一九〇九—一九八八)　社会人類学者。東アジア、東南アジアをフィールドに親族組織、親族名称、世界観と象徴的二元論などの研究で国際的にも高い評価を受ける。

はありませんでした。

その後、電通に入って仕事していると、当時は――今も基本的にはそうですが――統計的調査をベースにしたマーケティング・リサーチが主流になっていて、ビジネスの世界では文化人類学どころか社会学でさえほとんど認知されていませんでした。私は、心理学をベースに統計手法、数量化手法を駆使するマーケティングというのは、消費の文化的側面にあまり注意を払わないので、これでは非常に偏った見方しかできないと感じていて、文化人類学や構造主義の方法を取り入れた消費者研究の方法を模索していました。そんな時に、私の中学・高校の同級生だった塚原史君が今村仁司さんと翻訳したボードリヤールの『消費社会の神話と構造』（紀伊國屋書店、一九七九年）が出版されました。「モノは記号にならなくては消費の対象にならない」という有名なフレーズがありますが、これは当時の実務家にも大きな影響を与えたと思います。こうしたことがひとつのきっかけになって、ビジネスの世界でも記号論や記号学に対する関心は徐々に高まっていったと思います。私はかなり早い段階から記号学会に入会していました。現在でもそうですが、記号学会は当時からさまざまな分野の実務家も入っていたと思います。建築、デザイン、広告、経営、都市計画……。ある意味でかなり敷居の低いというか、実務の人間も比較的入りやすい学会でした。そうした領域の幅広さというのは、山口さんはじめ創設メンバーの方々の構想のなかにはじめからあったように思います。

記号論的な研究というほどでもないですが、実務の問題意識から記号論に取り組んだのは、八二年ころからです。当時筑波大学にいらした星野克美さんの呼びかけで、紺野登さん（当時博報堂、現在多摩大学大学院教授）、青木貞茂さん（当時日本経済社、現在法政大学教授）などと広告記号論をテーマに研究会をはじめました。先ほども言いましたように、当時は、電通でも博報堂でもマーケティングの王道は統計的調査に基づき、平均値を狙って網をかけるようなマス・マーケティング的なもので、広告代理店のビジネスはコミッション額の大きいテレビなどのマスメディアに結びつけるのが常道とされていました。そういうメインストリームのなかで、記号論的な考え方とか質的調査とかを取り入れていくような志向性はあまりなく、そうした試みは個別の企業のなかだけでやっていると潰されてしまう可能性がありました。電通や博報堂という競合企業を超えた研究会を始めたのはそんな理由があり、共著で何冊か本も出しました。でもその頃は、山口先生とは直接結びついてなかったですね。私自身も構造論みたいなところから入ってきたので、二項対立の分析とかレトリックの分析などを中心にしていました。

室井　ヨーロッパには今でもいっぱいいますよね。

岡本　そうですね。イギリスとか北欧に結構いると思います。

室井　岡本さんもそうですが、広告の記号論とか会計の記号論とか、何でも記号論が結びつくと思われていた時代がありましたよね。山口さんは、会計の記号論なんかもそうだけど、パース嫌いでしたね。ウンベルト・エーコ[*]ともシービオクともすごく仲が良かったのですが、二人ともパースの記号論を持ち上げる役割をしていたので、本当は俺、パースは嫌いなんだよな、と僕には言ったりもしていた。

立花　『記号論の逆襲』のインタビューでもそういう話を結構されていましたね。

室井　シービオクもエーコも好きだけど、あいつらのやっていることは全然おもしろくないと。パース的なものとか、認知科学的なこととかは、山口さんは嫌いだったのではないですかね。

岡本　それで話を戻しますと、記号学会の方はちょうど坂本先生が会長の時代で、他方、アメリカではシービオクさん夫妻と、ノースウェスタン大学のシドニー・レヴィ[*]、フィリップ・コトラー[*]というマーケティング学者が一緒になって記号論とマーケティングの国際会議を何回か開いていました。私もそれに参加して発表したりしていましたので、坂本会長からそういうことをニューズレタ

*ウンベルト・エーコ（一九三二―）　イタリアの記号学者。『記号論（上・下）』（岩波書店、一九八〇年）など多数の著作がある。作家としても『薔薇の名前』など、世界的ベストセラーで知られる。

*シドニー・レヴィ　マーケティング学者。一九四〇年代にシカゴ大学でW・ロイド・ウォーナーらに都市人類学を学び、一九五〇年代から記号論的視点での消費者研究、マーケティング研究を行なう。

*フィリップ・コトラー（一九三一―）　ノースウェスタン大学ケロッグ大学院教授。アメリカ、日本だけでなく世界で最も影響力のあるマーケティング学者の一人。

ーに定期的に書いてくれないかと依頼され、当時内田さんや門内さんが事務局をやっている早稲田大学に行ってお話をしたこともありました。けれども、何となく会員ではあったのですがあまり活発に大会に出なくなってしまいました。いわゆる幽霊会員の時期がすごく長かったのです。

　山口さんと直接に知り合ったというか言葉を交わしたのは、八八年に馬淵先生が亡くなられた時です。ご葬儀に行った折に山口さんとお会いしたら、二人とも自宅が同じ駅だった。初対面でした。そうしたら山口さんが私を知っていると言うんです。私が会社で書いたりしたレポートを三省堂で買って読んだことがあると。電通の先輩社員で山口さんと付合いのあった方が、私のレポートか社内報告書かを渡していたのかもしれません。「やっと現われたな」とその時言われました。それ以来、家が近いということがわかったのでいろいろと交流するようになりました。

　九〇年代初め頃は、私自身が電通総研に移っていました。それまでは直接山口先生に仕事の面でお願いすることはなかったのですが、電通総研のなかで研究会を立ち上げていて、ちょうどその頃山口さんは『へるめす』*に『「挫折」の昭和史』『「敗者」の精神史』（岩波書店、一九九五年）の元になる原稿を書かれていましたので、明治大正期の企業家についての研究会を主宰してくれませんかとお願いしました。そういう関係で、記号学とはそんなに繋がりのないところで山口さんとは付合いをしていた時期が結構長かった。山口さんが記号学会会長になった頃からは、本当に毎日のように呼び出されて行って、そのうち山口先生にあらためて挨拶して、記号学会にも参加するようになりました。

室井　山口さんは、『へるめす』をやっていた頃もそうですが、編集者の方に毎日どころか一日何回も電話をかけてきてこういう資料を集めて持って来いとか言われたそうじゃないですか。みんなそういうのを嫌がって山口さんを煙たがるのだけれど、岡本さんはすごく我慢強い人ですね。僕も山口さんは尊敬しているのですが、うるさいなと

＊『へるめす』　山口昌男、磯崎新、大江健三郎、大岡信、武満徹、中村雄二郎の六人を編集同人に学術誌の枠を超えた拡がりを持つ雑誌として岩波書店から一九八四年に創刊された雑誌。一九九七年終刊。

思うことはありましたね。呼び出されても、すみません、用事があるので伺えませんということはよくありました。

岡本　これはもう偶然ですけど、自転車でぱっと行けますし、そんなに苦にならなかったのです。また、呼び出されても、何か頼まれるというよりは奥さまに淹れてもらった珈琲を飲みながらおしゃべりのお相手をするといった感じでした。

室井　でも大変ですよね。直接今の話とは関係ないけれど、山口さんは若手の人を研究会に連れて行くのも好きでしたね。浅田彰から平野啓一郎に至るまで、若い新人を発見して引き上げるというのが。

立花　引き上げられた方々が恩に着てないというのが問題ですがね。

室井　それは山口さんがうるさいからですよ。しょっちゅう呼び出しを受けて、いい加減にしろということになってしまう。

岡本　若手のひともそうですが、研究会でも遊びの会でもさまざまなジャンルのひとに声をかけて、みなで楽しむ場づくりをされていましたね。東外大ＡＡ研でやっていた「象徴と世界観」研究会などもそうですが、福島県昭和村の廃校になった小学校の木造校舎を借り受けて毎年行なっていたイベントやテニスの「山口組」*などもそんな場だったと思います。だから、いろいろなところに山口ファンがいましたね。私の知っている範囲でも、地方自治体の職員のかたとか、文科省のなかとか美術館のなかとか、あちこちに山口ファンはいましたし、メディア関係やビジネスの世界のなかにもたくさんいました。

室井　山口さんは、メディア大好きなひとでもありましたから、ファンの方も多かったのでしょうね。

＊山口組　山口昌男が五〇代になって始めたテニス仲間たちが自称したテニス同好会。木村修一氏を幹事役に編集者、研究者、演劇人、写真家など多彩なメンバーが集まり、毎週一回、山口氏の自宅近くのテニス場でテニスを楽しんだ。昭和村プロジェクトの際などには、イベントの実施運営にあたるなど、公私にわたって山口氏をサポートした。

会長時代の山口昌男

立花　会長時代の山口昌男はすごく大事だと思います。先ほど森常治先生が「大政奉還」されて、山口さんが会長をされた時の最初の学会大会が一九九八年文教大学で開催されました。大会実行委員長は立川健二さん、テーマは「ナショナリズムとグローバリゼーション」、次が一九九九年札幌大学で高橋康雄さんが実行委員長、テーマが「文化の仮設性――建築から漫画まで」、さらに次の二〇〇〇年静岡県立大学の大会は、田之倉稔さんが実行委員長でテーマが「コレクションの記号論」でした。こういった特集テーマから会長時代の山口昌男を押さえておかなければならないと思う。

文教大学の大会の翌年に出た『記号学研究19』（東海大学出版会、一九九九年）は、大会と同じ「ナショナリズムとグローバリゼーション」というタイトルで、そこで山口さんがいろいろとご自分の記号学に対する考えを序文で書いていらっしゃる。これは引用しておいた方がいいかもしれません。例えば、「文化とは元々、仮設的で仮構的（エフェメラル）な部分から積み上げられてきたものなのである。恒常的で安定していると思われていたものが行き詰った時にすべきことは、この文化の仮設的な部分、つまりシステムの外側で辺境性と先端性を両立させてきたエフェメラルな部分にもう一度立ち返ることではないだろうか」（五頁）と仰っています。これが次の大会テーマの「文化の仮設性」にもつながっている。また、「私がここ十数年、日本近代をエリートの側からではなく、社会的な敗者の視点から見ることの重要性を説いてきたのもこの点にある」（五頁）とも仰っていて、先ほどの『「敗者」の精神史』もそうですが、「敗者」というものがクローズアップされている。山口さんはこの本のなかで銀座の十字屋の創業者である原胤昭*、もともと元幕府の与力で石川島の監獄に捕まって入っちゃう人について、それから橘耕斎*という、これも掛川の敗者なんだけど、その人についても詳しく書いておられる。

ちょっと脱線しますが、山口さんのこういう視点は、私が「昭和の文豪」と呼んでいる山田風太郎*と共通している。私は山田さんと少し接点があったのですが、彼の明治小説というシリーズではだいたい敗者が扱われているし、先の原と橘につ

＊原胤昭（一八五三―一九四二〔嘉永六―昭和一七〕）山田風太郎の明治小説の傑作のひとつ『明治十手架』のモデルとなった江戸～明治・大正期の社会運動家。

＊橘耕斎（一八二〇―八五）江戸末期、ロシアに亡命し、ヤマトフと称してロシア政府に重用された元掛川藩士。山田風太郎の明治ものの短編『ヤマトフの逃亡』のモデル。

＊山田風太郎（一九二二―二〇〇一）作家。「忍法」もので知られるが、幕末～明治期に題材をとった「明治もの」も歴史の虚実を織りまぜた独特のスケールの大きな幻想世界を描き、多くの読者を得ている。

いても山田さんは書いているし、会津の女性たちについてもそうです。だからどこかで山口昌男と山田風太郎のお二人を対談させたいと思ったんですけども、残念ながら山田さんが亡くなってしまって実現しませんでした。

話を『記号学研究19』に戻しますが、同じ文章のなかでは、記号学がこれから生き残っていくとすれば、そうした文化の捉え方のなかにこそ特別な意味があるのではないかとか、「本来雑食的で仮設的なものである記号学は、時代の文化理論のペースメーカーとして活躍する時代とならなくてはならない」と仰っています。それがないと記号学会はだめだと。そこが『記号論の逆襲』での「記号学視界ゼロ」というインタビューにも繋がってくる部分ですね。

しかし山口さんの独壇場になったのは、やはり二〇〇〇年静岡県立大学の「コレクションの記号論」でしょう。いつもは学会ではちょっとしか発言されないのに、あの時だけは出ずっぱりでシンポジウムに参加していらした。それが非常に印象に残っています。学会には当初、『コレクション——趣味と好奇心の歴史人類学』(平凡社、一九九二年)のクシシトフ・ポミアン*さんと『アートフル・サイエンス——啓蒙時代の娯楽と凋落する視覚教育』(産業図書、一九九七年)のバーバラ・マリア・スタフォード*さんを呼ぼうとしていたけれど、連絡しても通じなくて、結局クリスティーヌ・グート*さんという益田鈍翁*を研究している方を呼ぶことになった。それで大会直前に東京で前夜祭としてグートさんの「茶の湯とリサイクルの美学——益田鈍翁のコレクション」という講演を開催し、多数の美術関係者を招いて大パーティをやった。その時の山口さんは大喜びで一人ひとりを紹介していました。山口さんの意気軒昂な時でしたね。

岡本　当時、美術館のキュレーターの人とか学芸員のひとと随分付合いを広げていましたからね。

立花　大会当日のシンポジウムはコレクションについていろいろな人が話すというものでしたけど、その時に「登場した方々は全部私の人間コレ

*クシシトフ・ポミアン(一九三四―) ポーランドの哲学者、歴史家。代表作に『コレクション——趣味と好奇心の歴史人類学』(平凡社、一九九二年)など。

*バーバラ・マリア・スタフォード(一九四一―) アメリカの美術史家。代表作に『アートフル・サイエンス』(一九九七年)、『ヴィジュアル・アナロジー』(ともに産業図書、二〇〇六年)など。

*クリスティーヌ・グート コロンビア大学の日本文化研究者。

*益田鈍翁(一八四八―一九三八) 実業家・茶人。

クションだ」という言い方をまず山口さんがされて、凄いことを言うなと感心しました。またその時、山口さんがコレクションということに対して、マージナルな方から、つまりガラクタから始めるということを仰っていて、クルト・シュヴィッタース*とか石井研堂*とかに関しても発言されていた。もちろん、フロアとの最後の質疑応答の際の山口さんの質問のさばき方も凄かった。いい意味でも悪い意味でも面目躍如という感じでした。

室井　面目躍如ということで言うと――僕自身が大会実行委員長をやったからでもありますけど――その次の年の「暴力と戦争」の大会を横浜国大でやった時の、宮崎学（ヤクザの組長を父に持つノンフィクション作家。『突破者』などの著書あり）と登壇した席での山口昌男もちょっと凄かった。だって僕なら宮崎さんと一緒に喋れないと思う。あの時の山口さんも相当面白かったですよね。

立花　その後にどこかからこの大会の話を聞いた鈴木邦男（新右翼団体「一水会」名誉顧問）さんがぜひその本をくれっていうから、岡本さんに送ってもらいました。鈴木さんがどうしてあの人（宮崎学）が大会に出ているのかって聞くから、たまたま私が知っていたからと答えたのですが。山口さんはその後もう一回、宮崎さんと対談みたいなことをしたいって言っていましたよ。

室井　全体の企画は僕がやったのですが、宮崎学を呼んだらって言ったのは立花さんで、僕はその時「えー」と思っていたけど、結果的にあれがいちばん面白かった。本当は、二〇〇二年五月の大会だから九・一一（同時多発テロ事件）を受けるつもりだった。でもそういう話にはならなくて、暴力団の話になって結果的にそれがいちばん面白かったんです。だけどあのおかげで、当時の学会誌の出版社にも手を引かれちゃった。ブッシュの悪口も関係していた。まだブッシュの悪口をどこもマスコミが控えていた時期で、ブッシュみたいな頭が悪い奴がどうこうみたいな話をしたのを、こういうものは出版が難しいとなってしまった。

立花　でも、たまたま知りあった友人を介して私

*クルト・シュヴィッタース（一八八七―一九四八）　ドイツの芸術家。コラージュ作品である「メルツ絵画」が代表作。

*石井研堂（一八六五―一九四三）　明治・大正期の編集者、博物学者、文化史家。『少国民』『少年工芸文庫』など科学雑誌、読物の編集、執筆を通して明治期の少年たちに大きな影響を与えた。

たちは出版にこぎつけようと努力しました。

室井　そういうことをしていたら、世間全員がブッシュの悪口を言うようになっていた。二〇〇二年の大会だから二〇〇三年にこの号を出す予定だったのですが、二〇〇三年三月にイラク爆撃が始まって、その直前からメディアが全部ブッシュの悪口を言いはじめたので、まあ問題ないやということになった。

立花　そういうこともあって、ふたたび友人を通して交渉すると、出版してもいいですと言ってきて――別に暴力を賛美してないのだから――いちおう本は出た。だけど、本の宣伝はまるきりなかった。あれは残念だった。

吉岡　出しますが、それでうちでの出版は終りですと。

室井　吉岡さんもそうだけど、僕たち記号学会の大会を何回か引き受けたことあるのですが、まあいい思い出がない。九五年、オウム事件の直後に僕が横浜で「グローバリゼーションの記号学」というテーマで記号学会の大会をやったけど（第一五回大会一九九五年五月、横浜開港記念会館）、全然ひとが来ませんでした。オウム*の地下鉄サリン事件があって、みんな外出したくない時期だった。人が集まらない。オウムとか震災*とかあった年でしょ。その時グローバリゼーションとマルチカルチュラリズムっていうのはちょっと間違ったかなと思っていたんです。それで「暴力と戦争」の大会（第二二回大会二〇〇二年五月、横浜国立大学）の時も九・一一をテーマにして力が入った割には、全然それに応えるパネリストがいなかった。

吉岡　僕なんか三回も大会実行委員長をやったんですけどね。最初室井さんに誘われて理事になった時には勤めていた甲南大学で「生命の記号学」というテーマで畑中正一さん――ウイルス研究の方――を呼んで（第一三回大会、一九九三年五月）、その次は、山口さんが会長を辞めた時にIAMAS（情報科学芸術院大学）に僕が赴任していて、ここは変わった学校だから大会をできないかということになってやった（第二一回大会二〇

＊オウム　オウム真理教のこと。化学兵器を使った無差別テロ事件（地下鉄サリン事件、一九九五年三月）など一連の事件を起こした。

＊震災　一九九五年一月一七日に明石海峡を震源に発生したマグニチュード七・三の大地震。阪神淡路地方に起きた建物の倒壊と火災などの大災害。

〇一年六月、大垣市情報工房)。
室井　饅頭つくったんだよね。
吉岡　記号饅頭。「記号」という焼き印を作ってもらって饅頭に押したんですね。学生が働いてくれたので、交通が不便なところだったんだけど、なんとか開催できた。
室井　三回目が、山口さんが最後に顔を出した時でした。
立花　『遍在するフィクショナリティー』(日本記号学会第二八回大会二〇〇八年五月、京都大学)の時でしたね。「コレクションの記号論」の大会の時に話を戻すと、その号(『記号学研究21　コレクションの記号論』(東海大学出版会、二〇〇一年))で山口さんは二十世紀の名著として、石井研堂の『明治事物起源』とフレイザーの『金枝篇』*、それと、ホイジンガの『ホモ・ルーデンス』をあげておられる。そのあとに大きな大会で山口さんが発言されたのが、さっき話題になった二〇〇二年横浜国大での大会の特集号『記号学研究23　暴力と戦争』(東海大学出版会、二〇〇三年)です。そこでも山口さんは、「記号学として取り入れることができればいいと思うのは、制度の外にあって明治以降人間として扱われなかった最大のもの、団結したこともなく個々バラバラにされている人たち、刑余者です」(四九頁)と仰って、それらの人々と対話しに行ったのが先ほど出た明治時代のキリスト者である原胤昭で、そこでさっきの「敗者」の視点がふたたび出てくる。

中心と周縁のダイナミックス、北海道というマージナル

立花　ところで最近、山口さんを偲ぶシンポジウム*があったようなのですが、その際にある登壇者から「中心と周縁」について少々批判的な発言もあったと聞いていますね。
室井　「中心と周縁」理論をはじめとして、「人類学者のひとたちが単純な図式を用いて」というような批判をされるという話はよく聞きます。それは、要するに周縁っていうのは内部の話にすぎないという批判ですね。たとえば山口さんがその前

*ジェームズ・フレイザー(一八五四―一九四一)　イギリスの社会人類学者。世界各地の民族・民俗資料を渉猟して王権の起源を探った『金枝篇』(岩波書店、一九六六年)は文化人類学の古典。

*ヨハン・ホイジンガ(一八七二―一九四五)　オランダの歴史家。『中世の秋』(中公文庫、一九七六年)、『ホモ・ルーデンス』(中公文庫、一九七三年)で知られる。

*山口さんを偲ぶシンポジウム　山口昌男を偲び、二〇一三年六月七日、元職場であった東京外国語大学アジア・アフリカ言語文化研究所が主催したシンポジウム。

にやっていた王権論でもそう批判されるのかもしれない。人類学というものには本来、文明や社会の外部というものが入ってくるはずだと思う。たとえば死後の世界とかあの世とかね。それに対して山口さんの周縁理論とは、円環の内側のダイナミックスということにばかり関心をもっているけれど、それは違うだろうというような批判だと思う。また、ポスト構造主義の側からも、外部の問題——『現代思想』の「構造とその外部」という浅田彰の連載もあったけれど*——、外部の視点が山口さんにはないという批判もある。たしかにそのとおりな部分はあると思います。

でも逆に山口さんは、人間社会の「中」ということにものすごく関心のある人で、その「中」でマージナルなものと権力の側にあるものとのダイナミックな循環みたいなものに強い関心があった。だけどそれは、二項対立のプラスとマイナスという図式ではなくて、そのダイナミックスそれ自体に関心があったという点、なおかつ自分自身もそのダイナミックな関心の「中」に置こうとしていたことが、山口さんの面白いところだと思う。だから「ホモ・ルーデンス」ということも話に出たように、自ら遊び、自ら道化を演じ、自らができあがったものをつねに壊す側に立って社会をかき回してやるという姿勢があった。昔、「活性化」という言葉が流行ったけど、そういう活性化の運動の中心にあるようなひとです。だから『へるめす』という雑誌を作ったときもそうだけど、ヘルメスっていう道化の神様みたいな交通の神様のようなものに自分をなぞらえようとしていた。そういう知識人のあり方もすごくユニークだった。書斎に閉じこもる学者とは違って、つねに自分をさらけ出して動いているというのが、山口さんのオリジナリティだと思うのです。まあ、僕らにはそんな元気はないし、そんなあらゆる人間や、あらゆる敗れて消えていった人たちを綿密に調べようというふうに僕らはあまり思わない。それは資質の違いでしょう。だから理論的な面から「中心と周縁」という図式だけで考えると非常に単純だと思うのですが、自らがダイナミックスの

*後に『構造と力』(勁草書房、一九八三年)に所収。

なかに身を置こうとしたところは真似ができないし、山口さんの凄かったところだと思いますね。

立花　さっきの私の話につなげれば、二項対立とか境界といえば、たとえば明治政府では旧幕臣系と薩長系という二項対立があるけれど、山田風太郎の場合は、死後の幽霊の世界をプラスしている。だから山口さんとは違った視点がでてきて対談すると面白いなって思っていたんですよ。例えば『幻燈辻馬車』（新潮社、一九七六年）にはしょっちゅう亡霊が出てくる。

室井　でもどうしても気になるのが、山口さんはもともと網走、こう言ってよければ荒涼たるところにいたということですね。そういう場所から出てきて、書物とか知識とかいうものにどんどん入っていったのはどういうきっかけがあったのかなとも思います。最初にお目にかかった時に家族の話を少しうかがったのだけど、相当な僻地のご出身ですよね。

立花　みたいですね。

室井　高校も北海道だったんですかね。

立花　網走なんとか高校。

岡本　そうですね。網走南ケ丘高校だったかな。

室井　でも、東京に出てきてもう爆発したんでしょうね

立花　いや、向こうでも相当読んでいたっていう話を聞いたけど。

室井　本は読んでるけど、人に頼らないじゃないですか。

立花　友達がいてその人がいっぱい本持っていて。それ、よく話しておられたでしょ。

室井　まぁ大学時代から有名だったらしいですけどね

岡本　ああ、そうなんですか

室井　そこから東大に入って、あらゆる資料やあらゆる物に関心を持ちはじめたのはどういう経緯なのかなと思って。

そういうこととも関係があると思うのだけど、札幌大学に文化研究センターを作る際にも、文化「センター」ではなくて文化「周縁」をつくると言ってこだわっていた。「文化周縁」って、英語

にしたら意味わからないですよね。でもセンターっていうのが嫌い、マージンっていう言葉じゃないといやだっていうのが、北海道出身者ならではのことなのかとも思う。

岡本　北海道に関しては、柳田國男*と会った時の話をよくされていましたよね。君は出身地どこかと聞かれて、北海道ですと言ったら、じゃぁ民俗学はダメだな、アハハ、と笑われてそれでおしまいだったと。

室井　民俗がない。

岡本　山口さんは、札幌大学時代の学生との関係ってどうだったのでしょうね。八〇年代は（東京外国語大学の）AA研に勤めていたので、直接学生を持っておられなかった。八八年に話をした時に、山口さん、僕みたいにあまり偏差値の高くない学生と毎日しゃべったことないでしょ、話がちゃんと伝わんないですよって言ったら、ちょっと悔しそうな顔をしていた。その後九〇年代に会ったら、その時はお茶の水女子大で非常勤をしていて、女の子を一〇人くらい連れていろんなところを回っていて、それにばったり会ったことがある。得意げにしゃべっていて、なんかこのひと、学生をこうやって持つと学生のことも好きなんだと思って。

岡本　そうですよね。静岡県立大学で初めて学生を持った時は、石井研堂の『明治事物起源』をテキストにして話していたみたいですけど、結構学生さんの面倒をよくみて、それが嬉しくてしょうがなかったようでした。

立花　札幌でもそうだったのではないですか？

岡本　札幌大学でもそうでしたね、何人かの学生さんをすごく熱心に指導していました。

室井　でもあまり弟子を作ったって感じはしないですよね。弟子というかなんというか、自分が引き上げたひとはたくさんいるけどね。

国際記号学会と山口昌男

室井　僕と吉岡さんは国際記号学会にちょっと接点があって、坂本さんの時代に、パースをやっているポズナー*とデルダール*が会長・副会長の時

*柳田國男（一八七五—一九六二）　民俗学者。日本人の幸せをテーマとした学、また日本人の内省の学としての日本民俗学を打ち立て、その体系化と組織化を自ら行なった。

*ローランド・ポズナー（一九四二—）　ドイツの記号論学者、言語学者。代表作に *Rational Discourse and Poetic Communication*, Mouton, 1982 がある。

*ジェラール・デルダール（一九二二—）　フランスの哲学者。著書に *À la recherche d'une méthode de Charles S. Peirce*, P.U. de Perpignan, 1993 など。

に、南フランスのペルペニアンでの国際記号学会の大会*（第四回、一九八九年）では坂本さんが一度副会長になって、そのあと九七年ドイツのドレスデンでの大会（第七回大会、一九九七年十月）のときに、山口さんが日本記号学会会長ということで一緒に学会に行った。その時はシービオクがいて、山口さんが彼と一緒にランチに食べるのに連れていってもらった。本当は吉岡さんも誘ったけど、吉岡さんはその時いなかったんだよ。

立花　でもあの時に感激して電話してきたでしょう。

室井　感激しましたね。特権的体験ですね。

立花　いやいや、駅、降りたら霧がいっぱいでホテルと反対方向に行っちゃったと思っていたらという……。

室井　ばったり山口さんに会ったっていう話？

立花　何があったのかと思った。

室井　吉岡さんと同じ、東ドイツ時代のすごくしょぼくれたホテルに泊まる予定だったけど、普通ヨーロッパの街って通りに番地があって偶数番と奇数番で道の両側に番号が振ってある。ホテルの番地がすごく若い番号、たしか十番とかそれくらいだった。駅からその通りが続いているのがわかっていたから、十軒分歩けばホテルだと思って深夜十一時くらいに駅まで電車で行って、タクシー代はもったいないからって駅から歩きはじめたら、ドレスデンって空襲を受けて完全に焼けているからほとんど家がない。これは大変なことになったと思った。実際にはホテルまで一キロ少々だったかな。でもあまりに人通りがないので、今度ひとと会ったら道を訊こうと思っていたら若いカップルが歩いてきて、その前に白いコートを着た老人が歩いていた。老人はスルーして後ろのカップルに道を訊こうとしたら、その老人が山口さんだった。山口さんは上機嫌で、「おう、吉岡と今飲んでいたけど、お前が来たからもう一回戻ろう」って、僕のスーツケースを持ってくれて、「いやいいですよ」って言ったら、「いやいや俺は元気だから」ってスーツケースを転がしてホテルに行って、また吉岡さんを呼び出してバーで飲んで、山口さんはその後、自分が泊まっている駅の向こうのホテル・アイビスまで二キロ近く自分で歩いて帰ったわけ。それに感激して立花さんに夜中に電話した。

立花　事件にでも巻き込まれたのかと思った。

室井　あの時は大会中ずっとご一緒して、最初のオープニングのパーティから山口さんが皆に引き会わせてくれて、その当時の国際記号学会の皆さんを紹介された……あの後、大変だったよね。日本で大会をやれと言われてね

吉岡　あの時の山口さんはすごく楽しそうだった。今思い出したけど、僕がシービオクとの会合に出られなかったのは、あの時イェスペル・ホフマイヤーが学会に来ていたんですよ。それでホフマイヤーが生命記号論のシンポジウムをやるので、予定はなかったんだけども僕にも急に出ろって言われた。すごく嬉しかったからそこでしゃべりたくなった。

室井　山口さんは吉岡さんのことも待っていたけど、もういいって言って、シービオクが泊まっている豪華なホテルに行って、中庭で二人が一時間ぐらいしゃべっていたのを横で聞いていたんです。これは結構感動的だった。要するに話は、昔あなたに声をかけてもらってうれしかったみたいな話から、それからずっとあったことの四方山話だったんですが、シービオクのことをほんとに好きなんですね、山口さんは。でも、シービオクがやっていることの中身にはあまり関心ないんですよ。

岡本　そうですね。

室井　そのときの大会にはウンベルト・エーコも来ることになっていたのですが、結局来なかった。その後二〇〇六年に僕がヨーロッパに行っているとき、イタリアのウルビノでセミナーがあって、エーコが三日間ぐらい来ていた。ふと会場の外で僕がタバコ吸っているときに、たまたまエーコがぽつんといた。「もしかしてエーコ先生ですか？」って話しかけて、「以前に山口さんに国際記号学会に連れてこられた時には会えなかったけれど、その後に山口さんにエーコを呼べと言われ

て一回連絡を取ったことがあるんです、でもミラノに何回電話をかけても連絡がつかなかった」って言ったら、「そりゃそうだよ。ミラノの家なんか一年に一週間くらいしかいないんだから」みたいな話をした。それで、「昌男どうしてる」って言うから、いま脳梗塞でちょっと調子が悪いって言ったら、「あんなに世界中を動き回っていたやつがどこにも行けないんだ、それは大変だろう」ってすごく心配してくれていました。めったに会うことはなかったみたいですけど、本当に仲が良かったみたいです。山口さんは以前エーコの推薦で国際記号学会の副会長になったこともある。だからやはり、ウンベルト・エーコとトマス・シービオク、そしてもちろんカナダのブーイサックとも山口さんは仲が良かった。

移動への飽くなき欲望

室井　ところで山口さんが歩けなくなってからがすごく大変でしたよね。

岡本　山口さんは最後まで、あちこちに行きたかったんですよね。たとえばパプアニューギニアに行きたいとか。

室井　立花さんと一緒にいる時も、南太平洋の美術品を収めた美術館をどこに作るかみたいな話をしていた。

立花　パプアニューギニアの美術品を集めている埼玉県のコレクターがいて、それを埼玉県の鶴ヶ島市に寄贈した。ところが鶴ヶ島市がもてあまして生徒のいない小学校か中学校の教室に収納していた。もったいないからどこかに置こうって、それを知った山口さんが声かけをしてあちこちの美術館に交渉しかけたけど、うまくいかなくてどうするかってなり、大学に寄付する話も出た。あれこれあったけど、今はまだ鶴ヶ島市が持っているっていう話。

岡本　武蔵美（武蔵野美術大学）にまとめて置いてもらおう、という話もありましたね。

立花　そう。でも場所がないって大学が断わった。それでどうするかとなって、そのあとに福島の海岸沿いにある水族館の理事に知合いがいて、そこが引き受けてくれるっていう話にもなったのですが。

岡本　結局あの話もね、山口さんは別に関係ないのですよ。

立花　そう？

室井　どっから山口さんに関係があるの？

岡本　パプアニューギニアというか南太平洋にあこがれがあって、それに関係していたいと思っておられた。奥さんはもうあなたには関係ないんだから、余計なことに口を出して大変な思いすることないんだからって、さんざんおっしゃっていたんですけど。立花先生も含めていろんな人に声をかけていましたね。

室井　別に館長になってくれって言われたわけじゃないよね？

岡本　違いますね。

室井　そもそもなんでパプアニューギニアに行きたかったの？　さらに何か集めてコレクションを？

岡本　文化遺産の再発掘という面からも強い思いを持っておられたように思います。たとえば、山口さんは文藝春秋で二〇〇〇年に出版した『私の死亡記事』という一〇二人の有名人が自ら自分の死亡記事を書くという本に寄稿されてましたが、そこでも自分がインドネシアのブル島で倒れているのを発見されたというように書かれていましたよね。

立花　山口さんが山の中で倒れているって文章でしょ？

岡本　モルッカ諸島の島のある場所に『お千代船』という手製の揮毫本を秘め匿しておいたのを取りに行かなければといって旅立ったまま帰ってこなかった、という話です。身体が動かなくなれてからも南太平洋、とくにパプアニューギニアには本気で行くつもりで計画を立てていました。

室井　行きたくてしょうがなかったけど、脳梗塞で体があまり動かなかった。それで、よく知っているひとに、現地では車椅子に乗っている老人なんかいたら後ろから棍棒で殴り殺されますよって言われて、さすがにそれはかなわないと思ったって。

立花　パプアニューギニアのものを保存するときに自分が最大の協力をしたということで、パプアニューギニアに行きたい、そういう思いが強かった

室井　脳梗塞で体が不自由になって、たとえば広い通りの横断歩道の信号が変わるまでに渡り切れないぐらいゆっくりとしか歩けなくなったりもして、そういう状態なのに記号学会の理事会に何度も顔を出していた。僕が憶えているのは渋谷のルノワールでの理事会のあとにエジプト料理をとりつかれたように食っていて、大丈夫かなぁこのひとと思っていたら、今から下北沢のほうに行かなきゃいけないって言う。相当驚きました。

立花　私が漫画家の畑中純の展覧会が下北沢であるので、そこに行きますって言ったら、俺も行くって言い出した。それで僕はその前にちょっと寄るところがあるからと言ったら、山口さんは先にタクシーで行っていると。私が行ったら、山口さんが少し遅れて着かれたんだけど、階段昇れなくて引っ張りあげた。重かったですよ。

室井　本当に凄いなと思った。そういうことが何回かあって、たまたま新国立劇場の小ホールで田中泯（舞踏家）の公演を見に行った時にも山口さんがいたんです。エスカレーターの下のほうから「おーい」と声をかけられて、細江英公さん（写真家）もいるからちょっと一緒に飲んでいこうって。

岡本　そうでしたね。

室井　でも全然動けないから、上の階に行くまでにすごく時間かかった。たったワンフロアなのにものすごい時間かけて、実感としては一時間ぐらいかかった気がする。で、イタリアンの店にはいるとワインをボトルで頼んでね。

立花　凄いですよ。あのどこへでも行こうっていう好奇心。

室井　京大の大会の一週間前に、唐十郎さん（状況劇場）の紅テントで山口さんが死にかけているのを発見したこともあった。山口さんに話を聞いたら、誰も送ってくれるひとがいないから府中の

駅までタクシーで乗りつけて、そこから新宿駅まで電車で行き、駅からタクシーでゴールデン街の隣りの花園神社裏まで着けて、そこからテントの入口まで四〇分かけて歩いてきたという。一幕の途中に入ってきて、劇団員が椅子を置いてあげた。

立花　なかなか坐れなかったんじゃない？

室井　うん。幕間の休憩で出ていくと、本当に死んでるみたいなんですよ、精魂尽き果てて。山口さん、救急車呼びましょうかって言ったら、大丈夫だって言って。

岡本　そういう好奇心というか、見たいという気持ちのほうが強くて、自分の体のことは二の次。

室井　ふつうあれだけ調子悪かったら家から出たくないと思うんだけど、そこは絶対に欲望をあきらめない。

立花　そう、そこはたいしたものだと思うよ。

室井　なんなんですかね、あれは

立花　あれはすごいとしか言いようがない。

室井　だから、体が丈夫な時はどこでも行きたいと言う。本当に世界中どこにでも顔を出す。

おわりに

編集部〔前川〕　最後に吉岡さん、なにか締めになる言葉はありますか。

吉岡　いや、僕自身が京都にいたということもあるので、この三人の方みたいなそんな個人的な関わりがないんですよね……。最初会った時は、「なんかお前今福（龍太）に似てる」って言われて。

室井　顔が？

吉岡　似顔絵を描いてもらった。

立花　あぁ、そういえば、私の別荘の客間に山口さんの絵がある。でかいやつが。札幌大学で山口さんに会ったときに、この絵いいですねって言ったのね。そうしたら、じゃあ送るって言われて。

室井　あれじゃないの、銀座の画廊「巷房」でやったアフリカの絵でしょ。

立花　そうそう。そこにね、せっかくだからサインして下さいって言ったら、照れながらひらがなでね、「まさを」って書いてくださった。貴重品ですよ。あとでご本人も見にこられた。

室井　そのあと、いっぺん発作を起こした後にもね、ヨーロッパに半年行って版画展やってとかという話があった。

立花　やっぱり山口さんは、絵がうまいですよ。

吉岡　たしかそれは九九年にあったスケッチの展覧会で、京都の丸善でやった。*

室井　アフリカのスケッチはうまいけど。即興で書く似顔絵がうまいかどうかはまあ議論の余地がある。

立花　それはわかる。

室井　必ずやるもんね。

立花　やる、やる。

室井　自分でも言うんだよね。僕はマンガが得意だからって

岡本　たしかにね。うまいなと思うときもあるし、そうでもないときもある。

立花　そうそう。だからマンガはそれほどと思わないですけどね。ああいうスケッチは上手ですよ、すごく。

吉岡　フィールドワークの時に絵を描くって言っていて。写真ではだめなんですかって聞いたら、写真だと忘れるって。描くと覚えるらしい。

立花　そういう人は結構いるけどね。それに比べてはるかに上手ですよ。画家としての山口昌男っていうのがあってもいいんじゃないかと思うけど。

吉岡　話を戻すと、断わり切れないような仕事を押しつけられたっていうことは、僕はないですね。

室井　山口さんが書くって言ってきた原稿のことを以前言ってなかったっけ。

吉岡　それは、二〇〇〇年に京都芸術センターの仕事を始めて『Diatxt.』*という雑誌を立ち上げて、その一号が出たのを山口先生に上げたんです。その時に山口さんに、次は「学校」というテーマを考えてるんですけどというぐらいの話をして、別にその時に書いてくださいとは言わなかったのですが、そしたら突然電話がかかってきて、

＊「山口昌男のドローイング展」、東京・札幌・京都の丸善を巡回、一九九九年三月から七月。

＊『Diatxt.』 二〇〇〇年より京都芸術センターから発行された芸術批評誌。一六号（二〇〇五年）で休刊。一号から八号の編集長は吉岡洋がつとめた。

君のやっている京都のなんとかいう雑誌に、次書くからって言われて、ありがとうございます、って答えたことがある。

立花 それで、書かれたの？

吉岡 はい。すごくうれしかった。とても書いてはもらえないと思ってたので。原稿料はほとんどないですからね。

岡本 美術雑誌の『あいだ』にもずっと連載されていましたよね。あれも原稿料はもらっていませんでしたね。

吉岡 そうです。

岡本 原稿料はいらないから書かせてくれと自分から申し出る。そういうところがありますね。

立花 だからたぶんそれはね、自分に好奇心があって、それをそそったから書くって仰ったんじゃないの。でなかったら書かないでしょ。

室井 締めになるかわからないけれど、記号学会と山口昌男ということで皆さんでいろいろと振り返って話をしてきました。日本記号学会と山口昌男というテーマに戻ると、やはり山口さんが日本記号学会の会長だったということも世間から無視されているし、今さらという感じもたしかにある。

立花 あの当時に会長になったのはよかったのだけれど、それまでに会長にならなかったというのが最大の不幸だったと思う。

室井 やっぱりその、九〇年前後と言うか、日本の文化史をやる頃からね、少し変わったのかなという気はしますね。あの、どっちかっていうと……。

岡本 もともと、歴史、国史の出身でしたからね。文化人類学や記号論から離れてしまったと受けとられたようなところがありましたね。だから、日本の近代史を「敗者」、あるいは「稗史」の側から読み直し、書き換えるというある意味でドン・キホーテ的な試みは当初、あまり理解されなかったと思います。

室井 『「敗者」の精神史』だって、文化史、国文学系の人たちのほうが近いのかなっていう感じはしていました。でも石井研堂やシュヴィッタースについての言及は、いわゆる国文学者とは全然違うスタンスでしたからね。

立花　そうそう。

室井　『説き語り記号論』の頃はやはり山口さんに関心ある人はいたかもしれない。山口さんは、やはり本だけ出していた七〇年代がいちばん名声は高かったような気がする。岩波文化人の時代というか、『へるめす』の時代というか、山口さんが、鈴木忠志さんとか中村雄二郎さんとか、あのあたりと組んでいるときは、年はまだ五〇歳くらいだけどもう大御所感ありすぎて権威的な感じがしていたから、人気はあまりなかったと思うんですよね。山口さんとしてはやっぱり、マージナルなほうがやりやすかったんじゃないでしょうか。七〇年代に僕らが学生の頃は、山口さんの人類学だけではなく、ワールブルク学派とか、一九二〇年代のヨーロッパの知の交差点とか、二〇年代にあらゆるものが沸騰する時代という、ああいう話や語り口にすごく惹かれて影響を受けているような気がしますね。だから、美術史学者や文化史やっているひと、そういうひとたちにすごく大きな影響を与えた。それこそさっきのバーバラ・スタフォードもそうだけど、高山宏さんみたいな人が出てくるきっかけになったかもしれない。グローバルな広がりをもったいろいろな知識を駆使して話をされるというのが、やっぱり山口さんの特色だし、なかなかああいうことができる人はいないと思いますね。

第五部

記号論の諸相

研究論文

究極的な論理的解釈項としての「習慣」とパースにおける「共感」

佐古仁志

本稿の目的は、「共感（sympathy/empathy）」にまつわる近年の研究成果を踏まえ、パースの「習慣（habit）」、特に、究極的な論理的解釈項としての「習慣」を考察し、展開することにある。

パースは「習慣」を多々論じているが、特に、進化論的宇宙論におけるアガペー的進化の原理としての「習慣」と、プラグマティシズム[*1]における究極的な論理的解釈項としての「習慣」が重要である。ただし、パースの「習慣」研究の多くは、これら二つの「習慣」のどちらか一方のみを集中的に論じるか、その二つの「習慣」を区別せず論じている。[*2]

パースの進化論的宇宙論は、アガペーという言葉からもわかるように、ある種のロマンティシズムのもとに論じられており、そこで用いられている「共感（sympathy）」や「努力」という語には注意が必要である。また、究極的な論理的解釈項としての「習慣」は知的概念の意味に関わるものであり、進化的な連続のもとで「共感」と「努力」により特徴づけられる「習慣」と拙速につなげることはできない。

しかし、近年の心理学、動物行動学、神経生理学における科学的な「共感」の研究（Wispé 1991；de Waal 2009；Iacoboni 2008）は、進化的な連続のもとでの「共感」と「意味」のつながりを示唆

＊1　パースは、自らの説をジェイムズやシラーのプラグマティズムと区別するために、「誘拐犯たちから誘拐される心配がないくらい十分に醜い」（CP. 5.414）プラグマティシズムという語を造語した。パースにおけるプラグマティズムからプラグマティシズムへの変更の含意については伊藤（一九八五：七二―七三）を参照。

している。

　そこで本稿では、近年の「共感」研究を考慮に入れることで、パースの二つの「習慣」の積極的なつながりを「共感」に見いだす第三の道を提示し、パースにおける「習慣」、特に究極的な論理的解釈項としての「習慣」の持つ可能性を明らかにする。

1　パースにおける「習慣」概念

a　究極的な論理的解釈項としての「習慣」

　究極的な論理的解釈項（ultimate logical interpretant）としての「習慣」は、パース研究者の間でしばしば注目されるが、その語が現われるのは、晩年の未刊行論文「プラグマティシズムの概観」（一九〇七）（CP. 5. 464-496）[*3]においてであり、パースにより十分に展開されているわけではない。

　パースはこの論文でプラグマティズムを、知的概念の意味――「対象としての事実にかんする論証がそれらの概念の構造に依存するような概念の意味」（CP. 5. 467）――を確定する方法と定義している。このように定義される知的概念とは、単に何かを指し示すことや、単なる出来事や属性の集積から構成されるものではない。それは、ある条件下ではある一般的な仕方で振る舞うであろうというwould つきの条件法的な形で記述され、予期性を伴う肯定的判断に含まれるものである。そして、この知的概念の意味を形成するものが、究極的な論理的解釈項としての「習慣」である。

　では、この「習慣」はどのように形成されるのであろうか。パースはこの論文のなかで、誰もが二つの世界に住まうことを前提にしている。一方が、強制力はゆるやかで、筋肉運動ではないわずかばかりの直接的な努力によってすら大きく姿をかえる内的世界（the Inner World）であり、もう

＊2　Nöth（2010）は、究極的な論理的解釈項としての「習慣」を進化的な連続のもとで捉えることを主眼にしているが、アガペー的進化における「習慣」には言及していない。乗立（二〇〇二）は、これら二つの「習慣」の関係に触れてはいるが、その論の中心は究極的な論理的解釈項としての「習慣」にある。また、Hoffmeyer（1996）は、進化的宇宙論における「習慣」を、パースの形而上学の要点として捉えているが、解釈項との関係は述べていない。

＊3　慣例に倣い、パースからの引用は、*Collected Papers of Charles Sanders Peirce*, Vol. I–VIII, Harvard University Press, 1934-1958 の巻数とパラグラフ・ナンバーであらわしている。

一方が、否応なしの強制で満ちており、変更するには筋肉運動によるほかはない外的世界（the Outer World）である（CP. 5. 474, CP. 5. 487）。

ここでの内的世界と外的世界という区分は唐突であるため、少し補足を行ない、デカルト的二元論とは根本的に異なるということを指摘しておく。

パースは、内的／外的という対を使うときに、Inner/Outer に限ることなく、さまざまな語（internal/external など）を用いているが、内的世界が筋肉の運動を伴わない空想の世界であるのに対し、外的世界が筋肉の運動を必要とする事実の世界であるという点でほぼ一貫している。

また、パースは、これら内的世界と外的世界について、「その違いがどんなに大きいとしても、それは結局相対的なものである」（CP. 5. 45）とも指摘しており、この点で、デカルト的二元論とは決定的に異なっている。また、ここには内的世界と外的世界を同じ素材（精神）から構成される二つの層と考えるパースの客観的観念論が現われてもいる。このパースの観念論およびその展開については、進化的宇宙論と密接な関わりがあるため、後でもう少し詳しく触れる。ただし、究極的論理的解釈項としての「習慣」の議論に、非明示的な形とはいえパースの観念論が現われていることは、これまでほとんど論じられていないが決して見過ごされてはならない論点である。

このような二つの世界を前提にした上で、パースは外的世界における上手くいかないという不随意的な経験から、内的世界に派生する仮説（相対的な未来に関わるもの）を最初の論理的解釈項と呼ぶ（CP. 5. 481）。そして、そのようにして生じた論理的解釈項が、内的世界におけるいくつかの段階を経て究極的な段階に達することで、特定の条件下で、特定の方法で振る舞うという究極的な論理的解釈項としての「習慣」を形成することになる（CP. 5. 491）。

以上のように記述される「習慣」は、一般に考えられているように単なる肉体的な繰り返しによって身につけられるものではない。きっかけとして外的世界からの作用を必要とするものの、あくまでも内的世界における想像の作用により、数々の相対的な未来への予期という段階を経て、その振舞いの傾向に影響を与えるよう身につけられるものである。その意味で、たった一度しか行なわれない行為でさえ「習慣」に基づくものなのである。

b　アガペー的進化における「習慣」

ここでは、進化的宇宙論における「習慣」について、以前考察したパースの「進化論」（佐古 二〇一三）を簡潔にまとめつつ確認する。

パースはその宇宙論において「進化」の様式を三つに分類している（CP. 6. 287-317）。第一の様式は、ダーウィンに代表される偶然的進化である。パースは、ダーウィンの進化論を、「偶然が秩序を生み出すという考え」（CP. 6. 297）として近代物理学の礎石の一つとみなすと同時に、「自然淘汰」を「貪欲の福音」（CP. 6. 294）であると否定しており、その評価は両義的である。

第二の様式は、必然的進化である。必然的進化には、現代的にいえば遺伝子決定論に分類される内的必然的進化（CP. 6. 298）と、「地殻の大変動による進化」という外的必然的進化（CP. 6. 312）という二種類の様式がある。ただし、パースはどちらも不十分であると述べている。

最後が、目標志向的な「努力」と他者への「共感（sympathy）」を通じた進化、すなわち、ラマルク的な獲得形質の遺伝に基づくアガペー的進化である。アガペーとは、自己の完成を目指すプラトン的なエロスとは反対に、他者の完成を願うことで自己の完成を犠牲にする自己否定的なものである。パースは、宇宙がこのようなアガペー的な完成に向けて進化すると考えている。また、この進化的宇宙論において「習慣」は、新しい特質を獲得しようとするラマルク的で目標志向的な「努力」と、その新しい特質をさまざまなものと調和させようとするアガペー的な「共感」の働きにより進化を駆動するものとして重視されている。

　ここでラマルク的進化論が、現代においてほとんど否定されているという点を指摘しておく必要があるだろう。ただし、以前に論じたように（佐古 二〇一三）、進化を遺伝子だけへと還元するのではなく、ニッチ構築や性淘汰を通じて受け継がれる環境などを考慮に入れれば、ラマルクを経由したパースのアガペー的進化は現代でも十分受け入れることができる。[*4]

　また、進化的宇宙論で注意する必要があるのは、パースが、「物質は退行した精神であり、凝り固まった習慣が物理法則になる」（CP. 6. 25）という客観的観念論を採用していることである。進化的宇宙論において、精神と物質とは同じ素材（精神）からできており、その違いは、「習慣」の程度の差にすぎないのである。

　伊藤（一九八五：一〇九―一一〇）のように、パースは一九〇三年以降客観的観念論と袂を分かったと指摘する者もいる。しかし、ここでは、パースが、一九〇四年にウィリアム・ジェイムズへ宛てた手紙で「真の観念論は、すなわちプラグマティスティックな観念論は、実在性が未来にあるという観念論である」（CP. 8. 284）と述べている点に注目したい。パースは「客観的観念論」ではなく、「プラグマティスティックな観念論」を使うことで、その観念論に未来（予期）を重要な要素として導入しているのである。また、同じ一九〇四年に書かれた別の文章（CP. 8. 191）では、外的世界がwould-beという条件法の形で未来とかかわる存在の様態を持つとも述べている。

　それ故本稿では、パースが客観的観念論を放棄したのではなく、would-beという未来（予期）を導入することでその観念論を展開し、その結果、究極的な論理的解釈項としての「習慣」の定義における未来（予期）への言及へと至ったと考えたい。

*4 近年の遺伝学的研究（エピジェネティクス）では、環境の影響によるDNAのメチル化やクロマチンの変化が、生殖細胞によって次世代に伝えられることが明らかになっている。さらに、生殖細胞を持たない生物においてもエピジェネティックな「遺伝」がさまざまな研究により確認されている（Gilbert et al. 2009）。ただし、これらは限定的な効果しか持っていないことを指摘しておく。

しかし、内的世界と外的世界の区別というつながりしか持たないこの二つの「習慣」を、果たして整合的な形で結びつけることができるのだろうか。以下では、進化論的宇宙論における「共感」を軸に、現代の心理学や生理学など他分野における「共感」の研究を参考にすることで、そのような試みを行なう。

2 共感と意味

一九九〇年代初頭に「共感（empathy）」の生理学的基盤とされるミラーニューロンが発見された。このことが契機となり、多岐にわたる分野において「共感」およびミラーメカニズムの研究が行なわれている。[*5] そして、それらの研究は、ミラーメカニズムが「意味」と深く関わっていることを、さらには、「共感」がそのような「意味」との関係において重要な役割を果たしていることを示している。[*6]

このような「共感」と「意味」とのつながりを示すミラーメカニズムの研究は、本稿で見てきた進化論的宇宙論における「習慣」（共感）と、究極的な論理的解釈項としての「習慣」（意味）をつなぐ上で、科学的研究の観点からの示唆を与えてくれる。

ただし、パースが「共感」として sympathy を使用していたのに対し、近年の研究の多くが empathy を使用している点に注目する必要がある。というのも、これらの語のさまざまな使用され方は、単なる言葉上の問題でなく、現在の「共感」の研究においてしばしば混乱や問題を生じる原因となっており、本稿でもこれら二つの語を区別することが重要となるからである。

＊5 ミラーニューロンに関わる研究は、ミラーニューロンと類似の働きをするカノニカルニューロンなどとセットにされ、論じる者によりさまざまな呼ばれ方をしている。本稿ではそのような研究をひとまとめにしてミラーメカニズム（の研究）と呼ぶことにする。

＊6 浅田（二〇一〇）は、ミラーメカニズムについて、ロボットが社会性を持つための重要な役割を果たしうると提案している。また、ファヴァロー（Favareau 2002）は、生命記号論の観点から、「共感（empathy）」、習慣獲得、ミラーメカニズムの関係について論じており、そこではアフォーダンスや意味が注目されている。

a 「共感（sympathy／empathy）」の歴史的経緯とその区別

sympathyとempathyには、同情と共感、さらには同感と共感などさまざまな訳語が与えられている（有江 二〇一〇）。また、英語圏の研究者の間でも研究分野により定義が異なっており、その混乱は単なる翻訳の問題ではない（Wispé 1986, 1991）。

ここでは「共感」の歴史的経緯を整理し、他の分野の研究者からも参照されることの多いウィスペ（Wispé 1986, 1991）に従い、本稿との関連で重要である点を簡単に確認する。

ウィスペによれば、sympathyは、ヒュームやアダム・スミスらによる十八世紀半ば以降の道徳哲学にルーツがあり、ダーウィンなどにより本能と関係づけられることで生物学的に説明されるようになった語である。基本的には、他者の窮状を目の当たりにしたときに（想像作用により他者になりかわることで）どうにかしようとしてしまう社会的な本能である。ただし、井上（二〇一〇：二〇）が指摘するように、ヒュームのsympathyは他者の心的状態が（想像作用なしに）そのまま共感者に反映される点で、アダム・スミスらのsympathyとは異なる。

他方で、empathyは、ドイツ美学の「感情移入（Einfühlung）」という用語に由来するもので、想像作用によりあたかも他人（他のもの）の中に入り込んだかのごとく他人の感情を感じる方法である。ドイツの心理学者リップスが心理学的な文脈に応用し、ティチナーがempathyと翻訳したところから英語圏で使用されるようになったとされる。

簡単にまとめるならば、sympathyが、きっかけとして外部の他者を必要とする（想像を通じた）他者との感情的な共鳴であるのに対し、empathyは（実際に他人の中に入り込むことはできないので）自己の感情の他者への一方的な投射ということとなるだろう。しかし、基本的にはempathyにしろsympathyにしろ、それを抱く側からの感情の投射（想像の働き）という点に共通点がある。

このような伝統的な分類をふまえつつ、ウィスペはempathyとsympathyとを次のように再定義している。empathyとは「自分を意識している自己が、別の自己の肯定的あるいは否定的な経験を無批判に捉える試み」(Wispé 1986: 318)、つまりは他者について知る方法である。他方、「sympathyの定義は、二つの部分からなる。まず、他者の感情に関する認識の高まり、そして次は、何であろうと必要な行動をとり、他者の苦境を緩和したいという衝動である」(Wispé 1991: 68)、つまり、他者と関わる方法である。

この再定義にはウィスペの意図を超えたところで、従来の定義とは大きな違いがある。それはsympathyの方は、以前のものと同様に感情の内部からの投射であるのに対し、empathyの方は、外部からの感情の強制になっているという点である。

このウィスペによるempathyの定義は、ミラーメカニズム研究に先立ってなされている定義であるにもかかわらず、次節で概観するようにミラーメカニズムに代表される近年の「共感」研究の多くにふさわしい定義となっている。

その一方で、ウィスペは、リップスやティチナーが提案していた意味での、Einfühlung(empathy)を捉えきれていない。ウィスペが批判するように(Wispé 1991: 78)、リップスたちのEinfühlung(empathy)には推論(想像の働き)が必要であり、ウィスペが定義する知る方法としてのempathyには分類できない。しかし、リップスたちが、Einfühlung(empathy)ということで自分自身を知覚の対象物へと投射するというアニミズム的な機能を重視していた点、さらには社会的なものと物理的なものとをつなげる働きや、その対象が生物とは限らないという点を踏まえるならば、リップスたちのEinfühlung(empathy)は、関わる方法(投射)の一種と分類できるだろう。

そこで本稿では、ウィスペの sympathy/empathy の区別に対して、Einfühlung を付け加えることで表1のように表わすことができると考える。ただし、本稿の目的は「共感」の分析および研究にあるわけではないので、本稿の残りでは共感の強制的な側面と投射という側面に注目し、基本的には Einfühlung を sympathy に含めることでウィスペの区別（sympathy/empathy）に従って議論を進める。

以上のことを踏まえた上で、パースの進化的宇宙論における「共感（sympathy）」は、どれに分類されることになるのだろうか。

時代背景とその言及の頻度を考えるならば、パースは「共感」についてヒュームの影響下にあったと推察される。また、この推察の成否にかかわらず、パースは「共感の力」を「精神の連続性」（CP. 6. 307）と言いかえており、進化的宇宙論の段階においては想像作用を必要としない点で、ヒュームと同様に empathy の方に分類されると考えられるだろう。

b　ミラーメカニズムについて

あくびがうつることの生理学的基盤ともされるミラーニューロンは、サルの腹側運動前野F5で発見されたニューロンであり、ヒトの場合、対応する部位がブローカ野の近くであるために、言語能力でも重要な役割を果たすと推察されている。そして、その特徴は、他者の動作プログラムを自身の脳内で再現すること、すなわち、他者の内部状態を自己の内部状態としてシミュレーションできることにあるとされる（浅田 二〇一〇）。

しかし、ここで早急に注意する必要があるのは、ミラーメカニズムの主たる機能が模倣行動で

表1　「共感」の区別

empathy	sympathy	Einfühlung
外部からの感情の強制	感情の内部からの投射 （主に同種の生物）	感情の内部からの投射 （生物に限らない）
相手と同じ感情状態を共有する（知る方法）	相手に対して行動を起こすが、同じ感情状態である必要はない（関わる方法）	相手の状態にかかわらず、こちら側の感情を一方的に投射する（アニミスム）
ヒューム、ミラーメカニズムの研究など	アダム・スミス、ダーウィンなど	リップス、ティチナーなど

はなく、「運動事象」の認識にあるという点である（Iacoboni 2008: 62）。ラマチャンドラン（Ramachadron 2011: ch3, 4）が指摘しているように、ミラーメカニズムの特徴は、むしろクロスモーダルな抽象、すなわち、運動と視覚といった異なるモダリティをある行為に向けて一致するように調整する働きにある。

例えば、リンゴを摑むためには、リンゴから届く視覚情報を、まったく類似性のない関節や筋肉などからくる情報と一致させねばならず、ミラーメカニズムはそのような働きをしているのである。さらに、異なるモダリティ同士が結びつけられることで、「（リンゴ）を摑む」という「運動事象」を、見るだけで理解することが可能になると考えられている。[*7]

また、ミラーメカニズムは、ある行為がなされ、それが観察されるならば、それが私の行為であろうと、他者の行為であろうと（場合によっては種が異なっても）、外部からの刺激に対し半ば強制的に作動する。ミラーメカニズムという情報の検出装置は、自他の区別をすることなく情報を抽出する。

もちろん、少なくとも私たちは自分の行為と他人の行為とを区別することができる。それは、ミラーメカニズムにより得られた情報が、身体の抵抗に出会うからである（Ramachadron 2011: 125）。ミラーメカニズムの研究者たちは、このような知覚情報と自身の身体能力との調整のなかで、行為の意味が定まってくると考えている。[*8]

これらのことを踏まえるならば、ミラーメカニズムの研究は、想像作用を必要としない点で empathy の研究に分類されるだろう。また、そこにおける「共感」と「意味」との関係から、パースにおける二つの「習慣」のつながりも見えてくる。

＊7　聴覚と運動とを結びつけるミラーニューロンも発見されており、特定のモダリティに限定されない。

＊8　ラマチャンドラン（Ramachadron 2011: ch5, 6）は、また、身体性認知科学やメタファーの研究とミラーメカニズムの関係についても指摘している。

3　「共感」と究極的な論理的解釈項としての「習慣」

ミラーメカニズムの研究に代表される empathy の研究が明らかにしているのは、empathy が、ボトムアップな仕方で、自他の区別に先立ち、外部から半ば強制的に何らかの運動行為の情報（身体的意味）を抽出するということである。もちろん、通常の生活を営んでいる生物にとっては、その情報は他者に関する情報の抽出になるだろう。ただし、動物行動学者のドゥ・ヴァール（de Waal 2009）が述べているように、ミラーメカニズムは「共感」に必須のメカニズムではないことは指摘しておく。

他方で sympathy は、ウィスペの定義やドゥ・ヴァール（de Waal 2009: 88）の指摘を考慮に入れるならば、トップダウンな仕方で内部から行なわれるもので、他者に対する気遣いと他者の境遇を改善したいという願望を反映し、行動につながるという点で empathy とは異なる。ミラーメカニズムの研究では、「共感」における sympathy の側面があまり検討されていないが、パースの「習慣」という文脈においては重要な役目を担っている。

それでは、これまで行なってきた「共感」の考察を、パースの「習慣」との関係からあらためて考え直してみよう。

進化論的宇宙論における「習慣」において、「共感」は進化のなかで「情報」を抽出するという働きを果たしていると言えるだろう。また、本稿で論じることはできなかったが、もう一つの特徴である「努力」は、ニッチ構築（生態学的継承）や文化的継承、さらには遺伝的継承を通して、そのように集められた情報を蓄積する過程とみなすことができる。

それに対し、究極的な論理的解釈項としての「習慣」には、プラグマティスティックな観念論を経ることで、予期（投射）が導入されている。

ただし、パースは予期（投射）という記号機能について説明を行なっていない。そこで、ネルソン・グッドマンに依拠しつつ投射という記号機能について考察をしている菅野（一九九九）の説明を参照しよう――「人間の認知のもっとも基本的な戦略は、想像力に宰領されたプロジェクション（投射）、つまりある領域で形成されたカテゴリーの別の領域へのずらしにほかならない。……このやり方はもちろん言語の水準へとひきつがれる。言語以前的・非言語的な認知の方式は、言語的な方式と微妙でいりくんだ連続性をたもっている」（菅野 一九九九：四二）。

グッドマンおよび菅野の投射の議論の詳細をここで扱うことはできないが、その要点を取り出すならば、記号論における投射の機能とは、カテゴリー把握のずらしにある。そして、菅野の慧眼は、このような投射が、言語以前の水準で作用していることを捉えている点にある。

このように想像力と密接な関係にある投射が、sympathy と深く関わるものであることはこれまでの議論から明らかだろう。sympathy は、環境からの情報をそのまま受けとる empathy とは異なり、環境から得た情報を「自分」から「他人」というカテゴリーへとずらす点にその特徴がある。つまり、究極的な論理的解釈項としての「習慣」においては、予期（投射）ということで、「共感」の sympathy の側面が導入されているのである。

このことは、パースが究極的な論理的解釈項としての「習慣」に関連づけて「知的概念の意味」を定義していること考慮するとき、興味深い論点を浮かび上がらせることになる。それは、「知的概念の意味」というものが、empathy という外的世界からの「共感」だけでは不十分であり、sympathy という内的世界からの「共感」も必要とされるということ、つまり、「知的概念の意味」は内的世界と外的世界の相互作用においてこそ立ち現われてくるということである。

おわりに

以上で見てきたパースの究極的な論理的解釈項としての「習慣」は、「行為の意味」から言語的な意味へと至る道を模索しつつも、empathy に着目してきたミラーメカニズムの研究者たちに対して、sympathy という投射の働きの重要性を示唆している点において先見の明を持った概念であったということができるだろう。

また、本稿で論じることはできなかったが、このパースの思索の延長線上で考えるとき、Einfühlung という形の投射は、sympathy という形の投射から生じるのとは、まったく異なる形式の意味があるということを示唆しているようにも思われる。

このようなパースの「習慣」という概念は、哲学的思索にとどまることなく幅広い射程を持ちうるものである。この概念についてのさらなる考察は、今後、さまざまな分野の研究に対して新たな視点を投げかけることになるだろう。

参考文献

浅田稔（二〇一〇）「ミラーニューロン・システムが結ぶ身体性と社会性」『日本ロボット学会誌』第二八巻四号、一八―二五頁

有江大介（二〇一〇）「'sympathy' は「公共性」を導けるか――効用・共感・公共性」『哲学雑誌』第一二五号、一―一六頁

de Waal. F. (2009) *The Age of Empathy: Nature's Lessons for a Kinder Society*, New York: Three Rivers Press（『共感の時代へ――動物行動学が教えてくれること』柴田裕之訳、紀伊國屋書店、二〇一〇年）

Favareau. D. (2002) "Beyond self and other: On the neurosemiotic emergence of intersubjectivity",

Sign Systems Studies 30, 1: 57–101
Gilbert, S. F., and Epel, D.（2009）*Ecological Developmental Biology*, Sinauer Associates, Sunderland, MA（『生態進化発生学』正木進三・竹田真木生・田中誠二訳、東海大学出版会、二〇一二年）
Hoffmeyer, J.（1996）*Signs of Meaning in the Universe*, Indiana University Press, Indiana, 1996（『生命記号論』松野孝一郎ほか訳、青土社、二〇〇五年）
Iacoboni, M.（2008）*Mirroring People: The New Science of How We Connect with Others*, Farrar Straus & Giroux, New York, NY（『ミラーニューロンの発見――「物まね細胞」が明かす驚きの脳科学』塩原通緒訳、ハヤカワ新書 Juice、二〇〇九年）
井上治子（二〇一〇）「情念の生成発展における共感の役割」『哲学雑誌』第一二五号、一七―三五頁
伊藤邦武（一九八五）『パースのプラグマティズム』勁草書房
乗立雄輝（二〇〇二）「記号・生命・習慣」『メディア・生命・文化』日本記号学会編、記号学研究 二二号、九三―一〇七頁
Nöth, W.（2010）“The Criterion of Habit in Peirce's Definitions of the Symbol.” *Transactions of the Charles S. Peirce Society* 46（1）: 82–93
Ramachadron, V. S.（2011）*The Tell-Tale Brain: A Neuroscientist's Quest for What Makes Us Human*, New York: W. W. Norton & Company（『脳のなかの天使』山下篤子訳、角川書店、二〇一三年）
佐古仁志（二〇一三）「パースにおける「進化」概念とそのあらたな解釈」『ゲーム化する世界』叢書セミオトポス 八号、二〇二―二一四頁
菅野盾樹（一九九九）『恣意性の神話』勁草書房
Wispé, L.（1986）“The Distinction between Sympathy and Empathy: To Call Forth a Concept a Word is Needed,” *Journal of Personality and Social Psychology*, 50: 314–321
――――（1991）*The Psychology of Sympathy*, NewYork: Plenum Press

研究報告

家族関係修復のセミオシス——発達記号論ケース・スタディ

外山知徳

1　はじめに　発達記号論の構想

筆者は一九九二年に「登校拒否と住空間のセミオシス」を本誌に投稿した[*1]。本稿はその応用編として、登校拒否の延長上にある引きこもり[*2]に対処する家族関係修復の仕方をセミオシスとして示すことを目的として、ケースを中心に考察したものである。それは筆者が登校拒否児の精神病理と住空間の関係の考察から導き出した、人間関係や場所、所有物を記号とし、その解釈志向としてテリトリーを形成するセミオシス「テリトリー形成力の発達モデル」[*3]に根ざし、「発達記号論」と筆者が呼んでいる理論の構築を彼方に見据えている。

テリトリーとしての住空間は家族関係を表わし（表象すなわち記号）、家族成員の精神の発達（記号の解釈志向）を左右する。たとえば登校拒否児のいる家の住まい方（記号）を見れば、その子がなぜ（記号の対象）登校拒否に陥っている（解釈志向）かが見えてくる。そこで住まい方を変えると三、四ヶ月後に登校を始める。ここに家族関係修復の可能性を見出すことができる[*4]（図1〜3）[*5]。

登校拒否児は、自分がなぜ学校に行くことができないのか分かったとき、そしてその問題が解消

＊1　拙論文「登校拒否と住空間のセミオシス」（『ポストモダンの記号論』記号学研究一二、日本記号学会編、東海大学出版会、一九九二年）。

＊2　本稿が対象とする引きこもりは、厚生労働省による『「引きこもり」対応ガイドライン（最終版）』に示されている「さまざまな要因によって社会的な参加の場面がせばまり、就労や就学などの自宅以外での生活の場が長期にわたって失われている状態」という定義をふまえた上で、統合失調症、うつ病、強迫性障害、パニック障害などの精神疾患や、軽度の知的障害、学習障害や高機能広汎性発達障害といった明確な精神疾患や障害に起因する引きこもり、およ

したとき学校に行きはじめる。[*6] では、どうすればそれが分かるのか、あるいは気づくことができるのか。

こういったケースにおける人間関係の力動と問題行動の構造の描出、問題行動にかかわる当事者それぞれの気づき、問題行動の解消とその先に期待される発達などが発達記号論の対象であり、課題となる。とりわけ当事者にどうやって気づいてもらうのかが大きな、そして難しい課題である。あくまでも気づいてもらうことが肝要で、説明しても受け入れてもらえるとは限らない。むしろ反発を招きかねない。発達記号論とは、気づきによって変容する心のメカニズムの研究といえる。研究の方法としては多角的に仮説を構築し、ケース・スタディを重ねて検証し、さらに仮説を構築する作業を繰り返すことになる。これは、チャールズ・サンダース・パースの言う科学的な方法の一

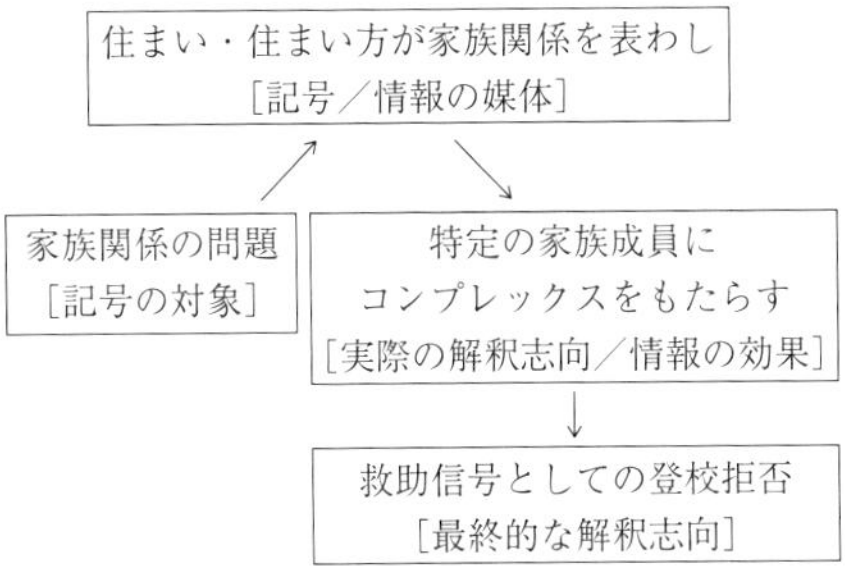

図１　登校拒否の家族空間メカニズム

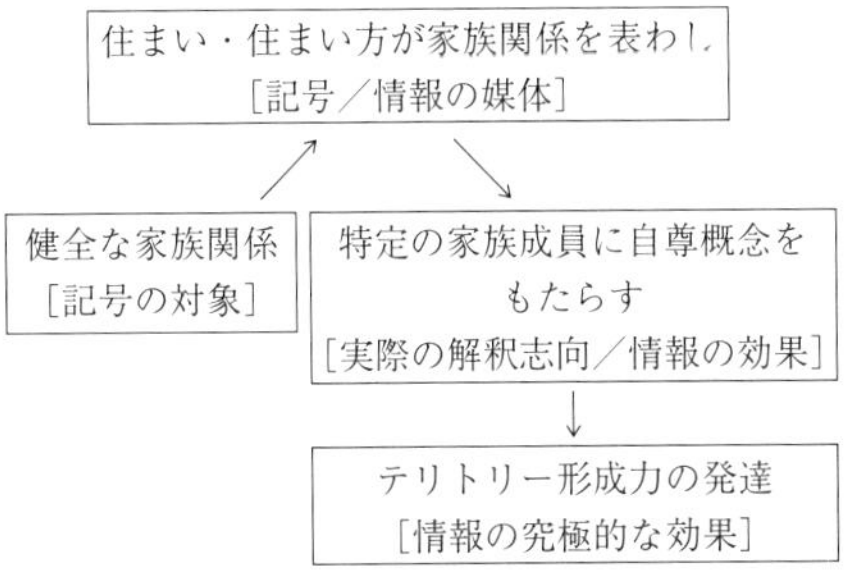

図２　健全な家族空間メカニズム

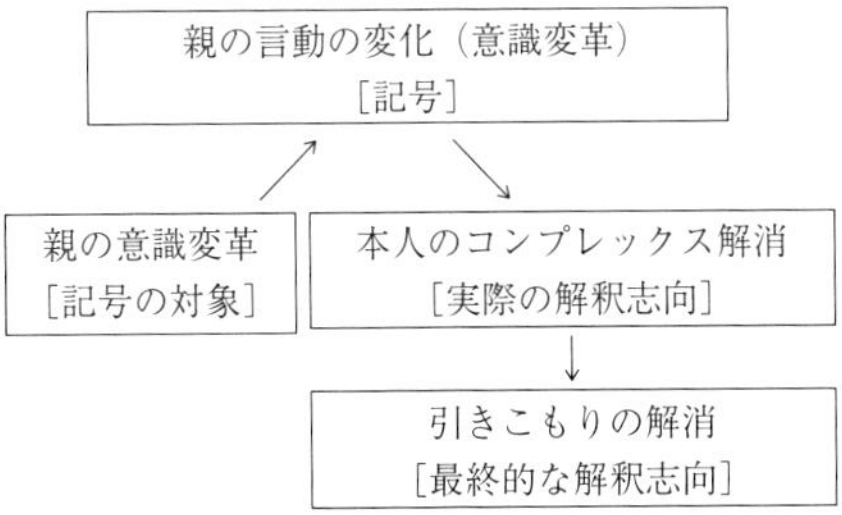

図３　家族関係修復のセミオシス

び、文部科学省の学校基本調査で「不登校」として扱われるもののうち登校拒否以外のものは対象としていない。

＊３
渡辺光雄・高阪謙次編著『新・住居学［改訂版］』（ミネルヴァ書房、二〇〇五年）九八頁。

＊４
＊１および拙著『住まいの家族学』（丸善、一九八五年）、同「人間と建築——住生活の意図せざるコミュニケーション」（記号学研究七、日本記号学会編、東海大学出版会、一九八七年）、同『家族の絆をつくる家』（平凡社、二〇〇七年）、同「親子の絆を育む家、育めない家」（『はじめての家づくり』一七号、主婦の友社、二〇一一年）。

＊５
図１〜３の「記号」「記号の対象」「解釈志向」の用語はチャールズ・サンダース・パースの記号の定義に準じている。

つabduction（推論）である。

発達を記号論的に考える先駆的な理論にヴィゴツキーの心理学があるが、[*7]発達記号論は心理学ではない。ただ、発達をどう説明するのかということについては検討の余地があると思っている。しかしこの問題についてはむしろwin-winな関係[*8]とか、インディゴ・チルドレン[*9]といったとらえ方について検討する方が収穫があるように思える。インディゴ・チルドレンは学習障害や注意欠陥多動性障害、アスペルガー症候群などを別の角度から掬いとろうとする考え方のようにも思える。これもまたwin-winの関係を実現する手段と見なせば、それなりの有効性を認めることができるのかもしれない。

すなわち、自分の感情だけで行動するのではなく、相手の感情を斟酌して行動すると相手も変わってくる。子どもを精神疾患者と見なすのではなく、個性として受け入れ、何を伝えようとしているのかに耳を傾けることがwin-winの関係を実現する手だてであり、インディゴ・チルドレンといった見方であると見ることもできる。

しかし家族関係においては、家事調停における夫婦関係調整で当事者双方が離婚原因を相手に見出そうとするように、双方がwin-lose[*8]の関係を追求するあまり、結果としてlose-lose[*8]の関係に陥ってしまいがちである。そういう当事者に対してwin-winの関係に気づかせるにはかなりの技巧を要する。

これをさらに発達の問題にまで敷衍すると、未発達を「系統発生を繰り返す個体発生」を前提とせず、リゾーム[*10]（rhizome 地下茎）のようなモデルを前提とする見方が出てくる。つまり低次なレベルから高次なレベルに垂直にステップアップしていくのではなく、より密に回路を水平につないでいくモデルで考える。すなわち高次なレベルへの気づきとは別の、同一レベルにおける違う回路

＊6　＊4の『家族の絆をつくる家』六五頁。

＊7　ヴィゴツキー『思考と言語（上・下）』柴田義松訳、明治図書、一九七一年。

＊8　win-winは双方が勝つ（優位になる）関係、win-loseは自分が勝って相手が負ける関係、lose-loseは双方が負ける関係を言う。http://www.job-getter.com/3interview/Dictionary-a16.htm http://www.martone.co.jp/a/win.html/

＊9　自分が興味を持てないことには見向きもせず、自分の直感的な理解のままに動く、周囲と合わせられない新しいタイプの子どもたちを指して、アメリカの心理学者ナンシー・アン・タッペが名づけた。以下の文献を参照。リー・キャロル、ジャン・トーバー（編）『インディゴ・チルドレン——新しい

の存在への気づきという、二つの気づきのパターンを想定することができる。

たとえば自分の居場所がなくて登校拒否に陥っていた子どもが、家に自分の居場所ができて学校に行きはじめるといった場合の気づきは、自分で自分の居場所を確保するという、より高次なレベルの能力を獲得する方向に向けての気づきといえる。このような気づきには環境の変化や、環境のシミュレーションが有効であることが経験的に分かっている。

これに対して、親の子どもに対する関係を win-lose ではなく、win-win の関係に導く接し方に求められる、親に必要な気づきは、別の回路の存在に対する気づきである。この種の気づきには、違う思考回路を経験してみる学習が必要になるのではないか。たとえばロールプレイングのような演習は有効かもしれない。しかし、私たちの思考は習慣に多くを依存している。経験したことのない考え方を受け入れるには大きな抵抗がある。これをどうやって乗り越えていくかが発達記号論の大きな課題である。

2　子どもの問題行動をめぐる親のあり方

［ケース1］[*11]

長女（中二）と長男（小六／登校拒否）の二人の子どものいるXさん（主婦、三八歳）は、うつになった夫（中学校教師、四二歳）と離婚したが、自身の離婚について「私の方は何も悪くない」と筆者に語った。夫のうつが離婚の原因だったという。しかし人は一人で勝手にうつになったりはしない。本人を取り巻くさまざまな社会環境、人間環境の力動のなかでうつになる。その環境のなかに配偶者も当然一つの要素として位置づいている。

Xさんと再婚相手の現夫（サラリーマン、四〇歳）との間に、自宅の家事作業をめぐる諍《いさか》いが生

子どもたちの登場』（愛知ソニア訳、ナチュラルスピリット、二〇〇一年）、ドリーン・バーチュー『クリスタル・チルドレン――感性豊かな愛と光の子どもたち』（鈴木美保子訳、ナチュラルスピリット、二〇〇四年）。

＊10　宇野邦一『ドゥルーズ　群れと結晶』河出書房新社、二〇一二年。

＊11　ケースの内容は当事者の特定を避けるため、多少の脚色を施してある。ケース2についても同様である。

じた。Xさんが現夫に家事作業を頼んだが、Xさんは頼んだ仕事量に相応の合理性を見出していたので、それを果たし切れなかった彼を責めた。しかし彼はとうてい果たせるはずのない仕事量をXさんが課したと非難し、諍いとなったのである。

筆者の見るところ、現夫はそれだけのことでXさんに追いつめられる人ではない。しかし長い年月にわたってこのパターンが繰り返されたらどうだろう。Xさんは前夫を同様のパターンで追いつめ、前夫はそれに抗しきれずにうつになった（あるいは、うつを誘引された）可能性はないか。抗しきれなかったのは前夫の資質の問題であって、Xさんの責任ではないのかもしれない。また、前夫のうつの原因が前夫の職場など、家庭外にあったとしても、そのうつを緩和する機能をXさんは妻として果たさなかったことは十分考えられる。Xさんの「私は悪くない」ということばがそれを物語っている。

さて、Xさんの「私は悪くない」という基本的な姿勢が、子どもとの関係に当てはめられたらどうなるか。Xさんがたとえ子どものためと思ってすることも、それが少しも子どもの心に応えていなかった場合、分かってもらえないという子どもの思いはストレスとなって蓄積し、その結果が子どもの登校拒否となって表われてくることは充分予想されるのである。

登校拒否の原因の一端は親子関係にある可能性を筆者が指摘しても、当初は残念ながら現夫からは「いや、あの子の問題は友だち関係なんです」ということばしか返ってこなかった。彼がそう考えるのは無理からぬことであるが、彼がそう思っている限り子どもの問題行動が解消することはない。現夫によればその子は依存が強いという。これは生育歴において心が満たされなかったことを表わしている。親の愛情で満たされる必要のある乳幼児期に心が満たされなかった子どもは大きくなっても渇望感にとらわれ、自立が妨げられることがある。心を満たしてあげるためには、問題行動で子どもが何を訴えているかに早く気づいてあげること。子どもは何を訴えたいのか自分では分からないものでもある。もしそれが分かれば自ずと問題行動は消えていく。

登校拒否児の場合、友だち関係やいじめとか、宿題を忘れたことを教師に叱責されたとかが原因で起こるとよくいわれる。しかし実は、それらは原因ではなく、きっかけ、あるいは口実に過ぎない。原因は子どもと親との力動によって育まれた、その子の人間関係を処理する能力の未発達（テリトリー形成力の未熟さ）であることを、親がまず認識する必要がある。

したがって登校拒否や保健室登校のような現象はその子どもの救助信号と受け止めてあげなければならない。しかしそれは友だちや教師との関係を上手く処理できないから助けて、という救助信号ではない。心の底にある「満たされない思いに気づいて！」という救助信号なのである。いじめや教師とのうまくいかない表層関係を原因と捉えている限り、そういう子どもの心の底にある訴えに気づくことはできない。いくら良い親を演じてもダメである。子どもの心の未熟さに思いを馳せ、その未熟さの原因に思い至った時、初めて子どもの心の底から発している訴えは親の心に到達する。

子どもの訴えが親の心に到達し、そのことに親が気づいた時、子どもの心のストレスは氷解し、問題行動も解消する。そして氷解が行動に表われるまでに三〜四ヶ月を要することが経験上わかっている。*12 ただし、問題行動の解消は未発達の解消とは別である。未発達の解消にはおそらく少なくとも数年を要し、場合によっては一生埋めることは不可能かもしれないことを、親がわきまえることも大切である。たとえば三歳の発達課題は、三歳時に達成されないと、後でカバーすることは難しい。*13

以前、とある地域のＰＴＡの会長だった母親が、息子が小六の時のエピソードを語ってくれた。

＊12　＊4の『家族の絆をつくる家』六五頁。

＊13　杉浦一枝（編）『巣立ちの森——登校拒否児がつづる心の軌跡』（静岡新聞社、一九八四年）。

当時、子どもだけで店に出入りすることが禁じられていたのに、忙しさにかまけて友だちと行くからというので文房具を買いに行くことを許したところ、折悪しく生活指導の先生に見つかってしまった。その時、その子は「母親が近くにいる」とウソをついてしまった。ウソをついたことを重く見た先生はそのことを母親に報告した。母親は「その時もっと強く叱っておけば、高校生になって警察の厄介になるようなことは未然に防げたのでは」と述懐した。

たしかに強く叱れば母親は立派に親の責任を果たしたことになるかもしれないが、逆に子どもは逃れようもない嘘つきの烙印を押されることにならないか（つまりwin-loseの関係である）。その時に母親がすべきだったのは、むしろ忙しさにかまけて子どもたちだけで買い物に行かせてしまった親の不明を謝ることではなかったか。それはダメな親であることを認めることになるけれども、でもその分、子どもの嘘をついた罪は軽減され、子どもの心は晴れたのではないか。晴れ晴れとした心の持ち主は、警察の厄介にはなりにくい（母親と子どもがlose-winの関係といえよう）。良い親を演じてもダメ、と筆者が言うのはそのことである。

Xさんは「私は悪くない」ことによって良い妻を演じ、相対的に前夫は悪い夫、悪い父親の役を担わされていたことになる（win-lose）。でも、そのような父親をもつ子どもの心はいかばかりか。父親が悪者であることは、子どもにとってはとても辛いことだろうということをXさんは考えたことがあるのだろうか。同時に、Xさんは良い母親を演じる自己満足を子どもへの愛情と思い違いしてはいないだろうかという内省をどれほどしているのだろうか。多分そのような内省をしていないと筆者は思う。そういう内省を積み重ねている人は「私は悪くない」とは言わないからである。

その後Xさんと現夫は筆者による win-lose モデルに基づく親子関係の構造解析を受け入れ、事態は改善に向かい、長男は保健室登校をするまでに至っている。

3　気づき

なぜ自分は引きこもるのかに気づいたとき、引きこもりは半ば解消するように、統合失調症もその理由に気づいたとき症状が消えるのだと、精神科の病院に勤務しているワーカーから聞いたことがある。それは人から指摘されたり説明されるのではなく、自ら気づかなければならない。どうすれば人は気づくのか。

一九九七年の神戸市連続児童殺傷事件を起こした少年Aの親が書いた『「少年A」この子を生んで…』[*14]には、わが子のためを思ってすることが、何一つ子どもの心を受け止めていないことに気づかず、その満たされぬが故にモンスターと化したわが子を「一体、何者なのでしょうか？」[*15]と思い戸惑う親の姿が描き出されている。「なぜ、私たちは気付かなかったのか」[*16]と自問しながらその答えは書かれていない。そのことに親が気づいてさえいれば、あのような事件は避けられたに違いない。少年Aの犯行声明は、自分を「透明な存在」にした恨みを義務教育と社会に向けて書いていたが、自分の親に対しても恨みを抱いていたことは、逮捕後、少年Aが親の面会を激しく拒絶したことからもうかがい知ることができるのである。[*17]

［ケース2］

筆者は現在、三四歳になる引きこもりの青年Bを社会に出られるようにするための、気づきをテーマにしたささやかなプログラムを展開しつつある。その親（父六九歳・無職、母六六歳・無職）

＊14
「少年A」の父母『「少年A」この子を生んで……——父と母　悔恨の手記』文春文庫、二〇〇一年。

＊15
同書二六七頁。

＊16
同書一一五頁。

＊17
オフィスJ・B（編）『神戸事件でわかったニッポン』（双葉社、一九九七年）、および＊14参照。

は引きこもりの子をもつ親の会のカウンセラーから、親が沈み込んでいては事態は改善しないから、努めて気にせずに過ごすように言われ、そのように過ごしていた。彼ら両親に対して、親がいくらお気楽に過ごしたところで息子が出てくるようになるわけではないことをふまえ、息子の引きこもりの理由に気づくことによって生じる親の変化を介して、息子の変化を期待しようというのがプログラムの骨子である。このケースでは少年Aのケースを参考にしながら、親の役割とは何かの学習を中心に据えてプログラムを進めている。

その結果、親がお気楽な生活を改めたところで親の顔つきが変わり、子どもが動きはじめたが、それがかえって子どもに焦りをよび、自殺未遂に至る。意気消沈した親に対して、自殺未遂は子どもが活動的になった証拠であり、それは親の意識が変わった結果であるから、いっそう親の意識のあり方の修正を進めるように促した。その結果、親と時々口をきくようにもなり、期限が切れそうになった自動車運転免許証の書き換えに自ら行くようになるまで好転したのである。

気づきのメカニズムは？　気づくのに必要な表象とは？　気づきに要する表象の条件は？　以上のケースから思いつく気づきの内容とそのステップ（セミオシス）を列挙してみよう。

（一）　子の心が満たされていないことを示す表われに親が気づく。
（二）　子が何を求めているかに親が気づく。
（三）　子の求めに応えていないことに親が気づく。
（四）　子の求めに親が応じてくれない子の苦しみを親が分かる。
（五）　子の求めに親が応じなければと思う。
（六）　どうすれば子の求めに応じられるかを親が分かる。

（七）子の求めに応じる実践を親がする。

親が子の心を直視するだけで親の顔つきは変わり、子はそれを敏感に察知する。それにしてもどうすれば親は子が求めているものに気づき、それに応えることができるのか？　柳田邦男は、気づきの原点は感性であると言う。[*18]　しかし発達記号論においては、気づきを「行為は気づきに先立つ」[*19]といった、内省や内観を含む認知情報論的な学習という面から捉えたい。

そこで、このセミオシスを促す手だてとして拙著はもとより、小説や新聞記事など、さまざまなメディアをテキストとして援用する（図4）。たとえば、就活を取り上げた新聞記事に次のような文章を見つけると、早速切り抜いて親に読ませ、知らず知らずのうちにこのようなことをしてはいないか反省を求めるといった具合である。

> 彼は就活中、インターネットで業界動向や志望企業の情報を調べていると、母親から「パソコンばかりやって！」と小言を言われた。十二月にはスーツを着て会社説明会へ行こうとすると、「いつ面接なの？　ちゃんと準備しなきゃだめよ」と後ろから声が。母は面接は春からだと知らなかった。一方、父親は「海外展開している企業じゃないと」と言ったが、本人の海外体験は新婚旅行のみ。悪気はないと分かっている。それでも、頑張ろうとする気持が折れそうになったという。[*20]

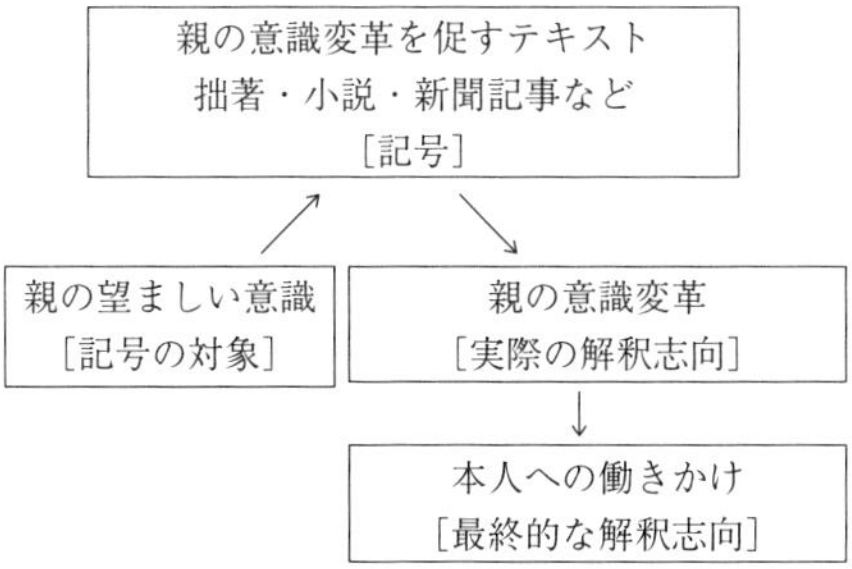

図4　テキストを使った親の意識変革のセミオシス

*18 柳田邦男『「気づき」の力——生き方を変え、国を変える』新潮文庫、二〇一〇年。

*19 伊東乾『さよなら、サイレント・ネイビー——地下鉄に乗った同級生』集英社文庫、二〇一〇年。

*20 「心配のひと言　逆効果　微妙な時期の親子関係　学生たちのホンネ」『毎日新聞』二〇一三年三月二〇日。

また、当節の高校生の五三・八％が「偉くなりたいと思わない」と考えているというデータ[*21]を親に提示し、仕事にも就けず、引きこもっている息子のことを「だめなヤツだ」と心のどこかで見限っている気持が親にある限り、息子は外に出ることはないこと、そのような人間評価のもとになっている上昇志向を親が捨て去らない限り事態の好転は期待できないことを、インディゴ・チルドレンや win-lose というとらえ方と併せて言い聞かせたりもしている。[*22]

4 活きるエネルギー

二〇一二年日本記号学会第三二回大会のテーマは「着る、纏う、装う／脱ぐ」であった。大会実行委員会が企画したパフォーマンスに「新聞女」の西沢みゆき氏が招かれ、筆者は図らずも西沢氏と出会い、発達記号論に関係する興味深い話を聞くことができた。

彼女は、小学生時代は父親の暴力のために死ぬことしか考えていなかったのだそうで、前衛美術家の故・嶋本昭三氏に出会い、その指導の下でやるようになった新聞でドレスをつくって着るパフォーマンスが見る人を驚かせ、面白いと思ってくれることから、ようやく自分も生きていていいのだと思えるようになったという。

これはまさに気づきの好例である。しかし彼女は家を出ることで変わることができた。環境が変わることで自分が変わることができたということは、もともとそういう環境に応じて変わることができる、環境を記号として、そこから新しい記号である解釈志向を生み出すことのできる、いわば記号論的な思考行動の持ち主だったからではないか。つまり、もともと記号論的に思考し、行動することを知っている人は、環境あるいはテリトリーが変わることが刺激となって記号論的に思考

＊21 （財）日本青少年研究所「高校生の進路と職業意識に関する調査」。

＊22 本稿に示すプログラム全体を通して、当事者に求める知的水準が高過ぎはしないかという懸念に対しては、引きこもりは高学歴の家庭に多いとの調査結果がある。川上憲人「わが国における「ひきこもり」の実態と関連要因――世界精神保健日本調査から」。http://www8.cao.go.jp/youth/suisin/pdf/hikikomori/s1-2.pdf

し、行動することに気づきやすいが、もともとそういう言動回路ができていない人には、気づきは相当難しいことかもしれない。しかし登校拒否児が何らかの環境因により学校に行けなくなるというのは、それ自体記号論的行動であり、それだからこそ、その環境因を取り除いてやれば学校に行けるようになるのだと言えるのかもしれない。

また新聞女のパフォーマンスを見てみると、相当なエネルギーを要することが分かる。生きることへの転換には、このエネルギーの大きさも無視するわけにはいかないのではないか。YouTubeを使ったカミングアウトの運動や、レディ・ガガの曲に「自分が自分のままでいいってことを教えられ」勇気づけられながらも、同性愛者を疑われていじめられ、自殺を余儀なくされたジェイミー・ローディンマイヤー少年のことが思い浮かぶ。[*23]

新聞女やレディ・ガガほどではないにしても、引きこもりの人間が外へ出て活動するためには相応の精神的活力を要する。そのエネルギーはどのようにして調達されるのか。その問題に思考を巡らせている最中、筆者自身、ある研究会の席で、出席者のひとりから研究者としての自尊心を打ち砕くような発言を受けてうつになり、その研究会への出席の意欲を失い、引きこもりになった。ことばが人の意欲をかくも簡単に消沈させるものであり、逆にことばには活力を生み出す働きもあることに思い至る貴重な体験となった。

保健室登校を始めたケース1、親との会話が若干回復するところまでこぎつけたケース2に対して、具体的にどのようなことばかけが活力を生むと期待できるかを親とともに検討し、そのことばかけの努力を現在促している。引きこもりの子をもつ親は、必要なときに適切なことばをかける機会を見逃しがちなようだ。個々のケースに即して適切な機会を見出していくことの積み重ねが大事である。

＊23
《レディ・ガガ「Hair」ゲイでいじめられ自殺したジェイミー君に～ Lady Gaga》https://www.youtube.com/watch?v=o_WsfPLmM3Y

5　引きこもり対策としての家族関係修復の処方

ケース1や2に対して筆者が実施してきたことを、引きこもりに対する処方という形で整理してみよう。

（一）　どう対応するかは、①引きこもりとは何なのか、なぜ引きこもるのか、②どうしてそうなったのかによって異なってくる。理由と原因を度外視した対処は解決に至らないということをふまえる。

（二）　理由――引きこもりは自分の居場所（テリトリー＝なわばり）がないから起きる行動であることを親は認識する必要がある。人間は居場所なしに生きて行くことはできない。だから引きこもることでかろうじて自分の居場所の確認をしているものと考えられる。自立した人間は、自分の居場所は自分で作る。その能力がない者が引きこもる。

（三）　居場所は単なる空間ではない。人間関係で裏打ちされた領域である。そういう居場所を自分で作る力、すなわちテリトリー形成力は年齢とともに発達する。

　したがって、引きこもりの原因は何らかの要因でテリトリー形成力が十分に発達しなかったか、その力の発揮が拒まれているかのどちらかであると考えられる。

　テリトリー形成力の発達を阻む要因はいくつか考えられる――

一、習慣形成のしつけをされてこなかった。習慣形成はテリトリー形成力の基礎となる。

二、テリトリー形成力の基礎が形成される三～四歳頃、一緒に遊ぶ同年齢の友だちがいなかったなど、生育歴で、時にはケンカもするような生身の人間関係に乏しかった。

三、テレビやビデオに浸って、同年齢の子どもたちと一緒に遊ばなかった。

四、親の過保護過干渉により、自分で課題を解決する力が育たなかった。
五、子どもが何を求めているかに親が関心を示さなかった。
六、コミュニケーションがとれる歓びを親が味わわせてやらなかった。
七、甘えることが必要だった三〜四歳までに十分甘えさせなかった。
八、きょうだい間の比較などで、親に人格を認めてもらえなかった。
九、親からモノは与えられても、心（愛情）を注いでもらえなかった。
十、子どもが尊敬できるだけの生き方・考え方を親として示すことができなかった。
十一、特段過保護だったわけではないが、なぜか問題解決能力、自分の生き方を大人になるまでに見出すことができなかった。
十二、自分の生き方が親に認められず、さりとて親元から飛び出して自分の生き方を貫く勇気あるいは活力もなかった。
十三、漠然とした発達遅滞（モラトリアムの到来の遅れ——親が心の底で拒否的だと、子どもは安心して親から離れることができないものである）。
以上のいずれかが該当しないか、該当すればどんな要因が考えられるかを検討する。

（四）円満な発達を阻害する過保護過干渉を改める。
しかし実はこれがなかなか難しい。親は子のために良かれと思い、結果的に過保護過干渉に陥っている場合が多いからである。[*24]

（五）神戸連続児童殺傷事件の少年Aに見るように、円満な発達を阻害するもう一つの要因は親が子の心を受け止め損なうことである。親が子の心に真摯に向き合わないと、それが起こる。子は、親の評価によって着色される。

＊24 秋葉原の通り魔殺傷事件を起こした加藤智大（二〇〇八年・二五歳）は親によって作られた優等生。典型的な過保護過干渉による問題解決能力未発達の例で、ケータイのサイトにしか自分の居場所を見出せなかった。親が自分でやらせるようにしむけなければならなかった生育段階で、それを怠った例である（「書き込みドキュメント」『静岡新聞』二〇〇八年六月一〇日）。

（六）テリトリー形成力の発達の遅れを取り戻すこと。

子どもに少しずつ自分でやるようにしむけ、できたら明確に評価してあげる。親としては範を垂れるなり、至らなかった点は明確に陳謝する。できない子どもを拒絶しない。

家族の人間関係の問題は住まいに表われる――家族一人ひとりのテリトリーが妥当な形で確保できているか、住まい方をチェックして改善することにより、家族関係を調整する。[*25]

（七）活きるエネルギーの醸成

引きこもりから脱出するために必要なエネルギーの醸成に効果的なのは、発達記号論のフィールドでは、ことばかけである。心ないことばは人の心を萎縮させるが、心のこもったことばは人の活力を生み出す。状況に応じて適切なことばをかけていくことが事態を好転させていく。

ケース2の当事者は家庭菜園をもっており、ある程度親子間のコミュニケーションが快復した段階では、親子で菜園に出かけて畑仕事を行なうことも状態改善の手だての一環として活用している。あるいは、インターネットを通じて広く呼びかけられた群衆が公共の場に終結し、あらかじめ申し合わせた行動をとる即興の集会「フラッシュモブ（flash mob）」は引きこもりにエネルギーを与えることができるのだろうか？　引きこもりは群衆になれるのだろうか？　これは別途検討の余地があるテーマである。

以上が親の意識変革を促すセミオシスのディテールである。なお、親がいない場合はどうするのかということについては、親に捨てられ、施設に住む小学生の登校拒否児を、生活指導員を擬似親

＊25　＊1を参照。

として登校できるようにした筆者のかつての経験を活かすことができると考えている。[*26]

6 結び

家族関係修復の処方としては、気づきのメカニズムと生きるエネルギーの注入についてさらにケース・スタディを積み重ね充実していきたいと考えているが、全体として一応の見通しを得たと考え、ここに公表するものである。また、この段階で論をまとめたのは、引きこもり対策として一般に行なわれているアプローチとは若干異なるアプローチの存在を提示することの重要性を筆者が感じているからでもある。

相違点の一つは、本稿が示すアプローチが引きこもっている本人に直接働きかけるものではない点である。厚生労働省の引きこもり対策支援事業をはじめとする引きこもり支援のほとんどは、本人が家から出てこない限り機能しない。[*27] 問題は引きこもる本人をどうやって家から出させるのかであるが、それを行なっている支援を筆者は知らない。本稿が目指しているのはそこのところである。

引きこもり本人に直接働きかけない支援としては、引きこもりの親の会が全国的に組織されている。しかし、逆効果の危険性が大きい責任追及になりかねないという理由で、ケース2に見た通り、親の会をはじめ、現場では引きこもりの原因追及をしない場合が多いようである。

第二の相違点はまさにそこにある。当アプローチは、一般には回避されがちな引きこもりの原因追及を前提にしている点である。それなくして適切かつ効果的な処方は見つからないと考えるからである。厚生労働省の「ひきこもり」対応ガイドライン（最終版）にも、「援助にあたっては、「なぜひきこもってしまったか」と原因をつきとめようとするよりも、「今の膠着状態を変えるため

＊26 ＊4の『家族の絆をつくる家』六三―六五頁。

＊27 「個別実践型リワークプログラムによる精神障害者の復職支援事業」（独立行政法人高齢・障害・求職者雇用支援機構）、津富宏、NPO法人青少年就労支援ネットワーク静岡（編著）『若者就労支援「静岡方式」で行こう!!』（クリエイツかもがわ、二〇一一年）。

に、どのような工夫が必要か」ということを優先して関わりをはじめるほうが、より安全で確実なありかたであると思われます」と書かれている。[*28] しかし原因が分からずに、どうすれば良いかがどうして分かるというのであろうか――ガイドラインが認めているように、引きこもりは実に多様で、ケース・バイ・ケースでの対処が必須であるというのに。

本アプローチは、原因追及を責任追及にせずに親の意識変革を導き、愛に裏づけられた安心や満足感といった解釈志向を子どもに生み出させる記号として親を機能させることによって、引きこもる本人の意識変革を、行動を伴う最終的な解釈志向として導こうとするものである（図3）。そして実際、ケース1および2において一定の成果を確認している。本稿の処方に従い、引きこもる当人が家を出られるようになれば、一般に行なわれているプログラムを適用する可能性が出てくるものと考えている。

＊28　筆者が行なっているプログラムは厚生労働省のガイドラインに違反しているように思われるかもしれないが、筆者はあくまでも個別に直接当事者と対処に当たる処方を述べている。ただし原因追及を親の責任追及にしてしまわないためには、支援者の記号論的思考が必須となる。ガイドラインには「精神保健福祉センター・保健所・市町村でどのように対応するか・援助するか」という副題がついていることを見落としてはいけない。

ペルシャの青——ホイチン（回青）の壺に現われた形而上の諸々

木戸敏郎

1　実験装置としての博物館

視座の拘束

今年（二〇一三）の一月二日、東京国立博物館（東博）の東洋館が三年間の休館の後にようやくリニューアル・オープンした。一九六八年に開館した谷口吉郎氏設計の東洋館は外観では何階建てか解らないが内部は五階、敷地の関係で細長いスペースのぎこちなさを解消するために中央部分に吹き抜けを設けて二分割し、両側の正方形のスペースを段違いに作り階段の長さを半分にしてフロアの差を意識させない構造。かつて日比谷にあったフランク・ロイド・ライト設計の旧帝国ホテルの建築（現在明治村に玄関部分を復元移築）は短い階段が複雑に組み合わされてフロアの差を意識させない構造になっていたので、ホテルの中を歩いていると今自分が何階にいるのか解らなくなることがあった。この名建築がホテルの経営方針で高層に建て替えるため取り壊された際に玄関部分を明治村に復元移築した工事の監修者が谷口吉郎氏であり、この時期は東洋館を設計した頃と重なっている。博物館にとっても階段は邪魔である。東洋館はライトの帝国ホテルのトランスフォーメイションであることに気がつく。地階には掘り下げた光庭が伴っていて竹林が植栽されていたことも、意外なところに坪庭を見る驚きであった。

しかし、恐らく管理上の都合であろう、数年経つと地階は閉鎖されて全く使用されず、さらに数年後には両端に設けられた階段の片方が閉鎖されて半身不随の状態となり、観衆は決められた順路に従って進むことを強要される管理体制に組み込まれることになった。その後、階段は開放されたが地階は閉鎖されたままの状態が続いていた。

視野の解放

この東洋館の三年がかりのリニューアルは耐震工事が主たる目的で外観は全く何の変化もない。内部もほとんど元のままである。むしろ建築が元々備えていた機能を再稼働させることに焦点を合わせている。地階や階段は開放されて観衆は拘束状態から解放された。このリニューアルの唯一の象徴的な工事は中央吹き抜け部分に地階から五階までを貫く露出したゴンドラ型のエレベータを新設して全館を縦に繋いだことである。展示空間の真ん中にいかにも取って付けたように目立つエレベータを追加したことで、建築が本来目指していた理念がいっそう明解になった。それは鑑賞者の自由な視座を獲得することである。設計者谷口吉郎氏の理念は甦った。そして、おそらくフランク・ロイド・ライトの理念も。

リニューアル以前から両端階段の脇にエレベータはあったが、展示空間から離れた場所であるからあまり利用されていなかった。これは今も動いている。一般のオフィスビルにある壁に内蔵されたエレベータである。日本のビルはエレベータが発明されて以後に建設されたものがほとんどであり、エレベータは建築設計の段階から計画的に壁の中に納められていてドアでフロアと繋がっており、どのエレベータもこのワンパターンである。しかし、ヨーロッパへ行くと、エレベータが発明される以前の建物に後から無理矢理に追加したエレベータをしばしば見かける。その多くは渦巻き状の階段の真ん中のわずかな隙間に鳥籠のようなゴンドラをぶら下げて上昇下降している。馴れないうちは乗るのが怖かったが、利用してみると遊園地の乗り物のようで結構楽しい。東洋館の吹き抜けに追加されたエレベータはこれを引用したものだと思う。物理的にも精神的にも象徴的である。

視線の選択

東洋館の展示空間に追加されたゴンドラ型のエレベータとよく似たものがこれに先立って東京国立博物館の別棟のなかに存在している。法隆寺宝物館において透かしの入った金銅板を繋ぎ合わせた天蓋のバラバラになったオリジナルのパーツはケースに並べて展示し、その脇にレプリカによる復元品を天井から長々と垂らして周囲に折れ曲がった階段をめぐらして三六〇度の視線を獲得した仕掛けがそれだ。ヨーロッパの既存の階段吹き抜けの隙間に吊るしたゴンドラに似ているが動機は逆で、ぶら下げた天蓋のためにその周りに階段を設けたもの。しかし結果的に様相においてはゴンドラ型のエレベータと同じである。東洋館の展示空間を貫くゴンドラは宝物館の天蓋をめぐる階段を逆転していっそうラディカルにしたトランスフォーメイションではないか。宝物館の設計者谷口吉生氏は東洋館の設計者谷口吉郎氏の子息であり、父が設計した建築のリニューアルに子息が関わったことは充分考えられることだ。

ゴンドラから見え隠れする吹き抜けの眺望は爽快である。このマクロの視野のメカニズムを、一つの作品を見詰めるミクロの視野のメカニズムに変換すると、それは壁から離れて独立した単立展示ケースに展示された作品を見詰めることになる。鑑賞者はその周囲を回りながら三六〇度の視線で作品を鑑賞することができる。リニューアルは展示ケースにも及んでいて壁面に固定したものと壁から独立した単立ケースとの二種類がある。これを上手に使い分ければ作品が必要とする視線を確保することができるはずだ

2　管理体制の制約による限界

東洋館の吹き抜けは、気の流動する通路として機能しており、逆に両脇の空間には気が充満してパワースポットが出現していることに気がつく。この環境で展示品を見るとそれぞれの表面にもふさわしいパワースポットが現われていて、昔の工人たちは巧みにそれを処理していることに気がついた。

横の輪切り状態を想定したパワースポット

リニューアル以後中央アジアや南アジアの展示が拡充された関係だろうか、これまで優遇されていた中国陶磁の展示がやや狭くなり、以前二点展示されていた元の染付酒会壺は一点に絞られて「龍波濤文壺」だけが展示されている。

ずんぐりした胴の球状に膨らんだ歪みを、上下のすぼんだ部分を輪切り状に別区画にして除外し、残した部分を器全体のエネルギーが集合するパワースポットと想定し、この部分をベルト状に横長に使って一頭の龍を長々と描いている。龍波濤文の波濤は壺の口縁部分に描かれている波濤を指す。口縁の波濤文はこの壺に限らずこの種のすべての酒会壺に共通する絵付けだ。また、曲面の歪みをこのような手法で補正している壺は他にも数例があり、出光美術館の「龍波濤文壺」・「騎馬人物文壺」や、大阪市立東洋陶磁美術館の「蓮池魚藻文壺」がこのパターンだ。

この壺は以前からこの場所、三階の壁面展示ケースに入っていた。リニューアル後の展示でも同じ場所の壁に固定されたケースのなかに大皿などと並んで展示されている。壁面固定ケースだから観衆には展示されている正面しか見えない。裏側の見えない部分はどうなっているのか気になるが、龍という霊獣の大体の形はコンセンサスができているのでおおよそは想像がつくから、これはこれでいいかとも思う。

縦割りの分割を想定したパワースポット

リニューアル以前、この場所にこの壺の隣に並んでもう一つ別の元染付酒会壺「魚藻文壺」が展示されていた。この方が名品であり、重要文化財にも指定されているが、やや小振りなのとモティーフは龍の方が一般向きと判断されたようで、こちらはお蔵入りとなった。

この壺は同じ酒会壺でも湾曲した表面の処理の仕方が前記の「龍波濤文壺」とは全く別の手法で処理されている。膨らんだ曲面をいくつかの縦割りの区画に想定して曲面を区画単位で平面に補正し、ここにパワースポットを想定して区画単位でモティーフを一つずつ描く手法。東博の「魚藻文壺」は魚と水草を交互に描いており、大英博物館の「孔雀牡丹文壺」は孔雀と牡丹を交互に描いている。広々とした感じである。

リニューアル後の東洋館ではこの壺は展示されていないが、以前は「龍波濤文壺」と並んで壁面固定ケースに展示されていたので度々見ている。その際、いずれかを正面に向ければ反対側は裏になる。しかし、裏は壁面であるから後ろ側に回って見ることはできない。その裏面はどうなっているか。博物館が刊行した図録の解説によればハクギョ・ニゴイ・ケツギョの三種類の淡水魚、それぞれの間に揺らぐ水草と説明されているが、写真は一点だけでやはり正面一方向からの視線である。

この「魚藻文壺」は正面から見えない部分が気になる構図である。魚が回遊しているのか、それとも水草を挟んで向かい合っているのか解らない。壁から独立した単立ケースに納めてその周囲をぐるぐる回りながら三六〇度の視野で観察したい欲求にかられる。

3 脱管理体制によって限界を克服

あるパターン化した構図を発見

邦訳では『空想の美術館』となっているが、原タイトルは『壁のない美術館』というアンドレ・マルローの著作がある。写真を使って作品の実際にはありえない比較分析を簡単にやってのけて独自の文化論を展開した著作である。私は原タイトルの『壁のない美術館』の方が好ましいと思う。壁は美術館にとって曲者だ。作品を展示する支持体であるが時に鑑賞者の自由な視線を阻む障害物でもあるからだ。

「魚藻文壺」を単立ケースに入れて三六〇度の視野で観察したい衝動に駆られるが、博物館のコレクションに触れることは許されない。そこで、マルローにあやかって私の手の届くテリトリーの範囲で博物館の「魚藻文壺」と同じ範疇の作品を使って三六〇度の視線を獲得できる設営をして、写真で多角的な観察のシミュレーションを試みる。

この作品、「蓮池水禽文壺」（個人蔵、図1）は球状の壺の表面を縦割りに分割して、パワースポットを作っている。この点で「魚藻文壺」と同じだ。しかし、大型の壺で画面の描き込みは多く絵付けは賑やかである。一見混沌としてカオス状に見える絵付けをパワースポットという概念を念頭において分割的に考察すると三つのパワースポットが認められ、それぞれのスポットにまとまった図形が現われることに気がついた。この三つの図形には共通した法則性があり、壺全体の絵付けは混沌としているが各スポットに現われるパターンは極めて論理的に整理された図形である。

中央に蓮が一株、その両側に水鳥がシンメトリーに一羽ずつ、この三点で一セットという構図である。中央の蓮の一株は大きく、両脇の水鳥はそれより小振りに描かれ、全体で二等辺三角形のシンメトリーな安定した形である。これが三つのパワースポットに一つずつ描かれている。

これと同じパターンの図柄が酒会壺以外の染付けで何例か知られている。鉢の内側底の見込みに描かれた中央に蓮が一株、その両側に水鳥がペアで一羽ずつ、というパターンの図柄。トプカプ宮殿博物館の「蓮池水禽文鉢」・アシュモリアン美術館の「蓮池水禽文高足鉢」・ＭＯＡ美術館の「蓮池水禽文鉢」などで、いずれも中国元時代の染付けの貴重な遺品として知られているものだ。

ペルシャ産コバルトの青

元という時代に特化して考察しよう。元王朝は異民族の王朝であるが、国家も国際性豊かな国家であった。当然、周辺国との交易も盛んに行なわれた。現在、コバルトによる青い絵付けの陶芸を一括して染付けと呼んでいるが、実は時代や地域によってさまざまに名称が異なり、元時代は回青《ホイチン》、明時代は青花《セイカ》、明末から清にかけての民窯では呉須《ゴス》とも呼ばれていた。

回青という語を分析的に考察しよう。回は回教の回と同じ、回

図１ 「蓮池水禽文壺」（個人蔵）

国とはペルシャのこと。青はコバルトによる発色を指す。従って、回青はペルシャ産のコバルトということ。これを中国語ではホイチンと発音した。同じものをヨーロッパではペルシアンブルーと呼んだ。

記号学の公式にあてはめてこのホイチンという語をパラディグムとして「蓮池水禽文壺」や鉢の内側底の見込みに見られる図柄――中央に蓮が一株、その両側にペアで水鳥が一羽ずつのパターン――をシニフィアンとするシニフィケーション（意味作用）を設定すると、シニフィエとして美術史のなかでオーソライズされている聖樹文と呼ばれている特定のパターンに行き当たる。

ササン朝ペルシャの鉢の内側底の見込みに描かれている騎馬人物図がこのパターンの図像である。中央に一本の樹木、その両側に騎馬人物像がペアで向き合ってシンメトリーな構図を作っており、元回青の蓮池水禽図と同時代で構図の点でも共通している。このようなことは文化現象としてしばしば見られることであり、伝播以外に同時発生ということも考えられるが、ホイチンという用語からこれはペルシャの影響であることは明らかだ。

聖樹文あるいは生命の樹（arbor vitae）はメソポタミア起源である。すでにＢＣ三千年紀のウル王墓出土の宝飾品にその例があり、ＢＣ二千年紀のマリ宮殿跡の出土品、ＢＣ千年紀のマールリーク出土の金杯など、歴史時代に入るとササン朝ペルシャのものが中国の唐を介して日本の正倉院にまで及んだ形跡が見られる。平安時代以降、聖樹文は有職文様となって定着した。蛮絵《ばんえ》（正しくは蟠絵と書くべきもの）と呼ばれている獣が蹲《うずくま》っている様子を図案化したものがそれで、近衛の武官の装束に用いられ、現在は舞楽装束にその例が見られる。

4　伝播と変容のメカニズム

伝播

正倉院に経糸《たていと》が白茶、緯糸《よこいと》が赤茶の二色によって織成《しょくせい》された織糸綾とよばれる綾錦が伝世している。織成の技法は唐から伝えられたもので、正倉院には数点しか伝世していないが平安以降は日本でも盛んに作られた。正倉院の綾錦が唐からの舶載品かあるいは日本で織られたかは判然としないが、文様は異国風である。果実がたわわに実るナツメヤシを中央に、その両脇にライオンが一頭ずつ後ろ足で立ち上がり、前脚でナツメヤシの実を採ろうとしている。この三点をシンメトリーにまとめてワンセットにし、これが上下に反復されている。

日本で作られたとすれば技術移転に伴って文様も伝播したもの、また、唐で作られて舶載されたとすればこの文様は中央アジアから唐へ伝えられたと考えられ、綾織の技法もともに中央アジアから伝えられたと見ることができる。伝播のメカニズムは、まず形而下の材料の物流や技術移転があり、これに上乗せして形而上の意匠文化が伝播する。正倉院の綾錦に見る生命の樹の意匠は綾錦の織成技法の副産物であり、元回青の生命の樹はコバルトによる青い顔料の陶芸技法の副産物であった。ホイチンは当初は薬剤として扱われていたらしい。薬剤は全くの形而下の存在である。まず材料、次にそれを扱う技法、最後に文様の順番で現われる。

変容

ある伝統のなかで培われた文化が異文化のなかに移転されると、それでも意味を持つ部分と意味をなさなくなる部分とがある。生命の樹についていえば、山羊がイチジクを食べる、あるいはライオンがナツメヤシの実を食べることで生命を養うこと、すなわち生命の源泉を象徴したものであり、これを図像にまとめてパターン化したものが生命の樹であるが、中国でこれがどのように受容されたか。シンメトリーな構図は視覚的なバランスで中国でも納得のいくものであろうが、動物が木の実を食べる構図は馴染めないものだったらしい。日本でも綾錦の技法は伝承されたが、正倉院に見られる文様はその後廃れた。

中国には吉祥文の伝統がある。松竹梅は植物の生命力の強さ、鶴亀は生命のサイクルの長さ、猫が蝶を追いかける図は発音の類似からめでたい意味へ飛躍する掛詞で一種の記号である。これらは吉祥文として一つの体系を作っている。

中国へ伝播した聖樹文はシンメトリーな形はそのまま残し、生命を養う概念が抜け落ちて伝統的な吉祥文のなかに吸収されることになる。一本の植物とその両脇の二頭の動物という原則は、一株の蓮とその両脇の二羽の水鳥に入れ替わって蓮池水禽文、あるいは一株の水草とその両脇の二匹の魚に入れ替わって魚藻文となった。生命の樹の亜種である。伝播による構図の拡散と、様相の変容の好例である。魚や水鳥は多産を表わし、繁栄を意味する吉祥文である。

亜種の独創

一見カオス状態のように見える「蓮池水禽文壺」を、レヴィ＝ストロースがトーテム・ポールの構成の仕組みを構造主義的に解読した例を参考にしながら、図柄の構造を解読する。

まず、生命の樹というパターンを念頭に置いて考察する。亜種といえどもかりそめにも聖樹文の流れである。

オーソドックスな生命の樹は、二頭の動物が一本の木の実を食べるべく後脚で立ち上がり、前脚を木に掛けている。木の実を食べるのだから二頭は木に向かっており、木は中央に一本しかないから二頭は互いに向かい合った完全にシンメトリーな構図になっている。

亜種の生命の樹である蓮池水禽文は基本的にはオーソドックスにならいながらも、水鳥は蓮を食べるのではなくただ両側にいるだけであるから、蓮との関係は必ずしも必然性がない。ここで突然変異が起こる。三つ並んだパターンでは蓮と水鳥の大まかな関係はシンメトリーながらも水鳥の姿態を少しばかり変えて退屈な反復にならないよう変化をつけている。完全に向き合い、整然としたペアもあれば、頭だけ向き合って体は逆になっているペアもあり、なかにはペアであるだけで頭も体も向きがバラバラのものなどもある。複数の言語が重複してできたクレオール語の語形活用変化のようなものだ。

5　文化の突然変異を発見

水鳥が動き出すメカニズム

次に、これらのパターンをパワースポットという概念に当てはめて整理する。

パワースポットは全部で三つ、その各々にパターンの図柄が一つずつ当てはめてある。各パターンは一株の蓮と二羽の水鳥で一セットということで共通しており、これが三回反復している。従って全体では蓮は三株、水鳥は六羽のはずであるが、実際には水鳥は五羽しかいない。

正倉院の綾錦はパターンが上下に繋がっているが、壺では左右に繋がっている。アジアでは文字を書くにも右の行から左の行へ書き進むから、壺の表面を観察するにも右から左へ進行する。

図2

図3

図4

第一のパワースポットの図は、二羽の水鳥がオーソドックスにならって行儀良く向き合っている。（図2）

第二のパワースポットの図は、蓮の右側の水鳥はスタンダードであるが、左側の水鳥は頭だけ蓮に向けて体は逆向きになっている。（図3）

第三のパワースポットの図は、蓮の右側の水鳥は体を蓮に向け、頭を後ろに向けているが、左側の水鳥は体も頭も逆の方を向いている。（図4）

壺の表面は球形の曲面であり、これに描かれている図柄は、連続していても鑑賞者の視野に入ってくる部分はほぼ三分の一のワンシーンでしかない。壺の周囲を移動しながら順番に観察すると、第二の左側で中央の蓮から遠ざかっていこうとしている水鳥と、第三の右側から中央の蓮に近づいていこうとしている水鳥とは同じ水鳥であることに気がつく。右から左へ連続して見ていくと、この水鳥は第二から第三へ移動しているような幻覚を覚えるが、実は移動しているのは鑑賞者の視点であって、これを逆転して水鳥が動いているようなシニフィケイションを誘導する仕掛けになっている。ライトの帝国ホテルで自分が何階にいるのか解らなくなった状況に似ている。境界を曖昧にすることで中間部分を活性化する工夫、これを空間として理解したものが「間」であり、時間的な表現に応用したものが日本の絵巻物の異時同図で、いずれも手のこんだ意味作用である。

異時同図出現の偶然と解釈学的認識の必然

「蓮池水禽文壺」（図1）の一羽の水鳥の思いがけない動きは、壺の表面に絵付けをしていた画工の柔軟な智性の即興によるもの、つまり一羽の水鳥を二つのパターンに共用した結果生じた偶然の産物だと思う。絵巻物の異時同図も同じような状況のもとで誕生したものだろう。偶然の状況の変化によって引き起こされた突然変異である。然しこの変化は文化の飛躍にとって見逃すことのできない重要なものだ。これを文化の突然変異（ミューテイション）と認識するのは私の解釈学的な認識である。記号学的に「蓮池水禽文壺」をシニフィアンとして日本の絵巻物の異時同図をパラディグムとするシニフィケイションでシニフィエとして得られる突然変異という概念、これを見逃さないことが重要だ。

平安時代の信貴山縁起絵巻と回青の「蓮池水禽文壺」とは、伝播としては何の関係もない。それらの異時同図はそれぞれ独自発生である。これは歴史研究ではなく構造的研究である。ここに文化の突然変異をめぐるメカニズムがある。コペルニクス的転回はいかにして起こるか。これは文化の化学的実験だ。ある化学反応のプロセスで構成する要因の触媒を入れ替えると、在来のあり方にはない変化が起こることがある。自然界で偶然起こるこの変化を突然変異という。そして遺伝子工学で人為的に起こすことをバイオテクノロジーという。

チャールス・ラムの「エリア雑筆」の焼豚の話を思いだす。原始時代という設定だ。火事になった。焼け跡に戻るといい匂いがした。見ると豚が焼け死んでいた。触ってみると熱かったので、思わず指を嘗めるとおいしい味がした。それで豚は生より焼いた方がおいしいことに気がついた。それからというもの焼豚を作るために火事が多発して困った。焼豚を作るのに家まで焼かなくても豚だけを焼く方法があることに気がつくには、さらなる飛躍が必要であった。

参考文献

CHINESE PORCELAINS FROM THE ARDEBIC SHRINE By JOHN ALEXANDER POPE SMITHONIAN INSTITUTION OF ART ASHINGTON, 1956

『元・明の青花　中国の陶磁8』中沢富士雄・長谷川祥子、平凡社、一九九五年

『トプカプ宮殿の名品――スルタンの愛した陶磁器』毎日新聞社、一九九五年

Treasures from the Royal Tombs of Ur, University of Pennsylvania Museum of Archaeology and Anthropology, 1998

『メソポタミア文明展　世界四大文明』ＮＨＫ、二〇〇〇年

『ペルシャ文明展　煌めく七〇〇〇年の至宝』朝日新聞、二〇〇六年

『東京国立博物館東洋美術一〇〇選』東京国立博物館、二〇〇八年

『染付け　藍が彩るアジアの器』東京国立博物館、二〇〇九年
『正倉院展　平成二十二年』奈良国立博物館、二〇一〇年
『オリエントの美術』出光美術館、二〇一三年

資料　日本記号学会第三二回大会について

「着る、纏う、装う／脱ぐ」
日時　二〇一二年五月一二日（土）、一三日（日）
場所　神戸ファッション美術館

一日目：五月一二日（土）

特別展示（両日）：のむらみちこ（作家）
13時　開場・受付開始
13時30分　【開会の辞】・総会（第一セミナー室）
14時—14時10分　実行委員長挨拶・問題提起　小野原教子（兵庫県立大学）
14時30分—16時45分
セッション1「（人を）着る（という）こと」（第一セミナー室）
コーディネート　鈴木創士（フランス文学者／作家／音楽家）
「袈裟について——曹洞禅を中心に」幣道紀（曹洞宗近畿管区教化センター総監／妙香寺住職）
「音を着る——フルクサスの場合」塩見允枝子（音楽家）
「ギー・ドゥボールとその「作品」」木下誠（兵庫県立大学）
17時—17時45分
企画パフォーマンス　西沢みゆき（新聞女）（ギャラリー）
18時—20時　懇親会（神戸ベイシェラトン・ホテル）

二日目：五月一三日（日）

10時—12時45分
（研究報告）
分科会1（第一セミナー室）
司会　前川修（神戸大学）
「凝結表現の共示義を用いた映像テクストの解釈」田中敦（新潟大学大学院）
「増村保造の戦争——三つの戦争映画から考える〈第三の意味〉」山崎隆広（群馬県立女子大）
司会　松本健太郎（二松学舎大学）
「東の女、西の男——「唐人お吉」伝説をめぐる各種メディア・文化の表象の比較」斎藤愛（筑波大学大学院）
「ポストモダンにおけるイタリア・ファッション・ブランドの象徴資本の構築」中野恭子（四條畷学園短期大学）
「モビリティ概念と身体意識——現代の自己表象行為を特徴づけるもの」大久保美紀（京都大学大学院・パリ第八大学）

分科会２（第二セミナー室）
司会　河田学（京都造形芸術大学）
「インデックスとインディケイター――生命記号論の具体的構想のために」加藤隆文（京都大学大学院）
「「究極的な論理的解釈項」としての「習慣」をめぐる考察――パースにおける「共感」を中心に」佐古仁志（大阪大学大学院）
司会　吉岡洋（京都大学）
「〈観念〉から〈記号〉へ」乗立雄輝（四国学院大学）
「身体鍛錬という身振り」増田展大（神戸大学大学院）
13時45分―16時
セッション２「なぜ外国のファッションに憧れるのか」（第一セミナー室）
「表象としての外国のファッション：エキゾチズムをめぐって」高馬京子（ヴィータウタス・マグナス大学アジア研究センター）
「ファッションとアイデンティティ」池田淑子（立命館大学）
「キャラ的身体とファッション」大久保美紀（京都大学・パリ第八大学）
「ヨーロッパの輸入、再生産、そして逆輸入と再々生産」杉本ジェシカ（京都国際マンガミュージアム）
16時15分―17時45分
セッション３「〈脱ぐこと〉の哲学と美学」（第一セミナー室）
鷲田清一（大谷大学）vs 吉岡洋（京都大学）
17時45分【閉会の辞】

執筆者紹介

池田淑子（いけだ よしこ）
一九六〇年生まれ。大阪大学言語文化研究科修了。立命館大学国際関係学部准教授。専門はカルチュラル・スタディーズ。著書に『映画に見る日米相互イメージの変容』（大阪大学出版会）、「ゴジラとアメリカ」（『表象と文化Ⅱ』大阪大学大学院言語文化研究科）など。

大久保美紀（おおくぼ みき）
一九八四生まれ。京都大学大学院人間環境学研究科、パリ第八大学大学院芸術学修士修了。パリ第八大学博士後期課程、美学・芸術学専攻。専門は、現代芸術、ファッション、身体論、情報時代の自己表象。論文に「逆行する身体表象――「復活」するマネキンあるいはマヌカン」、『有毒女子通信』に連載エッセイ、ウェブサイト「salon de mimi」（www.mrexhibition.net/wp_mimi/）に展評や作家評を執筆。

岡本慶一（おかもと けいいち）
一九四八年生まれ。電通、電通総研を経て早稲田大学、札幌大学、武蔵野美術大学などで教鞭をとる。専門はマーケティング論研究、文化記号論。著書に『牛タコさっちゃん』（共著、宣伝会議）、『文化・記号のマーケティング』（共著、国元書房）など。日本記号学会事務局長（二〇〇四～二〇一〇）。

小野原教子（おのはら のりこ）
一九六八年生まれ。京都大学大学院人間・環境学研究科博士後期課程修了。兵庫県立大学経営学部准教授。専門は文化記号論（ファッション）。著書に『闘う衣服』（水声社）、『刺繍の呼吸』（深夜叢書）、『表面張力』（思潮社）など。

木戸敏郎（きど としろう）
一九三〇年生まれ。京都造形芸術大学教授。元国立劇場演出室長で専門は舞台芸術制作・演出、評論、始原楽器の復元制作など。著書に『古代楽器の復元』（音楽之友社）、『若き古代――日本文化再発見私論』（春秋社）など。中島健蔵音楽賞（一九八七年）、クラウス・ヴァックスマン賞（アメリカ民族音楽学会、一九九八年）受賞。

木下 誠（きのした まこと）
一九五六年生まれ。京都大学大学院文学研究科修了。兵庫県立大学経済学部教授。専門はフランス文学、フランス現代思想。翻訳にギー・ドゥボール『スペクタクルの社会』（ちくま学芸文庫）、『映画に反対して――ドゥボール映画作品全集』（上・下、現代思潮社）、『アンテルナシナル・シチュアシオニスト』（監訳、全六巻、インパクト出版会）など。

高馬京子（こうま きょうこ）
一九六五年生まれ。大阪大学言語文化研究科修了。ミコラスロメリス大学准教授。同大学アジアセンター長兼任／国際日本文化研究センター外国人研究員。専門は現代日本文化、（異文化間）コミュニケーション、言説分析、言語教育。著書に『ヨーロッパにおける日本と韓国ポップカルチャーの受容1・2（サントリー文化財団助成プログラム結果報告論集）』（ヴィータウタスマグヌス大学編集）、『KAWAII論――越境文化としてのファッション（仮）』（明石書店、近刊）など。

佐古仁志（さこ さとし）
一九七八年生まれ。大阪大学大学院人間科学研究科単位取得満期退学。博士（人間科学）。立教大学・日本学術振興会特別研究員（PD）。専門は、生態記号論。論文に「ギセリンの種の個物説とリードの生態学的アプローチ」（『年報人間科学』第三一号）、「パースにおける「進化」概念とそのあらたな解釈」（『叢書セミオトポス8　ゲーム化する世界』新曜社）、「生態記号論から見た〈習慣〉の広がり」（『知の生態学的転回3　倫理』東京大学出版会）など。

塩見允枝子（しおみ みえこ）
一九三八年生まれ。東京芸術大学音楽学部楽理科卒業。専門は作曲、パフォーマンス、視覚作品制作。著書に『イヴェント小品集』（フルクサス）、『スペイシャル・ポエム』（自家版）、『フルクサスとは何か』（フィルムアート社）など。

杉本バウエンス・ジェシカ（すぎもと ばうえんす じぇしか）
一九七二年生まれ。大阪大学大学院人間科学研究科博士課程修了。龍谷大学国際文化学部専任講師。専門はマンガ研究、大衆文化論、ジェンダー論。論文に「フランスのポップカルチャーとジェンダー」（『ムーブ叢書8　ポップカルチャーとジェンダー』北九州市立男女共同参加センター・ムーブ編集、明石書店）、"Fanboys and 'Naruto' Epics: Exploring New Ground in

"Fanfiction Studies" (with Nora Renka). *Manga's Cultural Crossroads* (Berndt, Jaqueline and Bettina Kuemmerling-Meibauer ed.), Routledge など。

立花義遼（たちばなよしはる）
一九四一年生まれ。元武蔵野美術大学教授。専門は心理学、記号論。演劇、映画、マンガなど幅広い文化領域にわたって活動を続けている。論文に「『ツイン・ピークス』のトポグラフィー」（『記号学研究』一三）、「〈温泉文学〉の系譜——畑中純的世界」（『記号学研究』二〇）などがある。日本記号学会事務局長（一九九五～二〇〇四）。

外山知徳（とやまとものり）
一九四二年生まれ。東京大学大学院工学系研究科博士課程修了。静岡大学教育学部名誉教授。専門は建築計画学、住居学。著書に『家族の絆をつくる家』（平凡社）、『新・住居学〔改訂版〕』（共著、ミネルヴァ書房）、『記号論の逆襲』（共著、東海大学出版会）、『室内記号学』（共著、ＩＮＡＸ）など。

室井 尚（むろいひさし）
一九五五年生まれ。横浜国立大学教授。専門は情報文化論、美学、記号論。著書に『情報宇宙論』（岩波書店）、『情報と生命』（吉岡洋と共著、新曜社）、『巨大バッタの奇跡』（アートン）など。日本記号学会会長（二〇〇一～二〇〇七）。

吉岡 洋（よしおかひろし）
一九五六年生まれ。京都大学大学院文学研究科修了。京都大学大学院文学研究科教授。専門は、美学・芸術学、情報文化論、現代美術・メディアアート。著書に『思想の現在形』（講談社）、『情報と生命』（共著、新曜社）、『Diatxt.《ダイアテキスト》』第一～第八号（京都芸術センター）など。

鷲田清一（わしだきよかず）
一九四九年生まれ。京都大学大学院文学研究科博士課程修了。大谷大学文学部教授。著書に『モードの迷宮』（中央公論社）、『「聴く」ことの力——臨床哲学試論』（ＴＢＳブリタニカ）、『たかが服、されど服——ヨウジヤマモト論』（集英社）など。

日本記号学会設立趣意書

最近、人間の諸活動において（そして、おそらく生物一般の営みにおいて）記号の果たす役割の重要性がますます広く認められてきました。記号現象は、認識・思考・表現・伝達および行動と深く関わり、したがって、哲学・論理学・言語学・心理学・人類学・情報科学等の諸科学、また文芸・デザイン・建築・絵画・映画・演劇・舞踊・音楽その他さまざまな分野に記号という観点からの探求が新しい視野を拓くものと期待されます。しかるに記号学ないし記号論は現在まだその本質について、内的組織について不明瞭なところが多分に残存し、かつその研究が多数の専門にわたるため、この新しい学問領域の発展のためには、諸方面の専門家相互の協力による情報交換、共同研究が切に望まれます。右の事態に鑑み、ここにわれわれは日本記号学会（The Japanese Association for Semiotic Studies）を設立することを提案します。志を同じくする諸氏が多数ご参加下さることを希求する次第であります。

一九八〇年四月

日本記号学会についての問い合わせは
日本記号学会事務局
〒九九二－〇〇二五
山形県米沢市通町六－一五－一
山形県立米沢女子短期大学
小池研究室内

［日本記号学会ホームページURL］
http://www.jassweb.jp/

記号学会マーク制作／向井周太郎

叢書セミオトポス 9
着ること／脱ぐことの記号論

初版第 1 刷発行　2014 年 10 月 10 日

編　者　日本記号学会
発行者　塩浦　暲
発行所　株式会社　新曜社
〒 101-0051　東京都千代田区神田神保町 3-9
電話 (03) 3264-4973・FAX (03) 3239-2958
e-mail：info@shin-yo-sha.co.jp
URL：http://www.shin-yo-sha.co.jp/
印　刷　長野印刷商工（株）
製　本　渋谷文泉閣

Printed in Japan　ISBN978-4-7885-1410-2　C1010

関連書より

日本記号学会編　〈叢書セミオトポス7〉
ひとはなぜ裁きたがるのか　判定の記号論
裁判員制度にともなう法廷の劇場化、スポーツにおける判定のリミット化、震災・原発事故後の判定（判断）ミス……。判定のスペクタクル化ともいえる状況の根源を記号論的に照射。
Ａ５判２４８頁
本体２８００円

日本記号学会編　〈叢書セミオトポス8〉
ゲーム化する世界　コンピュータゲームの記号論
ゲームは私たちをどこへ連れて行くのか？　すべてがゲーム化する現代において、ゲームを考えることは現実を考えることである。ゲームと現実の関係を根底から問い直す。
Ａ５判２４２頁
本体２８００円

室井尚・吉岡洋 著　〈ワードマップ〉
情報と生命　脳・コンピュータ・宇宙
脳科学とコンピュータ科学のめざすところを「情報」と「生命」を手がかりにさぐる。
四六判２２４頁
本体１６００円

ポール・リクール 著／久米 博 訳
時間と物語
Ⅰ巻　物語と時間性の循環／歴史と物語　４３２頁４８００円
Ⅱ巻　フィクション物語における時間の統合形象化　３２２頁３８００円
Ⅲ巻　物語られる時間　５５０頁５８００円
各Ａ５判
「時間は物語の様式で分節されるのに応じて人間的時間になる。……物語は時間的存在の条件になるとき、その完全な意味に到達する」。このテーゼの含蓄を汲み尽くした著者畢生の書。

ポール・リクール 著／久米 博 訳
記憶・歴史・忘却
〈上〉　４６４頁５３００円
〈下〉　３６４頁４５００円
各Ａ５判
『時間と物語』の思索をさらに深め、現代における歴史叙述の可能性にまで及ぶ記憶の政治学。

ドナルド・ノーマン 著／野島久雄 訳　〈認知科学選書〉
誰のためのデザイン？　認知科学者のデザイン原論
使いにくくミスを生みやすいデザインが溢れているのはなぜ？　それをどう改善すべきか。
四六判４５６頁
本体３３００円

（表示価格は税別）